Manual de Recursos para el

Consejero Cristiano

Ignacio Bárcenas

Publicaciones

Publicaciones

Este libro es una publicación de Escuela Internacional de la Familia
Somos una organización basada en la fe, dedicada a la producción de material educativo en el área de la familia. Producimos videos, audios, y material escrito en forma de libros y en forma de manuales.

Para pedir más información:
Usted puede llamarnos al teléfono (713) 472-3000
Nos puede contactar con un correo electrónico info@familiasexitosas.org
Nos puede visitar en www.familiasexitosas.org

Diseño de portada Mayra Reséndiz
Correcciones de Dicción Heriberto Flores

©Derechos reservados 2017
Por Ignacio Bárcenas

ISBN-13: 978-1542941471
ISBN-10: 1542941474

Prólogo

Lo que usted tiene en sus manos es el material de un diplomado titulado Especialistas en el Cuidado de la Familia. En total son diez cursos los que un estudiante debe terminar para recibir este certificado. Cada capítulo de este libro cubre una de las diez materias que son parte de este diplomado. Entre estos cursos están el de Consejería Cristiana, Familias a Imagen de Dios, Paternidad Responsable, Desarrollo Humano, Adicciones y Motivación entre otros. Cada curso prepara al estudiante en un área de la vida familiar. Se atiende el área mental, emocional, relacional, social y espiritual.

El camino ha sido largo, en ocasiones cansado y tedioso, pero después de 5 años de trabajo este Manual de Recursos para el Consejero Cristiano finalmente es una realidad. Hay muchas personas a las que debo agradecer, las cuales han sido parte de este proyecto en diferentes categorías. Agradezco al director de la Escuela Bíblica de Toluca México, Roberto Zepeda, porque él fue quien tuvo la visión de entrenar futuros ministros del evangelio, en el área de la consejería cristiana.

Agradezco a las dos generaciones de estudiantes que ya graduaron, ALFA y BETA, por haberse mantenido firmes hasta ver concluidos sus sueños de graduándose como Especialistas en el Cuidado de la Familia. Agradezco a la generación actual, GAMA, la cual está compuesta por más de 50 estudiantes. Los cuales se están preparando para responder en forma efectiva a las diferentes necesidades de las familias de sus comunidades.

Durante el camino me he asociado con personas que han sido de gran bendición en mi vida personal y profesional, Una de ellas ha sido Carla Borja Lowe quien me desafío a mejorar mi forma de escribir y pasó largas horas revisando todo el material que ahora forma parte de este libro. Muy especialmente quiero agradecer a Juanita Bárcenas, la secretaria de la escuela por facilitar la logística, tanto de las clases como de la formación de este libro y a Heriberto Flores por ser quien le dio la revisión final al manuscrito.

Espero que en este manual encuentres los recursos necesarios y la motivación para seguir preparándote en este fascinante mundo de la consejería cristiana.

I. B.

Contenido

Capítulo 1: Introducción a la Consejería Cristiana — 7
- Origen de los problemas de las familias cristianas — 9
- Perfil del que busca ayuda — 10
- La función del consejero — 13
- "NO" para un consejero — 14
- La relación entre el consejero y el que busca ayuda — 16
- El uso de preguntas — 17
- Intervenciones — 19
- Aspectos éticos — 23

Capítulo 2: Familias a Imagen de Dios — 25
- Conceptos generales de una familia saludable — 26
- Familias a la imagen de Dios — 29
- La longanimidad — 30
- El amor — 33
- La santidad — 39
- La paciencia — 43
- La misericordia — 48
- La justicia — 52
- La paz — 59

Capítulo 3: Paternidad Responsable — 65
- Padres responsables de la instrucción — 67
- Los padres son responsables de la estabilidad — 70
- Los padres son responsables del ambiente — 73
- Los padres son responsables de la disciplina — 75
- Los padres son responsables de su conducta — 80
- Tres padres responsables — 83

Capítulo 4: Desarrollo Humano — 87

- Teoría del apego — 89
- Desarrollo individual según Erik Erickson — 94
- Desarrollo de la madurez — 96
- Desarrollo de la identidad — 98
- El desarrollo de la autoestima — 100
- Desarrollo de la fe — 101
- Desarrollo de la familia — 103

Capítulo 5: La Motivación — 116

- La motivación interna — 119
- La motivación externa — 125
- Motivos espirituales — 127

Capítulo 6: Introducción a la Psicología — 142

- Teorías del psicoanálisis de Freud — 144
- El psicoanálisis de Jung — 149
- Teorías de Alfred Adler — 152
- Teoría existencial — 155
- Terapia centrada en la persona — 161
- Terapia Gestalt — 167
- Terapia conductista — 172
- Terapia racional y emocional — 178
- Terapia cognitiva — 181
- Enfoques sistémicos — 185
- Terapia estructural — 194
- El modelo de Gottman — 199
- Enfoque en soluciones — 202

Capítulo 7: El Poder de los Grupos — 203

- Los grupos tienen poder para generar crecimiento numérico — 204
- El Poder transformador de los grupos en casas — 210
- El examen personal — 213

Capítulo 8: Problemas Mentales — 216

- Los desórdenes mentales más comunes: — 218
- TDA trastornos de déficit de atención — 220
- El estrés — 222
- La depresión — 225
- La ansiedad — 229
- Problemas psicóticos — 236
- Desórdenes alimenticios — 238
- El divorcio — 242
- El suicidio — 248
- Desordenes de personalidad — 251

Capítulo 9: Adicciones — 258

- La personalidad adictiva — 260
- Las apuestas — 263
- Comprador compulsivo — 263
- El bronceado — 264
- El ejercicio — 264
- La adicción al alcohol — 265
- La adicción a sustancias — 266
- La infidelidad — 271
- La violencia doméstica — 283
- La pornografía — 297
- Adicciones modernas — 302
- La codependencia — 308

Capítulo 10: Programas para la Comunidad — 314

- La biblia y la ministración — 315
- Los dones — 317
- Programas para la comunidad — 322

Capítulo 1:

Introducción a la Consejería Cristiana

Introducción

Propósito:
Introducir al estudiante al fascinante mundo de la consejería cristiana. Equipándole con las habilidades y herramientas básicas que lo pueden convertir en un buen consejero cristiano.

Jesús ofrece sanidad:
"El ladrón no viene sino para hurtar y matar y destruir; yo he venido para que tengan vida, y para que la tengan en abundancia" (Juan 10:10).

"El Espíritu del Señor está sobre mí, Por cuanto me ha ungido para dar buenas nuevas a los pobres; Me ha enviado a sanar a los quebrantados de corazón; A pregonar libertad a los cautivos, Y vista a los ciegos; A poner en libertad a los oprimidos; A predicar el año agradable del Señor" (Lucas 4:18:19).

Origen de los problemas de los seres humanos

Perspectiva: Los seres humanos tienen problemas porque se alejan de Dios y se alejan de su esencia. Para que el hombre resuelva sus problemas debe recuperar la santidad, el amor, la justicia, la paciencia, la misericordia y la longanimidad; atributos que son parte del carácter de Dios.

"Y como ellos no aprobaron tener en cuenta a Dios, Dios los entregó a una mente reprobada, para hacer cosas que no convienen; estando atestados de toda injusticia, fornicación, perversidad, avaricia, maldad; llenos de envidia, homicidios, contiendas, engaños y malignidades; murmuradores, detractores, aborrecedores de Dios, injuriosos, soberbios, altivos, inventores de males, desobedientes a los padres, necios, desleales, sin afecto natural, implacables, sin misericordia" (Romanos 1:28-31).

"Esto, pues, digo y requiero en el Señor: que ya no andéis como los otros gentiles, que andan en la vanidad de su mente, teniendo el entendimiento entenebrecido, ajenos de la vida de Dios por la ignorancia que en ellos hay, por la dureza de su corazón; los cuales, después que perdieron toda sensibilidad, se entregaron a la lascivia para cometer con avidez toda clase de impureza" (Efesios 4:17-19).

"¿De dónde vienen las guerras y los pleitos entre vosotros? ¿No es de vuestras pasiones, las cuales combaten en vuestros miembros? Codiciáis, y no tenéis; matáis y ardéis de envidia, y no podéis alcanzar; combatís y lucháis, pero no tenéis lo que deseáis, porque no pedís. Pedís, y no recibís, porque pedís mal, para gastar en vuestros deleites" (Santiago 4:1-3).

Origen de los problemas de las Familias Cristianas

Los problemas que experimentan las familias cristianas no son diferentes a los que experimentan las familias que no practican una fe, sin embargo, el hecho de ser parte de una comunidad de creyentes, les da una dinámica única a los problemas que experimentan.

La necesidad de Aparentar: Todas las congregaciones tienen ciertas expectativas que esperan que sus miembros respeten. Hay familias que solo se preocupan por aparentar vivir de acuerdo a esas expectativas, pero la realidad es muy distinta en su vida privada.

Negación: Hay familias en las que creen que por ser cristianos nunca van a tener problemas. En lugar de aceptar que tienen problemas y que necesitan ayuda, simplemente ignoran su realidad y se quedan esperando que sus problemas desaparezcan solos.

Resistencia: Hay familias cristianas que se resisten a cambiar porque tienen miedo de alterar su forma de funcionar ya que, bien o mal, esa forma de funcionar es lo que les ha ayudado a sobrevivir. Además, creen que Dios es el responsable de transformarlos y que Él lo va a hacer en forma milagrosa, sin que ellos tengan que hacer nada.

Mediocridad: Hay familias cristianas que se conforman con permanecer juntos sin preocuparse por la calidad de las relaciones entre ellos. Sus miembros tienen actitudes que afectan a los demás, pero nadie hace el esfuerzo por mejorar. Son cristianos por tradición más que por convicción; la escritura les llama tibios.

Ignorancia: La ignorancia más grande de una familia cristiana es no darse cuenta que sus malas actitudes tienen un impacto negativo en los demás y que al final terminan afectándoles a ellos mismos. Al rechazar la información que les puede ayudar a mejorar, hace que su ignorancia sea voluntaria y la aceptan por comodidad.

Estereotipos: Los estereotipos más comunes son: "Los que van a un consejero es porque están locos", "Los psicólogos no son de Dios", "Dios está en contra de la Psicología", "Los psicólogos están más locos que sus pacientes" o "Yo no le voy a contar mis problemas a un extraño".

Perfil del que busca ayuda

Cada persona que busca ayuda lo hace porque tiene algún problema sin resolver, pero eso no significa que esté dispuesto o listo para resolverlo. Aunque cada problema que le presentan a un consejero es único, hay una serie de características que se repiten en la mayoría de personas que buscan ayuda con un consejero. Aquí vamos a señalar algunas de estas características como una advertencia sobre lo que debemos esperar en cada individuo que busca ayuda.

El ejemplo de Naamán: Este general de Siria ilustra muy bien alguna de las características de un individuo que va a buscar ayuda porque tiene un problema que no ha resuelto, Esta dispuesto a invertir en su tratamiento, pero lleva una serie de conceptos preconcebidos que a la hora de recibir el consejo de lo que debe hacer, se resiste. Fue gracias a sus siervos que lo hicieron recapacitar y someterse al tratamiento que el profeta Eliseo le había recomendado. El problema es que muchas de las personas que vienen a buscar ayuda no tienen un círculo de apoyo que refuerce el tratamiento. En ocasiones el mismo círculo de personas que le deberían apoyar son las que le desaniman para que no se someta al tratamiento.

Tienen problemas sin resolver: Las personas que van con un consejero lo hacen porque necesitan ayuda. Es muy posible que no entiendan su problema, pero lo quieren resolver porque les está causando dolor, frustración o ansiedad. Sin embargo, la conducta humana es muy compleja y aceptar que tiene un problema no significa que lo quiera resolver o que crea que es a él a quien le corresponde resolverlo.

No han podido resolver sus problemas: Antes de acudir a un consejero la persona ya ha hecho intentos por resolver su problema, pero sin éxito. Estos fracasos hacen a algunos adoptar una actitud derrotista y tratan de convencer al consejero de que su problema no tiene solución o que la solución está en las manos de alguien más.

Esperan que alguien más les ayude: Algunas personas se acercan a un consejero para pedirle que les ayude a resolver sus problemas, pero hay quien lo hace esperando que el consejero se los resuelva. El trabajo del consejero no es resolver problemas, sino equipar a los individuos para que aprendan a resolverlos por ellos mismos.

Se desahogan con cautela: Es doloroso y vergonzoso llegar ante un desconocido y mostrarle su lado más feo. En las primeras citas por lo general, las personas presentan asuntos triviales o hacen acusaciones en contra de personas ausentes. El consejero no debe apresurar el proceso para no causar vergüenza y dolor innecesario, pero no perder de vista que es la persona que vino a buscar ayuda quien debe reflexionar sobre sus propios problemas.

No tienen confianza: Lo más natural es que las personas que buscan ayuda no confíen en el consejero. Al menos van a dudar de su eficacia y de su discreción. Si esto pone ansioso al consejero, no los va a poder ayudar. El consejero debe aceptar que traten de probarlo. Su forma tranquila de responder es la clave para poder ayudarlos.

Se aferran a lo que conocen: Las personas que buscan ayuda tienen una idea vaga de que su forma de funcionar no es la mejor, pero como no conocen otra, se aferran a ella. Por ejemplo, la persona que usa los gritos está convencida que, si no los usa, no le hacen caso en su casa. Por eso va a buscar argumentos para seguirlos usando.

Van a sabotear el proceso de ayuda: Todos los seres humanos nos contradecimos algunas veces; pero en la consejería este fenómeno sucede con más frecuencia. Es muy común que una persona venga a buscar ayuda, pero luego trata de sabotear el tratamiento. Para algunos pacientes sanar les resulta muy caro y por eso prefieren seguir enfermos. Por ejemplo, la persona que está sufriendo de una depresión, si se cura, se tiene que ir a trabajar, mejor se queda enferma.

Sufren de irresponsabilidad: Todas las personas que vienen a buscar ayuda en menor o mayor grado están sufriendo de algún tipo de irresponsabilidad en alguna área de su vida. Esta es la razón por la que hacen acusaciones a personas ausentes o en el caso de las parejas, se hacen acusaciones mutuas. El trabajo del consejero es con cautela ayudar a cada individuo a tomar más responsabilidad de su conducta.

Van a salpicar de lodo al consejero: Por regla general, personas disfuncionales tienden a acusar a otros de sus problemas, y muy pronto van a empezar a pensar que el consejero no sirve. Si el problema no se resuelve, en lugar de aceptar que no hicieron la tarea o no siguieron las recomendaciones del consejero, les va a ser más fácil culparlo.

Dicen que "el consejero dijo": Todos los que acuden con un consejero salen diciendo lo que les conviene. Un esposo puede llegar a casa y decirle a la esposa, "Mi consejero me dijo que yo estoy bien y que el problema eres tú". Cuando en realidad nadie sabe qué fue lo que le dijo el consejero. Por ética profesional, la versión del consejero, no se puede divulgar.

El Consejero y el aconsejado

El consejero debe ser saludable: Debe manejar apropiadamente las diferentes áreas de su vida como son su relación con Dios, con su familia, con quienes le rodean y con su propia persona. *"Y les decía una parábola: ¿Acaso puede un ciego guiar a otro ciego? ¿No caerán ambos en el hoyo? El discípulo no es superior a su maestro; mas todo el que fuere perfeccionado, será como su maestro"* (Lucas 6:39, 40).

El consejero se debe analizar a sí mismo: La transformación de todo individuo, depende de estar analizándose continuamente y haciendo cambios con la intención de mejorar. Para que un consejero pueda enseñar esta disciplina a un paciente debe practicarla el mismo.

El consejero debe conocer sus actitudes: Debe reconocer la opinión que los demás tienen de él. Debe aprender sobre sí mismo; sus miedos, sus tentaciones, lo que lo irrita, lo que no resiste, lo que prefiere, etc.

El consejero debe conocer su personalidad: Debe saber si sufre de complejos, timidez, nerviosismo, preocupación, temor, agresividad o inestabilidad de ánimo. Estos trastornos afectan la habilidad para ayudar a otros.

El consejero debe conocer su resistencia: Lo más seguro es que en algún momento de su vida como consejero, alguna persona lo va a salpicar de lodo, la pregunta importante es saber que tan resistente tiene el cuero, si no va a resistir las críticas tal vez está en el área equivocada. Por supuesto que siempre habrá personas que se sientan ayudadas y eso compensa la parte negativa de este trabajo.

La Función del Consejero

Ser: Es una tentación muy fuerte para cualquier consejero mostrar sus técnicas y habilidades a los pacientes. Lo más importante en un consejero no es lo que hace en terapia, sino lo que es mientras está con el paciente, en el cuarto de terapia.

Escuchar: Saber escuchar es un arte que requiere mucha disciplina. Hay que abstenerse de la tentación de hablar y al dar respuestas a cada problema o asunto que presente. Ser un buen oidor incluye el arte de hacer preguntas. El buen oidor ayuda a que el paciente desempaque todo lo que trae en su corazón.

Modelar: Cada detalle es importante en la consejería; el orden de la oficina, los adornos, el vestuario, pero, sobre todo, la actitud del consejero. Debe tener control sobre sus emociones e impulsos. Su presencia debe ser tranquila, respetuosa y agradable. El desorden y la ansiedad no ayudan en el proceso terapéutico.

Reflejar: El consejero debe ser como un espejo donde el paciente se vea a sí mismo. Para lograrlo, el consejero debe aprender el arte de interpretar lo que escucha y presentárselo al paciente en una forma que le ayude a reflexionar.

Ejemplo: "Lo que estoy escuchando es que no puedes regular tu enojo".
"Lo que estoy escuchando es que ya no soportas vivir con la persona que vives".

Desafiar: Cuando alguien toca el amor propio de un individuo, éste reacciona en forma instintiva para protegerse. Esta es una energía que puede ser usada por el consejero cuando lo considere apropiado, siempre y cuando lo haga con cautela.

Ejemplo: "Lo que estoy escuchando es que la depresión ya te dominó y no hay nada que puedas hacer", " Lo que estoy escuchando es que tú eres víctima de muchas personas".

Orientar: El consejero no es un manual de respuestas, pero sí debe dar luz a las posibles opciones que el paciente puede tener, para resolver su problema. Debe ser el paciente quien toma la decisión final sobre el camino a seguir. Si el paciente insiste en querer saber lo que debe hacer, el consejero le puede decir lo que a él le parece la mejor opción, nada más. Aunque sería mejor que le diera varias opciones y dejar que el paciente decida cual escoger.

Educar: El consejero debe educar al paciente respecto a su problema; esta información le ayudará mucho. Lo puede educar sobre los diferentes tratamientos posibles y los resultados de cada uno de ellos. El consejero debe investigar más a fondo cada problema y guiar al paciente a hacer lo mismo.

"NO" Para un Consejero

No debe ser un problema más: El consejero debe evitar preguntas, intervenciones o consejos que generen sensaciones nuevas de malestar en el paciente. El trabajo del consejero es liberar al paciente de los malestares que está experimentando. Es dentro de un ambiente tranquilo donde el paciente se puede cargar de energía para resolver sus problemas.

No debe involucrarse en los problemas del paciente: Los problemas del paciente deben de ser, siempre, del paciente. Por ejemplo: No debe prestarle o darle dinero, no debe ponerlo en contacto con personas que le puedan prestar dinero. Debe evitar hacer llamadas a terceras personas para reclamarles o pedirles algo en nombre del paciente.

No debe usar al paciente: El consejero debe evitar pedirle al paciente que lo ayude con sus asuntos personales tales como arreglar su carro, pintar su casa, pedirle dinero prestado, etc. También debe evitar usarlos para satisfacer sus necesidades emocionales, sexuales o para alimentar su ego.

No debe reforzar patrones disfuncionales: Todo paciente desarrolla patrones disfuncionales de relación con las personas con quienes convive; estas relaciones son de dependencia, de control o de conflictos. El consejero debe evitar que el paciente desarrolle los patrones disfuncionales mientras se relaciona con él.

Nunca debe abandonar su rol de consejero: Hay casos donde el consejero le cuenta sus problemas al paciente y el paciente termina convirtiéndose en el consejero. También sucede que algunos pacientes narcisistas quieren usurpar la silla del consejero; por eso, el consejero debe recordar que él no fue a buscar al paciente, sino que el paciente vino a buscarlo a él.

No ser un manual de respuestas: Es más efectivo ayudar al paciente a buscar opciones y apoyarlo en las decisiones que tome, que darle todas las respuestas. Al final es él paciente quien sufrirá las consecuencias de sus decisiones. El dar respuestas lo pone en riesgo de que el paciente le diga: "Eso ya lo intenté y no funcionó" o "Lo voy a intentar, pero si sale mal usted será el responsable".

No debe olvidar sus limitaciones: Cada consejero debe conocer sus limitaciones y no tratar casos en los cuales no esté capacitado. Es mejor ser honesto y decirle al paciente cuando algo esté fuera de su alcance y canalizarlo con quien pueda ayudarlo. El consejero debe mantener un repertorio de lugares y servicios para canalizar a sus pacientes a donde encuentren la ayuda que necesitan.

No debe tratar de arreglar lo "arreglado" Hay veces que los pacientes viven en situaciones que no les molestan ni las consideran problemáticas. Cuando los pacientes comparten esas situaciones con el consejero, a éste le parece que están mal y trata de arreglarlo. Un ejemplo de lo anterior es el matrimonio donde la mujer manda al marido y los dos están contentos.

No usar la agenda personal: La agenda del paciente es el propósito por el que vino a buscar ayuda. Es muy importante que la consejería esté enfocada en tratar los problemas que al paciente le parecen más importantes; o sea seguir la agenda del paciente. El trabajo del consejero es ayudar al paciente a explorar la raíz de los problemas que a él le parecen importantes. Si durante este proceso el paciente cambia su agenda, entonces no hay ningún problema.

La relación entre el consejero y el que busca ayuda

El consejero es un invitado de honor en la vida del que busca ayuda: Su actitud debe ser de un profundo respeto similar al que mostramos cuando estamos en una casa extraña. Un invitado no llega a una casa criticando los adornos o el desorden; Simplemente la observa y se calla.

El consejero está en posición de poder: Se le ha invitado a entrar porque se le considera experto en algo, pero debe cuidar de no causar más caos en esa casa. Su trabajo es concentrarse en lo que el paciente necesita y no olvidar que el paciente sigue siendo el dueño de la casa.

El paciente es el dueño de la casa: El paciente sabe que se está exponiendo, pero su necesidad lo ha hecho tomar este riesgo. Su salud emocional y su futuro dependen de la calidad de la relación con el consejero. Es posible que el consejero sea la primera persona que lo trata con respeto.

La calidad de la relación entre el consejero y el que busca ayuda es curativa. Los pacientes llegan a terapia con un corazón todo lastimado. El corazón del consejero participa en el proceso de sanidad del paciente. El paciente necesita relacionarse con otros corazones saludables. De esta forma el corazón del paciente logra la sanidad emocional.

El uso de preguntas

Una de las habilidades más importantes en consejería es conocer la diferencia entre el contenido y el proceso. Una forma de entender esta diferencia es definiendo el contenido como la información que se transmite y el proceso es la forma en que se comunica. Ejemplo: La esposa le dijo tonto al esposo, ese es el contenido, el proceso es como se lo dijo y que reacción causó en el esposo. Por lo general, en consejería, las intervenciones se enfocan en alterar el proceso más que al contenido. Una forma efectiva de alterar el proceso es por medio de preguntas.

Preguntas lineales:
Este tipo de preguntas son las más simples y se usan para recabar información básica como, por ejemplo: ¿Dónde vives?, ¿Cuántos años tienes? o ¿Cuáles son los motivos por los que pelean?

Preguntas relacionales:
Este tipo de preguntas se usan para que el paciente haga una narrativa de algún problema o situación específica para poder entenderla mejor. Estas preguntas generalmente principian con las palabras: Descríbeme, explícame o háblame más de eso.

Preguntas circulares:
Son muchos los estudios que se han desarrollado sobre el uso de las preguntas como el de Colette Fleuridas (1986), que se centra en el poder de las preguntas circulares.

El propósito de estas preguntas es crear consciencia sobre el proceso de una relación. Si se usan apropiadamente ayudaran al que busca ayuda a descubrir el impacto de sus acciones sobre la conducta de otros. Algunos ejemplos son: ¿Cómo crees que se sienta?, ¿Porque se siente insegura? o ¿Porque te tiene miedo?

Cuando estas preguntas se usan bien, logran que el que está buscando ayuda se observe a sí mismo y observe lo inapropiado de su conducta. Al hacerlo, las posibilidades de cambio aumentan. Las preguntas circulares son las que pueden producir cambios en la conducta de los individuos.

Preguntas de visualización:
Este tipo de preguntas tienen la intención de ayudar al paciente a crear una imagen visual de lo que quiere lograr o de cómo quiere estar. Si el individuo no es capaz de definir lo que quiere o de cómo quiere estar no podrá moverse en ninguna dirección.

Este tipo de preguntas van más o menos así: ¿Cómo vas a saber que ya no estas deprimido?, ¿qué va a ser diferente cuando resuelvas tus problemas con tu esposo?, ¿qué va a ser diferente cuando tus problemas se resuelvan? Etc.

La pregunta milagrosa:
Otra pregunta que se ha hecho muy popular entre los consejeros en los últimos tiempos es la propuesta por Mark Tyrrell (2016), y va más o menos así:
"Si esta noche te visitara un ángel y te hiciera el milagro de quitarte todos tus problemas, mañana cuando despiertes ¿qué vas a notar diferente que te indique que realmente todos tus problemas se han terminado?"

Estas preguntas están enfocadas a explorar situaciones donde se rompe la regla y el problema no está presente. Es importante que las personas descubran que sucede cuando el problema no está. Este conocimiento les enfoca en lo positivo y les invita a hacer más de lo que funciona bien.
Wikipedia (2016), presenta otras preguntas que son parte de las teorías de enfoque en soluciones; he aquí algunas de ellas:

Preguntas que buscan una excepción:
Esta técnica consiste en buscar en la vida de la persona momentos donde el problema no está presente y descubrir, ¿Por qué, ese momento es diferente?

Preguntas de escala:
Hay muchas cosas que son abstractas y que necesitan ser puestas en una perspectiva más objetiva. Para eso se usa la escala del 1 al 10. Ejemplo: ¿En una escala del 1 al 10, que tan cerca del divorcio se sienten? 1 sería muy lejos, el 10 sería muy cerca.

Preguntas que buscan lo positivo:
Estas preguntas están diseñadas para ayudar a la persona que busca ayuda a dejar de mirar y hablar de fracasos y principiar a ver los logros. Ejemplo: "¿Me podrías hablar sobre las cosas buenas que lograste esta semana?"

Intervenciones

Otra forma efectiva de alterar el proceso de una relación o de alterar la conducta de un individuo es por medio de intervenciones como las que voy a mostrar a continuación:

Recuperar la imagen de Dios
Las personas de fe reaccionan muy bien cuando se les muestran los atributos de Dios y se exploran en cuál de ellos necesitan mejorar. Los atributos de Dios que se presentan en el curso de Hogar Cristiano son los siguientes: Su santidad, su amor, su justicia, su paciencia, su misericordia, su longanimidad y su paz.

Descubrir el área ciega:
Uno de los componentes de la ventana de Johari es el área ciega. Fritzen, Silvino José (1987). El área ciega se define como comportamientos observables por otros, que el individuo que los practica no está totalmente consciente de ellos. Cada persona que busca ayuda debe reducir el número de conductas de las cuales no está consciente y así ampliar el conocimiento sobre sí mismo. Cada intervención está diseñada para este propósito.

Crear un sentimiento de poder
Para crear este sentimiento hay que ayudar al paciente a que vea sus virtudes en lugar de ver sus defectos. Debe darse cuenta que vale por medio de ver sus áreas fuertes. También hay que desafiar sus pensamientos irracionales de fracaso.

Usar la aceptación total:
La aceptación total es un estilo de terapia relacionada al humanismo y a la terapia centrada en la persona. Uno de los principales exponentes a esta intervención es Rogers, Carl R. (1957). Este estilo consiste en escuchar al paciente en forma empática sin criticarle y sin imponerle el criterio del consejero. La idea detrás de este concepto es que las personas que vienen a buscar ayuda ya han recibido muchos consejos de familiares y amigos, pero no le han dado la energía para vencer su problema. Al aceptarle en forma incondicional, el individuo se llena de esa energía.

Re encuadrar:
Según el diccionario de psicología (2016). Una de las técnicas más comunes y sencillas de aplicar es la técnica de re encuadrar. Esta técnica consiste en cambiar la percepción de una situación por medio de ponerla en otro contexto. Esta técnica consiste en descubrir junto al paciente información que él no ha considerado para cambiar su interpretación de algún evento o de una persona. Ejemplo: El esposo se queja que su esposa es muy fría y cree que no lo quiere. Re encuadrar seria descubrir que ella nunca aprendió a ser afectiva porque nadie le dio amor.

La ventana:
Esta técnica consiste en dibujar dos ventanas, una con un solo vidrio, y la otra dividida en cuadritos. Se le pregunta a la persona que vino a buscar ayuda ¿Qué pasa si cada ventana recibe el golpe de una piedra? La que tiene un solo vidrio, quedaría destruida completamente, mientras que la segunda sólo se le dañaría uno de sus cuadros. Esto sirve para explicar que la vida es como la ventana de muchos cuadros, y por lo general, los problemas sólo dañan un área de la vida y no toda. Hay que seguir valorando y protegiendo las áreas que no están dañadas y sólo arreglar la que se quebró.

La caja milagrosa:
Esta técnica consiste en tener una caja imaginaria y milagrosa donde se ponen los problemas que ya se han tratado de resolver varias veces sin lograrlo. Al guardarlos en la caja fuerte la pareja queda libre para disfrutar otros aspectos de su vida matrimonial.

La montaña:
Esta técnica consiste en comparar la vida con un viaje para cruzar una montaña de un lado a otro. Este viaje principia al pie de la montaña, luego se avanza hasta llegar a la cumbre. Desde allí el individuo empieza a descender hasta llegar a lo plano, pero ya en el otro lado de la montaña. Cada individuo está en diferentes partes de la montaña y las expectativas son diferentes. Algunos de los problemas de los individuos están asociados al lugar donde se encuentra en la montaña de su vida.

La gota de agua:
Esta es una analogía de la vida del ser humano comparada con la vida de una gota de agua. La vida de cada gota principia en el cielo, y termina en el cielo. Durante su vida, la gota pasa por diferentes circunstancias que la desafían, como ser arrastrada por la corriente o perderse en el inmenso océano de la vida sin tratar de trascender.

Dar poder:
Esta técnica consiste en ayudar a la persona a encontrar aspectos positivos en su vida que demuestren que no esta tan mal como se cree. No es el trabajo del consejero señalar esas áreas fuertes, sino guiarle para que la persona misma los encuentre.

Las dos listas:
Esta técnica consiste en pedirle a una pareja que haga una lista de sus propios defectos. Luego pedirle que haga otra lista de los defectos de su pareja y comparar cual es más fácil de hacer.

La silla vacía:
Una de las técnicas más comunes del concepto Gestalt es la silla vacía. Esta técnica consiste en poner una silla vacía frente a la persona que vino a buscar ayuda y pedirle que se imagine que en esa silla se encuentra la persona a la cual le quiere decir algo, pero no se atreve. La persona tiene que hablar con ese personaje imaginario y decirle lo que siente en forma de práctica, para cuando verdaderamente lo tenga enfrente tenga el valor de decirle lo que debe. Esta técnica también se usa para desahogarse de personas que están lejos o que ya se murieron.

Identificar emociones:
Esta técnica consiste en pedirle al paciente que al lado izquierdo de una hoja haga una columna con una lista de recuerdos y al lado derecho otra columna con las emociones que le producen esos recuerdos. La idea de esta técnica es que los enemigos desconocidos son más peligrosos. Cuando logramos identificar las emociones negativas que nos perturban, tenemos más poder sobre de ellas.

Los recuerdos:
Esta técnica consiste en pedirle a la pareja que traigan una foto de su noviazgo o cuando estaban recién casados y hablen de ese momento. Esta técnica se usa para evocar buenos recuerdos y enriquecer el presente.

El ABC:
Esta intervención es parte de las teorías de REBT, desarrolladas por Albert Ellis (2016).
A = Ambiente
B = Percepción
C = Consecuencias emocionales
Los seres humanos se sienten mal no por lo que pasa a su alrededor, sino por la forma en que interpretan esos eventos.

Los componentes del amor:
El triángulo de Robert Sternberg, se ha usado extensamente para ilustrar los tres componentes principales del amor. Study.com (2016).
Mediante este concepto, el amor se define por medio de tres componentes. El compromiso, la pasión y el romance. Pero en cada individuo y en cada pareja la intensidad de cada ingrediente es diferente.

El sembrador: Esta técnica consiste en educar a las parejas que buscan ayuda para resolver conflictos. Se logra ayudándoles a comprender que el principio del sembrador es universal y nunca pasa de moda. El lugar más apropiado para probar que esta regla es infalible es precisamente dentro del matrimonio.

El motor: Consiste en mostrar que un auto se mueve gracias al motor y lo cansado que es empujarlo cuando carece de él. Los individuos son como los autos, es muy cansado empujarlos. La gasolina es el amor que le damos a las personas con las que convivimos.

La olla de aceite: Este concepto fue creado por Virginia Satir (1988). Consiste en depositar aceite en la olla para que éste nunca falte y siempre haya una reserva. El aceite es el amor que le damos a las personas que nos rodean.

Aquí y ahora: Consiste en evitar conversaciones irrelevantes o preguntas hipotéticas y concentrarse en lo que está pasando aquí y ahora.

Premios y consecuencias: Todo comportamiento que se premia tiende a repetirse. Los padres deben premiar todo comportamiento apropiado para que éste se repita; es decir, el experimentar las consecuencias modifica el comportamiento.

Diagramas: Esta técnica consiste en usar diagramas para ilustrar aspectos abstractos tales como las emociones y el poder.

Aspectos Éticos

Explicación inicial:
Al inicio de una relación terapéutica debe explicar al paciente que usted tiene la obligación ética de respetar la privacidad. Esta privacidad es limitada puede romperse en algunos casos: Si el paciente quiere hacerse daño, si quiere dañar a alguien más, si existe algún abuso infantil o si existe la orden de un juez de romper la confidencialidad.

El suicidio:
Para evaluar el potencial de suicidio se deben hacer las siguientes preguntas: ¿Sabes cómo te vas a hacer daño?, ¿Tienes con qué hacerte daño?, ¿Alguna vez lo has intentado?, ¿Algún familiar se ha quitado la vida?, ¿Tienes personas que te quieren?, ¿Qué te ha detenido para no hacerte daño?

Contrato de no hacerse daño:
La persona con pensamientos suicidas debe escribir y firmar una promesa de que no se va a hacer daño. Este papel tiene un doble objetivo: Primero, ayudar al paciente a crear conciencia sobre lo que quiere hacer. Segundo, es una prueba de que el asunto del suicidio se trató en terapia.

Cuando una persona está pensando en hacerse daño, es importante avisar a los familiares para que lo supervisen y no lo dejen solo, hasta que la crisis haya pasado. El paciente debe consentir en avisarle a su familia, y el consejero debe asegurarse de que este lo hace.

Capítulo 2:

Familias a la Imagen de Dios

Introducción

Propósito:
Presentar en forma sencilla los valores cristianos para que sirvan como base en la formación, desarrollo y propósito de la familia.

A. Investigaciones científicas:
Según el Instituto de Investigación demográfica y de familia, asegura que hay evidencias de que los valores cristianos juegan un papel muy importante en la vida familiar y muy especialmente en la educación infantil.

B. Las reuniones de la iglesia:
Este mismo instituto afirma que asistir en forma regular a las reuniones de la iglesia es un factor que puede hacer una diferencia positiva en la vida familiar.

Conceptos generales de una familia saludable

A. Orientación espiritual:
Como persona que vivo bajo principios espirituales me he dado cuenta que ser parte de una comunidad de creyentes me permite tener a mi alcance una fuente de fortaleza sobre todo durante etapas de crisis. Si comparo mi vida presente viviendo bajo principios espirituales al tiempo cuando vivía sin ninguna fe, sería como comparar el día y la noche. Yo estoy convencido que tener una orientación espiritual eleva los niveles de satisfacción de las familias.

B. El compromiso:
El compromiso consiste primeramente en mantener la integridad de la pareja y la unidad de la familia. También incluye un compromiso de fidelidad y lealtad mutua y de ayudarse mutuamente a crecer. Creo que los matrimonios que cierran la puerta del divorcio tienen más posibilidades de aprender a vivir como pareja y desarrollar una familia saludable.

C. Se demuestran aprecio:
Este principio ya es ampliamente aceptado como un elemento básico para desarrollar una familia saludable. Los miembros de la familia que se valoran unos a los otros y además se expresan aprecio, se ayudan a crecer mutuamente.

D. Pasar tiempo juntos:

El tiempo de calidad que las familias pasan juntas consiste en evitar los gritos, insultos, o conflictos. Las horas de comida, los viajes, los deportes, y las fiestas son oportunidades de pasar tiempo agradable. Estar juntos los acerca emocionalmente y en este ambiente la familia comparte ideas, emociones, y sueños.

E. Buena comunicación:

Actualmente, es ampliamente aceptable que la buena comunicación es un factor indispensable para formar una buena relación familiar. Una buena comunicación consiste en transmitir mensajes verbales con claridad, evitan el silencio, tratan de ser buenos oidores, cuidan su tono de voz y el lenguaje corporal; sobre todo, están atentos a las emociones que transmiten y las que se producen durante sus interacciones.

F. Superan sus crisis:

Las crisis pueden ser eventos predecibles como el primer día de clases, las etapas del noviazgo, cuando los hijos dejan el hogar o pueden ser eventos esperados una enfermedad o un accidente. Las crisis también pueden ser circunstancias limitantes como adicciones, o una incapacidad física. Las familias saludables manejan mejor estas circunstancias.

G. Ayuda a los miembros más débiles:

Desde el punto de vista de un sistema, la familia es tan fuerte como su miembro más débil. La familia saludable contribuye al crecimiento de los más vulnerables, que por lo general son los hijos. Además, hay etapas donde los hijos son más vulnerables.

H. Funciones claras:

La función de cada miembro es clara y apropiada. Cada miembro funciona con un alto grado de autonomía, pero con una mentalidad de equipo. Cada miembro cumple su función pensando en el bienestar de la familia.

I. Estructura estable y funcional:

La estructura de una familia depende de las reglas que se practican internamente. Esta estructura es la base del crecimiento y maduración de sus miembros. Cuando las reglas son claras, desarrollan una estructura estable. La estructura cumple la función de mantener el orden y un funcionamiento estable y hasta predecible de la familia. La estructura dificulta la diferenciación de sus miembros porque los mantiene integrados a la forma de funcionar de la mayoría. En la familia donde hay una estructura saludable no existen triangulaciones conflictivas, ni coaliciones subversivas.

J. Manejan mejor sus conflictos:

En las familias saludables predomina un ambiente armonioso donde las emociones negativas son bajas en intensidad. Todos regulan sus emociones en forma responsable eso facilita el diálogo de sus diferencias y crea un ambiente apropiado para resolver conflictos los conflictos que tal vez tienen solución. Las familias que logran dialogar sobre sus diferencias, hacen que todos sus miembros se sientan escuchados y valorados, y esto contribuye para sentirse emocionalmente más satisfechos y felices.

Familias a imagen de Dios

La lejanía de Dios:
Durante mis años como consejero he tratado infinidad de familias con diferentes tipos de problemas. Entre los más comunes se encuentran la violencia, los malos tratos, las infidelidades, padres con hijos rebeldes, falta de apoyo del cónyuge, mala comunicación, no saber resolver conflictos, problemas de enojo, problemas sexuales, problemas financieros, problemas emocionales, sentimientos de soledad, problemas de adicciones, y problemas con familiares.

Las familias tienen problemas por diferentes razones, sin embargo, un factor que está detrás de la mayoría de problemas que enfrentan las familias es la lejanía de Dios. Esta lejanía de Dios no es en un sentido místico, sino práctico. Tampoco tiene que ver con distancia, porque no hay un lugar en el universo donde podamos decir: "aquí estoy más lejos de Dios". Para mí, alejarse de Dios significa dejar de parecerse a él. Las familias con problemas han perdido el amor de Dios, su santidad, su justicia, su misericordia, su paciencia y su paz entre otras características.

Hay que restaurar la imagen de Dios:
En este curso vamos a estudiar en forma detallada, siete de los más importantes atributos del carácter de Dios. Estos atributos son la fórmula para elevar el nivel de satisfacción de cualquier familia. Aun aquellas que se encuentran en profundos estados de crisis pueden ser restauradas si deciden vivir de acuerdo a estas enseñanzas.

La longanimidad

Definición de longanimidad

Según el diccionario de la real academia, La longanimidad es la perseverancia de ánimo frente a las adversidades. Esta es una virtud que ha sido olvidada por nuestra sociedad.

Vivimos tiempos difíciles donde el concepto de familia esta siendo atacado desde diferentes frentes. Movimientos como el feminismo, los homosexuales y lesbianas quieren re definir el matrimonio y el modelo de familia tradicional que Dios nos ha enseñado y que ha sido la base de la sociedad por siempre. Estos movimientos quieren que la familia esté compuesta por un padre o una madre soltera y sus hijos, por dos personas del mismo sexo y con hijos adoptados.

Si a estos desafíos le añadimos el alto índice de divorcios causados por la falta de comunicación en el matrimonio, la ignorancia para resolver conflictos, la falta de dominio propio, el egoísmo etc. A las familias les es muy difícil sobrevivir como familia. Es aquí donde podemos aplicar la definición de longanimidad: "Grandeza de ánimo para vencer las adversidades". Eso es lo que necesitamos para mantenernos unidos y verdaderamente felices.

La longanimidad de Dios

Para que los matrimonios se mantengan unidos en medio de todas las pruebas y desafíos que enfrentan actualmente necesitan restaurar y fortalecer la imagen de Dios en cada uno de sus miembros.

Para restaurar la imagen de Dios en cada individuo y en cada familia, lo primero es analizar los atributos de su carácter. Dentro de estos atributos encontramos la longanimidad. Nuestro Dios es longánimo porque a pesar de todas las adversidades que como seres humanos y como hijos le hemos causado, el sigue comprometido con nosotros.

El ser humano no debe menospreciar esta virtud de Dios. Por el contrario, debe aprovecharla para arrepentirse y acercarse a Dios. Considera la siguiente escritura que habla de la longanimidad de Dios.

"¿O menosprecias las riquezas de su benignidad, paciencia y longanimidad, ignorando que su benignidad te guía al arrepentimiento?" (Romanos 2:4).

La longanimidad nos dignifica

Las diferentes corrientes ideológicas de nuestra sociedad que no están basadas en Dios, van a tratar por todos los medios de desacreditar las virtudes que Dios quiere que practiquemos. Es así que en nuestro tiempo es más popular ser madre soltera o vivir en unión libre que estar casado legalmente. A lo blanco le llaman negro y a lo negro le llaman blanco.

Los hijos de Dios, aquellos que queremos vivir bajo sus enseñanzas, tenemos que aferrarnos a los valores que Dios nos ha enseñado. Si Dios dice que el aborrece el divorcio, eso es lo que hay que vivir, si Dios valora la fidelidad y condena la fornicación, eso es lo que hay que defender.

Lo más excelente y lo más digno es lo que Dios nos ha enseñado. La siguiente escritura nos habla de lo que Dios considera digno,

"Para que andéis como es digno del Señor agradándole en todo, llevando fruto en toda buena obra, creciendo en el conocimiento de Dios; fortalecidos con todo poder, conforme a la potencia de su gloria, para toda paciencia y longanimidad" (Colosenses 1:10-11).

La longanimidad nos distingue

En este mundo siempre habrá personas insensatas que pretendiendo ser sabios se hacen necios. Lamentablemente estas personas no son pasivas, son bastante activas en atacar, perseguir o estorbar a los que quieren hacer la voluntad de Dios. El apóstol Pablo enfrentó este tipo de personas, el apóstol Juan también enfrentó hombres así, y por supuesto nuestro Señor Jesucristo tuvo muchos adversarios.

Lo bueno es que hacer la voluntad de Dios siempre trae buenos resultados. Hay evidencias que los valores cristianos como la longanimidad ayudan a las familias que los practican. Las familias cristianas; resisten las adversidades y se mantienen unidas más tiempo. Por eso es que el divorcio entre familias cristianas es más bajo que el de la población en general. La siguiente escritura es una invitación a ser diferentes.

"Mas no irán más adelante; porque su insensatez será manifiesta a todos, como también lo fue la de aquellos. Pero tú has seguido mi doctrina, conducta, propósito, fe, longanimidad y amor" (2 Timoteo 3:9-10).

La longanimidad es para tiempos difíciles

Las familias y principalmente los matrimonios que son la base de la familia vamos a enfrentar todo tipo de adversidades. Vamos a tener problemas financieros, problemas de comunicación, problemas con los familiares, en ocasiones nos vamos a sentir que estamos siendo tratados injustamente, nos vamos a lastimar y todo esto orilla a muchos matrimonios a divorciarse lo que lleva a la desintegración de la familia.

Por eso la longanimidad es la virtud que nos puede mantener unidos a través de todas estas pruebas. Además, la longanimidad es una virtud que Dios puede desarrollar y fortalecer. Las familias que permanecen juntas a través de las pruebas, es porque han desarrollado la virtud de la longanimidad. La siguiente escritura nos habla de ser longánimos en las adversidades.

"Antes bien nos recomendamos en todo, como ministros de Dios, en mucha paciencia, en tribulaciones, en angustias, en azotes, en cárceles, en tumultos, en trabajos, en desvelos, en ayunos, en pureza, en ciencia, en longanimidad, en bondad, en el Espíritu Santo, en amor sincero" (2 Corintios 6:4-6).

El amor

Definición de amor:
"Conjunto de sentimientos que ligan una persona con otra".

Las familias son producto del amor de dos personas comprometidas a vivir juntas hasta que la muerte los separe. Pero con el correr del tiempo el amor que los unió se diluye y se convierte en un sentimiento de apatía, fastidio y en ocasiones hasta odio.

Este fenómeno se debe a que no se ha entendido el amor desde su origen. Se le llama amor a la atracción física o a la pasión sexual, pero el amor que mantiene a las familias unidas y felices es mucho más que eso. El verdadero amor nace en Dios, él es amor, y ha demostrado amor. Por eso si queremos formar familias estables y felices tenemos que aprender cual es el verdadero amor que Dios quiere que vivamos.

El amor en el carácter de Dios
Al igual que el resto de atributos. Lo primero que vamos a hacer es explorar ese sentimiento tan maravilloso e incomprensible en el carácter de Dios. Las siguientes escrituras nos hablan del amor que Dios posee.

"Más Dios muestra su amor para con nosotros, en que, siendo aún pecadores, Cristo murió por nosotros" (Romanos 5:8).

"Porque ya conocéis la gracia de nuestro Señor Jesucristo, que por amor a vosotros se hizo pobre, siendo rico, para que vosotros con su pobreza fueseis enriquecidos" (2 Corintios 8:9).

"En esto consiste el amor: no en que nosotros hayamos amado a Dios, sino en que él nos amó a nosotros, y envió a su Hijo en propiciación por nuestros pecados" (1 Juan 4:10).

El amor de Dios produce amor
Es imposible que aquel que experimenta el amor de Dios en su vida se mantenga indiferente o apático. El amor de Dios es como un fuego que consume, como un torrente de agua que te arrastra o como una vitamina que te da la energía para hacer cosas que jamás pensaste que podías hacer. Es como una semilla que Dios siembra en el corazón del individuo,

la cual en forma natural hace crecer una planta que saldrá por todos los poros del individuo a través de múltiples manifestaciones. Las siguientes escrituras nos hablan del poder del amor para producir más amor.

"En esto hemos conocido el amor, en que él puso su vida por nosotros; también nosotros debemos poner nuestras vidas por los hermanos" (1 Juan 3:16).

"Amados, si Dios nos ha amado así, debemos también nosotros amarnos unos a otros" (1 Juan 4:11).

"Entonces respondiendo Jesús, le dijo: Simón, una cosa tengo que decirte. Y él le dijo: Di, Maestro. Un acreedor tenía dos deudores: el uno le debía quinientos denarios, y el otro cincuenta; y no teniendo ellos con qué pagar, perdonó a ambos. Di, pues, ¿cuál de ellos le amará más? Respondiendo Simón, dijo: Pienso que aquel a quien perdonó más. Y él le dijo: Rectamente has juzgado" (Lucas 7:40-43).

El Amor es el más grande mandamiento

Los que hemos recibido el amor de Dios, no tenemos opción de no amar. Nuestro amor no sólo debe nacer en forma espontánea y natural, también debe ser el resultado de nuestra voluntad. Los seres humanos debemos estar conscientes de cómo nos ha amado Dios, para aprender de ese amor y en forma consiente e intencional amar de la misma forma a quienes nos rodean, principiando con nuestras familias. Las siguientes escrituras nos ordenan amar a nuestros semejantes.

"Jesús le dijo: Amarás al Señor tu Dios con todo tu corazón, y con toda tu alma, y con toda tu mente. Y el segundo es semejante: Amarás a tu prójimo como a ti mismo" (Mateo 22:37).

"El propósito de este mandamiento es el amor nacido de corazón limpio, y de buena conciencia, y de fe no fingida" (1 Timoteo 1:5).

"Un mandamiento nuevo os doy: Que os améis unos a otros; como yo os he amado, que también os améis unos a otros" (Juan 13:34).

El amor nos une a Dios

El cordón umbilical que nos une a Dios es el amor, por medio de él somos nutridos, pero además es por medio de él que se nos garantiza la vida eterna. En el momento en que esa atadura que nos une con Dios se rompa, perdemos la vida y quedamos perdidos en la más profunda obscuridad de un mundo que se encuentra sin Dios y sin esperanza. Las siguientes escrituras nos hablan de como el amor nos une a Dios.

"Amados, amémonos unos a otros; porque el amor es de Dios. Todo aquel que ama, es nacido de Dios, y conoce a Dios. El que no ama, no ha conocido a Dios; porque Dios es amor" (1 Juan 4:7-8).

"Nadie ha visto jamás a Dios. Si nos amamos unos a otros, Dios permanece en nosotros, y su amor se ha perfeccionado en nosotros" (1 Juan 4:12).

"Dios es amor; y el que permanece en amor, permanece en Dios, y Dios en él" (1 Juan 4:16).

El amor a si mismo

Hay una profunda enseñanza en el significado de amarse a sí mismo. El que verdaderamente se ama desarrolla actitudes y conductas que benefician a los demás, no porque los demás lo merezcan, o porque se lo van a agradecer, sino porque quiere convertirse a sí mismo en lo mejor que puede ser. Las siguientes escrituras demuestran que nuestro Dios hace muchas cosas simplemente porque se ama a sí mismo, no porque los seres humanos lo merecemos.

"Confortará mi alma; Me guiará por sendas de justicia por amor de su nombre" (Salmos 23:3).

"Yo soy el que borro tus rebeliones por amor de mí mismo, y no me acordaré de tus pecados" (Isaías 43:25).

"Por amor de tu nombre no nos deseches, ni deshonres tu glorioso trono; acuérdate, no invalides tu pacto con nosotros" (Jeremías 14:21).

El amor produce buenos sentimientos

Amar no sólo es un sentimiento abstracto que el individuo enamorado siente, el amor es una serie de virtudes y cualidades que cuando se viven y se expresan, enriquecen cualquier relación. El individuo que expresa su amor por medio de buenos sentimientos y buenas acciones, tiene el potencial de transformar una relación a punto de morir una relación muy feliz. Las siguientes escrituras nos hablan del poder del amor para producir buenos sentimientos.

"Y, ante todo, tened entre vosotros ferviente amor; porque el amor cubrirá multitud de pecados" (1 Pedro 4:8).

"Con toda humildad y mansedumbre, soportándoos con paciencia los unos a los otros en amor" (Efesios 4:2).

"El amor es sufrido, es benigno; el amor no tiene envidia, el amor no es jactancioso, no se envanece; no hace nada indebido, no busca lo suyo, no se irrita, no guarda rencor; no se goza de la injusticia, mas se goza de la verdad. Todo lo sufre, todo lo cree, todo lo espera, todo lo soporta. El amor nunca deja de ser; pero las profecías se acabarán, y cesarán las lenguas, y la ciencia acabará" (1 Corintios 13:4-8).

El amor se demuestra con servicio

Una de las formas más sencillas de demostrar amor es por medio del servicio. Por lo general, los actos de servicio casi siempre producen sensaciones agradables en quienes los reciben. El servicio, puede ser desde cosas pequeñas y cotidianas, como abrirle la puerta del carro a la esposa hasta dar la vida por ella. Las siguientes escrituras nos muestran cómo el servicio puede ser una buena demostración de amor.

"Así sirvió Jacob por Raquel siete años; y le parecieron como pocos días, porque la amaba" (Génesis 29:20).

"Nadie tiene mayor amor que este, que uno ponga su vida por sus amigos" (Juan 15:13).

"Porque vosotros, hermanos, a libertad fuisteis llamados; solamente que no uséis la libertad como ocasión para la carne, sino servíos por amor los unos a los otros" (Gálatas 5:13).

El amor edifica

La falta de amor nos hace ser egoístas y envidiosos y en ocasiones hasta tratamos de estorbar el crecimiento de los demás, pero el amor es diferente. Dentro de una relación matrimonial es esencial que ambos se apoyen para que ambos crezcan en las diferentes áreas de la vida donde se debe crecer; eso sólo sucede cuando hay amor. En la escritura encontramos varias referencias a una de las funciones más importantes del amor y esa es ayudar a los demás a ser mejores.

"El conocimiento envanece, pero el amor edifica" (1 Corintios 8:1).

"De quien todo el cuerpo, bien concertado y unido entre sí por todas las coyunturas que se ayudan mutuamente, según la actividad propia de cada miembro, recibe su crecimiento para ir edificándose en amor" (Efesios 4:16).

"Jehová se manifestó a mí hace ya mucho tiempo, diciendo: Con amor eterno te he amado; por tanto, te prolongué mi misericordia" (Jeremías 31:3).

La superioridad del amor

El amor demuestra su superioridad en diferentes áreas de la vida. Por ejemplo, es superior que la abundancia. Una familia puede vivir en abundancia, económica, pero con tanto odio entre ellos que se sentirán los individuos más miserables de la tierra. Sin embargo, una familia pobre, pero con amor, se sentirá la familia más feliz de la tierra. Las siguientes escrituras nos demuestran la superioridad del amor sobre el miedo y sobre las diferencias.

"Mejor es la comida de legumbres donde hay amor. Que de buey engordado donde hay odio" (Proverbios 15:17).

"En el amor no hay temor, sino que el perfecto amor echa fuera el temor; porque el temor lleva en sí castigo. De donde el que teme, no ha sido perfeccionado en el amor" (1 Juan 4:18).

"Completad mi gozo, sintiendo lo mismo, teniendo el mismo amor, unánimes, sintiendo una misma cosa" (Filipenses 2:2).

El amor tiene sus preferencias

Una característica del amor es que hace distinción o prefiere al ser amado sobre el resto de personas. Esto no siempre es fácil de aplicar como en el caso de los hijos, entre ellos no se puede tener un favorito o hacer excepción entre ellos. Pero en el caso del amor conyugal, forzosamente tenemos que preferir al cónyuge por sobre otras personas, esto incluye los hijos, los padres, hermanos o amigos. Las siguientes escrituras son ejemplos del trato preferencial del que ama.

"Pero a Ana daba una parte escogida; porque amaba a Ana, aunque Jehová no le había concedido tener hijos" (1 Samuel 1:5).

"Como cierva amada y graciosa gacela. Sus caricias te satisfagan en todo tiempo, Y en su amor recréate siempre" (Proverbios 5:19).

"Así también los maridos deben amar a sus mujeres como a sus mismos cuerpos. El que ama a su mujer, a sí mismo se ama" (Efesios 5:28).

La santidad

Definición
Santidad: "Estado o calidad de santo"
Santo: "Apartado para servir a Dios"

Otro de los atributos de Dios que cuando se descuidan causan muchos problemas a las familias es la santidad. Este atributo se puede descuidar de muchas formas, en las palabras, en los pensamientos, en acciones con malicia, en comportamientos sucios como la pornografía, la infidelidad o las adicciones. Cualquier forma que tenga la falta de santidad va a afectar la relación matrimonial y a la familia en general.

La buena noticia es que a Dios le interesa que vivamos en santidad; el mismo a provisto los medios para que nosotros alcancemos este estado y nos mantengamos en él. Tenemos la sangre de Cristo que nos limpia, el Espíritu Santo que nos redarguye de pecado, su palabra que nos instruye y su iglesia que nos recibe y nos ayuda a crecer.

Las familias que adopten la santidad como un estilo de vida, van a restaurar la imagen de Dios en cada miembro y se van a ahorrar muchos problemas y sufrimientos.

La santidad de Dios
La virtud de la santidad, es un atributo central en el carácter de Dios y por consecuencia debe también ser parte de nuestro carácter. Además, cuando se habla de esta virtud se le da el adjetivo de ser hermosa. Dios es hermoso porque es Santo y el individuo que quiera imitar a Dios en este atributo, también se transformará en un ser hermoso, porque la verdadera hermosura no es la física sino la espiritual. Las siguientes escrituras nos hablan de la hermosura de la santidad de Dios.

"Dad a Jehová la honra debida a su nombre; Traed ofrenda, y venid delante de él; Postraos delante de Jehová en la hermosura de la santidad" (1 Crónicas 16:29).

"Dad a Jehová la gloria debida a su nombre; Adorad a Jehová en la hermosura de la santidad" (Salmos 29:2).

"Adorad a Jehová en la hermosura de la santidad; Temed delante de él, toda la tierra" (Salmos 96:9).

La santidad de Dios exige santidad

La santidad no es una opción para el cristiano, es un requisito indispensable para mantener una buena relación con Dios. Dios es tres veces santo y el solo tiene comunión con lo santo. Lo bueno es que Dios mismo ha provisto la forma de mantenernos en un estado de santidad. Las siguientes escrituras nos muestran la exigencia de ser santos.

"Habéis, pues, de serme santos, porque yo Jehová soy santo, y os he apartado de los pueblos para que seáis míos" (Levítico 20:26).

"¿O ignoráis que vuestro cuerpo es templo del Espíritu Santo, el cual está en vosotros, el cual tenéis de Dios, y que no sois vuestros?" (1 Corintios 6:19).

"Sino, como aquel que os amó es Santo, sed también vosotros santos en toda vuestra manera de vivir; porque escrito está: Sed santos, porque yo soy Santo" (1 Pedro 1:16).

La santidad es un requisito para acercarse a Dios

Creo que existe mucha confusión y muchas ideas distorsionadas de Dios y de lo que él requiere de sus hijos. Hay quienes creen que porque Dios les bendice están en buena relación con Dios y no se preocupan mucho por su conducta. Hay quienes creen que, porque Dios es amor, va a tolerar la inmundicia, pero la realidad es muy distinta. Solamente quien viva en santidad, puede acercarse a Dios. Las siguientes escrituras enseñan que, para acercarse a Dios, hay que vivir en santidad.

"¿Quién subirá al monte de Jehová? ¿Y quién estará en su lugar santo? El limpio de manos y puro de corazón; el que no ha elevado su alma a cosas vanas" (Salmos 24:3-4).

"Bienaventurados los de limpio corazón, porque ellos verán a Dios" (Mateo 5:8).

"Seguid la paz con todos, y la santidad, sin la cual nadie verá al Señor" (Hebreos 12:14).

La santidad es el trabajo de Dios

La santidad es el trabajo de Dios y no puede ser de otra manera. Sólo Dios tiene el poder para transformar la conducta del ser humano, sobre todo de aquel que fue terriblemente deformado por el pecado bajo la influencia del diablo. Dios no sólo nos santifica, el sigue trabajando en nosotros para seguir perfeccionando la santidad en nosotros y además nos da las fuerzas para que luchemos en contra del pecado. Las siguientes escrituras demuestran que la santidad es el trabajo de Dios.

"Volvió la voz a él la segunda vez: Lo que Dios Limpió, no lo llames tú común" (Hechos 10:15).

"Y aquéllos, ciertamente por pocos días nos disciplinaban como a ellos les parecía, pero éste para lo que nos es provechoso, para que participemos de su santidad" (Hebreos 12:10).

"Crea en mí, oh Dios, un corazón limpio, Y renueva un espíritu recto dentro de mí" (Salmos 51:10).

La santidad principia en el corazón

El señor Jesús enfatizó que la conducta del hombre se origina en el corazón, él dijo que de allí surgen los malos pensamientos, los homicidios y los hurtos. Si es así, entonces lo primero que nos debe preocupar es que nuestro corazón viva en un estado de santidad. Si nuestro corazón vive en santidad, nuestro exterior o sea nuestra conducta también será una conducta santa. Las siguientes escrituras demuestran que la santidad principia en el corazón.

"El que ama la limpieza de corazón, Por la gracia de sus labios tendrá la amistad del rey" (Proverbios 22:11).

"Fariseo ciego! Limpia primero lo de dentro del vaso y del plato, para que también lo de fuera sea limpio" (Mateo 23:26).

"Huye también de las pasiones juveniles, y sigue la justicia, la fe, el amor y la paz, con los que de corazón limpio invocan al Señor" (2 Timoteo 2:22).

La santidad debe ser visible

El señor Jesús enseñó que somos la sal de la tierra y que somos la luz del mundo. También dijo que una lámpara no se enciende y se esconde debajo de la mesa. La santidad principia en el corazón, pero tiene que reflejarse en nuestra conducta, se tiene que reflejar en como trato a quienes me rodean y sobre todo en la forma en que trato a mi familia. Las siguientes escrituras demuestran que debemos vivir en santidad en nuestra vida pública.

"Vestíos, pues, como escogidos de Dios, santos y amados, de entrañable misericordia, de benignidad, de humildad, de mansedumbre, de paciencia" (Colosenses 3:12).

"Así que, amados, puesto que tenemos tales promesas, limpiémonos de toda contaminación de carne y de espíritu, perfeccionando la santidad en el temor de Dios" (2 Corintios 7:1).

"Que cada uno de vosotros sepa tener su propia esposa en santidad y honor" (1 Tesalonicenses 4:4).

La paciencia

Definición de paciencia:
"Es la capacidad para soportar con resignación desgracias, ofensas, y trabajos etc."

"La fortaleza para continuar avanzando a pesar de enfrentar condiciones adversas"

"Tranquilidad para esperar"

En la escritura encontramos varias palabras en griego que en nuestro español se traducen paciencia. Sin embargo, salvo en pocos casos su significado es similar a los que se mencionan en la definición.

La paciencia es una virtud sumamente necesaria para que las familias lleven una vida tranquila con bajo estrés. Cuando perdemos la paciencia, nos volvemos impacientes y en este estado presionamos a los demás y en ocasiones hasta los atropellamos con palabras, o con malas actitudes.

Lo bueno es que la paciencia es parte del carácter de Dios, y él quiere compartir esa virtud con nosotros. Dios nos la da como parte de los frutos del espíritu, y nos ayuda a fortalecerla por medio de las pruebas.

La paciencia es parte del carácter de Dios
Al igual que el resto de virtudes que estamos aprendiendo en este curso, la paciencia también es un atributo de su carácter. Dios soporta las ofensas que le hacemos y espera con paciencia a que nos arrepintamos. La maldad del mundo se ha multiplicado y sin su paciencia, Dios ya hubiera terminado con la raza humana. Las siguientes escrituras nos hablan de la paciencia de Dios.

"Pero el Dios de la paciencia y de la consolación os dé entre vosotros un mismo sentir según Cristo Jesús" (Romanos 15:5).

"Y el Señor encamine vuestros corazones al amor de Dios, y a la paciencia de Cristo" (2 Tesalonicenses 3:5).

"El Señor no retarda su promesa, según algunos la tienen por tardanza, sino que es paciente para con nosotros, no queriendo que ninguno perezca, sino que todos procedan al arrepentimiento" (2 Pedro 3:9).

La paciencia debe ser una característica del cristiano

En cualquier parte en donde estén dos personas juntas existe la posibilidad de que surjan diferencias y haya roce entre ellas. El problema es que las diferencias no desaparecen ni con el pasar del tiempo, siempre estarán presentes y con el potencial de causarnos problemas. La felicidad no llegará el día en que seamos idénticos, sino cuando aprendamos a tolerarnos y a tenernos paciencia. Las siguientes escrituras nos animan a ser pacientes.

"Antes bien, nos recomendamos en todo como ministros de Dios, en mucha paciencia, en tribulaciones, en necesidades, en angustias" (2 Corintios 6:4).

"Vestíos, pues, como escogidos de Dios, santos y amados, de entrañable misericordia, de benignidad, de humildad, de mansedumbre, de paciencia" (Colosenses 3:2).

"Con toda humildad y mansedumbre, soportándoos con paciencia los unos a los otros en amor" (Efesios 4:2).

Ser paciente es una decisión personal

Un pensamiento que es común entre personas impacientes es que así nacieron y que así se van a morir. Aceptan en forma pasiva su condición de impacientes y se resignan a ella obligando a todos los que les rodean a que los aguanten así. Sin embargo, la realidad es muy distinta, la escritura nos enseña que ser paciente es una decisión personal y es una virtud que voluntariamente podemos añadir a nuestro carácter.

"vosotros también, poniendo toda diligencia por esto mismo, añadid a vuestra fe virtud; a la virtud, conocimiento, al conocimiento, dominio propio; al dominio propio, paciencia; a la paciencia, piedad" (2 Pedro 1:6).

"Sin embargo, porque esta viuda me es molesta, le haré justicia, no sea que, viniendo de continuo, me agote la paciencia" (Lucas 18:5).

"Entonces aquel siervo, postrado, le suplicaba, diciendo: Señor, ten paciencia conmigo, y yo te lo pagaré todo" (Mateo 18:26).

La paciencia es indispensable en un líder

Trabajar con gente es difícil, pero sin paciencia es algo imposible. Todos los que funcionamos en alguna categoría como guías o líderes de otros necesitamos trabajar mucho en esta virtud. Los líderes que son impacientes viven frustrados y frustra a quienes les rodean. En ocasiones somos más impacientes con quienes están más cerca de nosotros, nuestra familia. Cuando aprendemos a ser pacientes como Dios es paciente con nosotros, salvamos nuestras almas y seremos de bendición a quienes nos rodean y sobre todo a quienes más nos aman. Las siguientes escrituras nos animan a ser pacientes en nuestro rol de líderes.

"Que los ancianos sean sobrios, serios, prudentes, sanos en la fe, en el amor, en la paciencia" (Tito 2:2).

"Con todo, las señales de apóstol han sido hechas entre vosotros en toda paciencia, por señales, prodigios y milagros" (2 Corintios 12:12).

"Más tú, oh hombre de Dios, huye de estas cosas, y sigue la justicia, la piedad, la fe, el amor, la paciencia, la mansedumbre" (1 Timoteo 6:11).

La paciencia sirve para esperar

Vivimos a un ritmo desenfrenado donde todo lo queremos inmediatamente y queremos que Dios viva al mismo ritmo. Sin embargo Dios no vive a nuestro ritmo, y él tiene un tiempo para todas las cosas. Lo difícil para nosotros es ajustarnos al tiempo de Dios. Hay dos verdades que nos pueden ayudar a esperar con paciencia. Primero Dios es omnisciente y él sabe todas las cosas, segundo, Dios nos ama con un amor perfecto, y él controla que pasen las cosas cuando deben de pasar. Las siguientes escrituras nos ayudan a vivir en el tiempo de Dios y a esperar con paciencia.

"pacientemente esperé a Jehová, y se inclinó a mí, y oyó mi clamor" (Salmos 40:1).

"Pero si esperamos lo que no vemos, con paciencia lo aguardamos" (Romanos 8:25).

"Mirad cómo el labrador espera el precioso fruto de la tierra, aguardando con paciencia hasta que reciba la lluvia temprana y la tardía" (Santiago 5:7).

La paciencia sirve para resistir

Otra de las características de la paciencia es que te da la fortaleza para continuar adelante a pesar de encontrarte con situaciones adversas. Sin embargo, esta fortaleza no es natural en el ser humano, sino una virtud que está en el carácter de Dios y que él comparte con nosotros. Resistimos porque Dios nos da la fuerza para resistir. Las siguientes escrituras nos animan a resistir.

"Fortalecidos con todo poder, conforme a la potencia de su gloria, para toda paciencia y longanimidad" (Colosenses 1:11).

"Por tanto, nosotros también, teniendo en derredor nuestro, tan grande nube de testigos, despojémonos de todo peso y del pecado que nos asedia, y corramos con paciencia la carrera que tenemos por delante" (Hebreos 12:1).

"He aquí, tenemos por bienaventurados a los que sufren. Habéis oído de la paciencia de Job, y habéis visto el fin del Señor, que el Señor es muy misericordioso y compasivo" (Santiago 5:11).

La paciencia es esencial para ayudar a otros

Una triste realidad es que la impaciencia puede echar a perder una buena obra. No es suficiente tener buena intención de ayudar a otros, es necesario tener el tacto para hacerlo bien. La virtud de la paciencia se vuelve aún más necesaria cuando tratamos de ayudar a los más vulnerables. Las siguientes escrituras nos enseñan a tener paciencia en todo lo que hacemos.

"Que prediques la palabra; que instes a tiempo y fuera de tiempo; redarguye, reprende, exhorta con toda paciencia y doctrina" (2 Timoteo 4:2).

"También os rogamos, hermanos, que amonestéis a los ociosos, que alentéis a los de poco ánimo, que sostengáis a los débiles, que seáis pacientes para con todos" (1 Tesalonicenses 5:14).

"Para que se muestre paciente con los ignorantes y extraviados, puesto que él también está rodeado de debilidad" (Hebreos 5:2).

Los beneficios de la paciencia

La virtud de la paciencia tiene varios beneficios, algunos de estos beneficios son inmediatos. Por ejemplo, con nuestra paciencia contribuimos a mejorar el ambiente familiar y esto es algo que sucede inmediatamente. Los otros beneficios son a largo plazo. Se reciben al final del camino y para recibirlos hay que mostrar paciencia hasta el fin o hasta lograr lo prometido. Las siguientes escrituras nos muestran algunos de los beneficios de la paciencia.

"Con vuestra paciencia ganaréis vuestras almas" (Lucas 21:19).

"A fin de que no os hagáis perezosos, sino imitadores de aquellos que por la fe y la paciencia heredan las promesas" (Hebreos 6:12).

"Más tenga la paciencia su obra completa, para que seáis perfectos y cabales, sin que os falte cosa alguna" (Santiago 1:4).

¿Cómo se recibe la paciencia?

La mejor noticia en cuanto a esta virtud es que, como Dios sabe que la necesitamos en diferentes áreas de la vida, él se va a encargar de dárnosla. Dios nos puede dar paciencia por medio del Espíritu Santo. También la podemos aprender de otros hombres que han sido ejemplos de paciencia y la forma menos popular por medio de la cual Dios nos hace pacientes es por medio de las pruebas, Las siguientes escrituras nos ayudan a entender cómo se recibe la paciencia.

"Más el fruto del Espíritu es amor, gozo, paz, paciencia, benignidad, bondad, fe" (Gálatas 5:22).

"Hermanos míos, tomad como ejemplo de aflicción y de paciencia a los profetas que hablaron en nombre del Señor" (Santiago 5:10).

"Y no sólo esto, sino que también nos gloriamos en las tribulaciones, sabiendo que la tribulación produce paciencia; y la paciencia, prueba; y la prueba, esperanza" (Romanos 5:3-4).

La misericordia

Definición de misericordia:
"Es la inclinación a la compasión hacia los sufrimientos o errores ajenos". "atributo divino por el que se perdonan y remedian los pecados".

Es difícil hacer una separación clara entre el amor y la misericordia, sin embargo, creo que el amor es superior y entre las muchas manifestaciones de este maravilloso sentimiento se encuentra la misericordia. Para Dios, esta virtud es muy valiosa, él mismo se encarga de elevarla para que sea considerada como una de las más importantes. Dentro de las relaciones interpersonales de cada familia, la misericordia es como un bálsamo que ayuda a sanar las heridas causadas por el proceso de las interacciones de unos con otros. La misericordia ayuda a mantener las relaciones interpersonales saludables.

La misericordia es parte del carácter de Dios
Al igual que el resto de virtudes que estamos considerando aquí, la misericordia también es parte del carácter de Dios. Es uno de sus atributos más maravillosos y que más nos beneficia, por eso en la escritura a la misericordia se le describe como algo precioso. Esta virtud es la que más debemos amar en Dios, porque es gracias a ella que seguimos en pie. Las siguientes escrituras describen a la misericordia como parte del carácter de Dios.

"¡Cuán preciosa, oh Dios, es tu misericordia! Por eso los hijos de los hombres se amparan bajo la sombra de tus alas" (Salmos 36:7).

"Pero yo estoy como olivo verde en la casa de Dios; En la misericordia de Dios confío eternamente y para siempre" (Salmos 52:8).

"Cuando yo decía: Mi pie resbala, Tu misericordia, oh Jehová, me sustentaba" (Salmos 94:18).

La misericordia de Dios nos beneficia
Una de las acciones más grandiosas de parte de Dios es cuando él decide tener misericordia con alguno de sus hijos. Su misericordia siempre nos va a beneficiar, por eso nuestra actitud debe estar acudiendo continuamente al trono de la gracia de Dios para que él derrame su misericordia sobre

nosotros. Las siguientes escrituras nos hablan de como la misericordia de Dios nos beneficia.

"Pero Jehová estaba con José y le extendió su misericordia, y le dio gracia en los ojos del jefe de la cárcel" (Génesis 39:21).

"Jehová se manifestó a mí hace ya mucho tiempo, diciendo: Con amor eterno te he amado; por tanto, te prolongué mi misericordia" (Jeremías 31:3).

"Acerquémonos, pues, confiadamente al trono de la gracia, para alcanzar misericordia y hallar gracia para el oportuno socorro" (Hebreos 4:16).

El que peca necesita misericordia

Creo que es fácil sentir misericordia con el que está enfermo, con el que está angustiado, o con el que está en medio de una crisis, pero es más difícil sentir o practicar esta virtud con una persona que ha pecado. Sin embargo, ese es el mensaje de Dios, él se compadece de los que están enfermos o en angustia, pero también se compadece del que peca. Cuando alguien dentro de nuestra familia se equivoca o comete un error, lo que necesita de parte nuestra es misericordia sobre todo cuando está buscando nuestro perdón. Las siguientes escrituras describen la misericordia con el que se ha equivocado.

"Pero por esto fui recibido a misericordia, para que Jesucristo mostrase en mí el primero toda su clemencia, para ejemplo de los que habrían de creer en él para vida eterna" (1 Timoteo 1:16).

"Nos salvó, no por obras de justicia que nosotros hubiéramos hecho, sino por su misericordia, por el lavamiento de la regeneración y por la renovación en el Espíritu Santo" (Tito 3:5).

"Y cuando aún estaba lejos, lo vio su padre, y fue movido a misericordia" (Lucas 15:20).

La misericordia es una virtud muy valiosa

Desde el antiguo testamento, nuestro Dios exaltó la virtud de la misericordia como una de las más importantes. En el nuevo testamento encontramos el mismo énfasis de exaltar la misericordia sobre otras virtudes o actos religiosos. El Señor Jesús mostró lo importante de esta virtud aun por encima del ritualismo de su tiempo exaltando a una persona que no era del pueblo de Dios sólo por el hecho de que él tuvo compasión de una persona que había sido lastimada. Las siguientes escrituras muestran la importancia de la misericordia dentro de la vida cristiana.

"Porque misericordia quiero, y no sacrificio, y conocimiento de Dios más que holocaustos" (Oseas 6:6).

"Oh hombre, él te ha declarado lo que es bueno, y qué pide Jehová de ti: solamente hacer justicia, y amar misericordia, y humillarte ante tu Dios" (Miqueas 6:8).

"Pero un samaritano, que iba de camino, vino cerca de él, y viéndole, fue movido a misericordia" (Lucas 10:33).

La misericordia tiene requisitos para el que peca o se equivoca
La misericordia de Dios es maravillosa, pero es fácil pensar que esta preciosa virtud nuestro Dios la ofrece a todo el que peca sin ningún tipo de condiciones. Pero esta no es la realidad, la misericordia de Dios tiene condiciones. Esto nos lleva a pensar si nuestra misericordia se debe ofrecer a quienes nos rodean en forma incondicional o también al igual que Dios, debemos ofrecerla sólo bajo algún tipo de condiciones. Las siguientes escrituras nos hablan sobre algunas de las condiciones de la misericordia.

"El que encubre sus pecados no prosperará; Mas el que los confiesa y se aparta alcanzará misericordia" (Proverbios 28:13).

"Deje el impío su camino, y el hombre inicuo sus pensamientos, y vuélvase a Jehová, el cual tendrá de él misericordia, y al Dios nuestro, el cual será amplio en perdonar" (Isaías 55:7).

"Porque juicio sin misericordia se hará con aquel que no hiciere misericordia; y la misericordia triunfa sobre el juicio" (Santiago 2:13).

La misericordia es necesaria para la buena convivencia
Aparte de las condiciones de la misericordia para con el que peca, en el resto de las circunstancias de la vida, debemos manifestar misericordia. Son muchos los beneficios y situaciones donde la misericordia puede ser

de gran bendición, Por ejemplo, la motivación detrás del deseo de corregir a otra persona, debe ser la misericordia. Al emitir un juicio se debe hacer con misericordia. Las siguientes escrituras nos muestran situaciones donde la misericordia es muy necesaria.

"Con misericordia y verdad se corrige el pecado, Y con el temor de Jehová los hombres se apartan del mal" (Proverbios 16:6).

"Y si supieseis qué significa: misericordia quiero, y no sacrificio, no condenaríais a los inocentes" (Mateo 12:7).

"Antes sed benignos unos con otros, misericordiosos, perdonándoos unos a otros, como Dios también os perdonó a vosotros en Cristo" (Efesios 4:32).

Ser misericordiosos trae beneficios personales
Practicar la misericordia no sólo te hace parecerte a Dios en esta virtud, sino también se atraen beneficios personales que incluyen mucha felicidad. Incluye la confianza de que, si un día él también se equivoca, lo más seguro es que quienes le rodean y le conocen como una persona misericordiosa, van a extenderle misericordia. Las siguientes escrituras describen algunos de los beneficios de ser misericordiosos.

"Peca el que menosprecia a su prójimo; Mas el que tiene misericordia de los pobres es bienaventurado" (Proverbios 14:21).

"Bienaventurados los misericordiosos, porque ellos alcanzarán misericordia" (Mateo 5:7).

"Ciertamente el bien y la misericordia me seguirán todos los días de mi vida, Y en la casa de Jehová moraré por largos días" (Salmos 23:6).

La justicia

Definición de justicia:
"Virtud que inclina a dar a cada uno lo que le pertenece o lo que le corresponde".

Cuando los individuos pierden el sentido de justicia lastiman a los demás. El individuo egoísta distorsiona la realidad para buscar intereses personales y se olvida de los derechos de los demás. Dentro de la vida familiar es sumamente importante sentirse que se les está tratando con justicia.

Nadie aguanta la injusticia, ni el esposo, ni la esposa, ni los hijos, ni los miembros de una iglesia, o los trabajadores de una compañía, o una nación entera. En todos estos casos la injusticia va a generar rebeldía y luchas en contra de quien está siendo injusto. Para cultivar un ambiente tranquilo y apropiado para el desarrollo y el crecimiento de todos se necesita la justicia,

Esta virtud también es parte del carácter de Dios y cuando las familias adopten esta virtud en su diario vivir, serán de bendición para ellos mismos y para quienes les rodean porque estarán viviendo a la imagen de Dios.

La justicia es parte del carácter de Dios
Es difícil conciliar la justicia de Dios con la misericordia, porque la justicia reclama la muerte del pecador, pero la misericordia reclama compasión. En Cristo las dos virtudes se reconcilian. Dios le cobró a Jesús la deuda de todos nosotros y a la misma vez tuvo misericordia de nosotros perdonándonos todos nuestros pecados. En las siguientes escrituras encontramos varias afirmaciones de que la justicia es parte del carácter de Dios.

"Porque Jehová es justo, y ama la justicia; El hombre recto mirará su rostro" (Salmos 11:7).

"Tu trono, oh Dios, es eterno y para siempre; cetro de justicia es el cetro de tu reino" (Salmos 45:6).

"Justicia y juicio son el cimiento de tu trono; Misericordia y verdad van delante de tu rostro" (Salmos 89:14).

La justicia es una declaración legal

El juez por excelencia es nuestro Dios, el conoce todas las cosas y gracias a eso el no necesita un proceso de investigación para decidir si somos culpables o no, Dios ya sabe que somos culpables y por esa causa merecemos la muerte. Sin embargo, gracias al sacrificio de Cristo, Dios mismo nos declara inocentes. Las siguientes escrituras nos muestran que Dios nos ha declarado legalmente justificados.

"Con la mira de manifestar en este tiempo su justicia, a fin de que él sea el justo, y el que justifica al que es de la fe de Jesús" (Romanos 3:26).

"Así que, como por la transgresión de uno vino la condenación a todos los hombres, de la misma manera por la justicia de uno vino a todos los hombres la justificación de vida" (Romanos 5:18).

"Porque, así como por la desobediencia de un hombre los muchos fueron constituidos pecadores, así también por la obediencia de uno, los muchos serán constituidos justos" (Romanos 5:19).

Dios espera que practiquemos la justicia

Los seres humanos nos desviamos con facilidad de lo que es más excelente y nos conformamos con algo más insignificante. Esto pasa porque hacer lo excelente requiere de un continuo esfuerzo, y lo mediocre siempre cuesta menos. Cuando hablamos de la justicia que Dios quiere que practiquemos, nos pasa lo mismo, nos olvidamos de lo excelente que es lo que Dios pide y establecemos nuestra propia justicia, porque es más cómoda. Las siguientes escrituras muestran como espera Dios que sea nuestra justicia.

"Más ¡ay de vosotros, fariseos! que diezmáis la menta, y la ruda, y toda hortaliza, y pasáis por alto la justicia y el amor de Dios. Esto os era necesario hacer, sin dejar aquello" (Lucas 11:42).

"Estad, pues, firmes, ceñidos vuestros lomos con la verdad, y vestidos con la coraza de justicia" (Efesios 6:14).

"Huye también de las pasiones juveniles, y sigue la justicia, la fe, el amor y la paz, con los que de corazón limpio invocan al Señor" (2 Timoteo 2:22).

La justicia te identifica con Dios

Los hijos de Dios tenemos una identidad que nos identifica con Dios, hay características que nos hacen diferentes sólo las que muestran que tenemos la imagen de Dios en nosotros. Una de esas características es la justicia. Al tratar con justicia a los demás y tratar de ser justos en todo, mostramos que somos hijos de Dios. Las siguientes escrituras nos muestran que, al ser creados según Dios, tenemos una nueva vestidura que incluye la justicia.

"Y vestíos del nuevo hombre, creado según Dios en la justicia y santidad de la verdad" (Efesios 4:24).

"Hijitos, nadie os engañe; el que hace justicia es justo, como él es justo" (1 Juan 3:7).

"En esto se manifiestan los hijos de Dios, y los hijos del diablo: todo aquel que no hace justicia, y que no ama a su hermano, no es de Dios" (1 Juan 3:10).

La justicia te transforma

Los seres humanos no nos transformamos de afuera hacia adentro, sino de adentro hacia afuera. La fórmula para llegar a ser mejores no es con cambios cosméticos externos esperando que un día se internalicen. La fórmula de cambio consiste en hacer cambios en el interior como el compromiso de ser justos en todo, al hacer ese compromiso el exterior se va a ir transformando, vamos a hablar mejor, y vamos a tratar mejor a quienes nos rodean principiando con nuestra familia. Las siguientes escrituras nos muestran que, si el corazón es justo, nuestro exterior será justo también.

"El que anda en integridad y hace justicia, y habla verdad en su corazón" (Salmos 15:2).

"El justo aborrece la palabra de mentira" (Proverbios 13:5).

"El corazón del justo piensa para responder" (Proverbios 15:28).

La justicia con el más débil

Una de las funciones más importantes de la justicia es proteger a los más vulnerables. En cualquier sociedad siempre habrá personas que por diferentes circunstancias se convierten en seres débiles y vulnerables. Algunos que tienen poder se aprovechan de estas personas para sacar provecho o simplemente para mostrarse superiores. Un hijo de Dios tiene que ser diferente, no sólo no debe aprovecharse de personas vulnerables, se debe convertir en un defensor de ellas. Las siguientes escrituras nos muestran la importancia de defender a los más débiles.

"Defended al débil y al huérfano; Haced justicia al afligido y al menesteroso" (Salmos 82:3).

"Abre tu boca, juzga con justicia, Y defiende la causa del pobre y del menesteroso" (Proverbios 31:9).

"El justo, cuida de la vida de su bestia; más el corazón de los impíos es cruel" (Proverbios 12:10).

La justicia en el liderazgo

La historia nos demuestra que hay diferentes estilos por medio de los cuales se puede tener seguidores. Leemos de personas que han producido grandes cambios políticos por medio de la no violencia, y otros que han sido todo lo opuesto, han transformado el mundo y muchos los han seguido porque son agresivos y en ocasiones hasta despiadados. Sin embargo en la escritura encontramos un modelo para aquellos que quieran servir de guía a otros. Nuestros hogares van a vivir más felices cuando sean gobernados por padres y madres que son verdaderamente justos. Las siguientes escrituras nos hablan de la importancia que tiene la justicia en el liderazgo.

"Los labios del justo apacientan a muchos" (Proverbios 10:21).

"El justo sirve de guía a su prójimo" (Proverbios 12:26).

"Cuando los justos dominan, el pueblo se alegra; Mas cuando domina el impío, el pueblo gime" (Proverbios 29:2).

La justicia se manifiesta en las palabras

Vivimos en tiempos donde la comunicación es altamente valorada. La tecnología nos ha proporcionado infinidad de formas para comunicarnos con otros seres humanos sin importar en que parte del mundo se encuentre. Pero hay algo que nunca va a cambiar y es la importancia del mensaje que comunicamos. No importa porque medio lo hagamos, el contenido de nuestras palabras será definitivo en lo que comunicamos. Al final llegamos al mismo lugar, porque todo lo que comunicamos siempre va a salir de la mente y el corazón. Y si allí se encuentra la justicia, lo más seguro que lo que comuniquemos será bueno. Las siguientes escrituras nos enseñan que en los labios se puede leer lo que hay en el corazón.

"Plata escogida es la lengua del justo" (Proverbios 10:20).

"La boca del justo producirá sabiduría" (Proverbios 10:31).

"Los labios del justo saben hablar lo que agrada" (Proverbios 10:32).

La justicia será premiada

Es difícil para el que quiere ser justo, sobrevivir en un mundo de injusticia. Es como nadar en contra de la corriente. En una sociedad donde a lo blanco se le llama negro y se glorifican las tinieblas, los justos vamos a sufrir ataques y persecuciones. La buena noticia es que nuestro esfuerzo no pasa desapercibido a nuestro Dios y al final él tiene una recompensa para cada uno de los que en este mundo tratamos de vivir justamente. Las siguientes escrituras nos hablan de las recompensas del justo.

"Más el que siembra justicia tendrá galardón firme" (Proverbios 11:18).

"Bienaventurados los que padecen persecución por causa de la justicia, porque de ellos es el reino de los cielos" (Mateo 5:10).

"Por lo demás, me está guardada la corona de justicia, la cual me dará el Señor, juez justo, en aquel día; y no sólo a mí, sino también a todos los que aman su venida" (2 Timoteo 4:8).

La justicia da solidez

Otro de los beneficios de la justicia es que te ofrece estabilidad. En este mundo tan inseguro, donde los justos son minoría y son perseguidos. La escritura promete estabilidad. Claro que esperamos la corona de justicia en el reino de Dios, pero la justicia también tiene beneficios en esta tierra. Las siguientes escrituras nos muestran algunos beneficios terrenales para los que viven justamente.

"Pero la casa de los justos permanecerá firme" (Proverbios 12:7).

"En la casa del justo hay gran provisión" (Proverbios 15:6).

"Huye el impío sin que nadie lo persiga; Mas el justo está confiado como un león" (Proverbios 28:1).

La justicia es protectora
Si bien es cierto que son muchos los enemigos del justo, también es cierto que Dios está atento a las oraciones de los justos y el responde protegiéndoles. Además, una persona que vive justamente se evita todos los problemas que acarrea vivir en forma desordenada e injusta. El justo administra mejor sus finanzas, trata bien a todos aun hasta a sus enemigos, su mente está más clara y toma mejores decisiones y sabe enfocarse en lo más importante. Todo esto le ayuda a vivir mejor. Las siguientes escrituras nos hablan de como los justos viven mejor que los injustos.

"La justicia guarda al de perfecto camino" (Proverbios 13:6).

"Más los justos son librados con la sabiduría" (Proverbios 11:9).

"Más buscad primeramente el reino de Dios y su justicia, y todas estas cosas os serán añadidas" (Mateo 6:33).

El justo hereda bendiciones
A todos los padres nos preocupa el futuro de nuestros hijos, nos esforzamos para educarlos y les ayudamos para que se formen como individuos maduros y sean de beneficio a nuestra sociedad. No siempre existen las condiciones para que nuestros hijos hereden cosas materiales o sean exitosos en los negocios o en la sociedad. Los padres no siempre vamos a ser exitosos financieramente y en ocasiones no tenemos cosas materiales para heredar a nuestros hijos. Pero hay algo que si podemos hacer y nadie nos puede obligar a hacer lo contrario, eso se llama ser justo,

Las siguientes escrituras nos muestran cómo el justo hereda bendición a futuras generaciones.

"Camina en su integridad el justo; Sus hijos son dichosos después de él" (Proverbios 20:7).

"Tarde o temprano, el malo será castigado; Mas la descendencia de los justos será librada" (Proverbios 11:21).

"El bueno dejará herederos a los hijos de sus hijos" (Proverbios 13:22).

La justicia trae honra
Una de las cosas más difíciles de lograr es la credibilidad de quienes te rodean. Sobre todo, porque personas con maldad tratan de enlodar el nombre de los que tratan de vivir justamente. Por algunos años, el justo no se va a notar, o a distinguir de entre los malvados, no porque no vive rectamente, sino porque otros se van a encargar de hacerlo parecer como injusto. Los ataques de los impíos y todo el lodo que te tiran encima sólo desaparecen con el tiempo. La justicia del justo poco a poco va a ir logrando un brillo tan alto que ya nadie va a poder enlodar. Las siguientes escrituras nos hablan de la honra que espera al justo al final del camino.

"Más la senda de los justos es como la luz de la aurora, que va en aumento hasta que el día es perfecto" (Proverbios 4:18).

"Corona de honra es la vejez que se halla en el camino de justicia" (Proverbios 16:31).

"La justicia engrandece a la nación; Mas el pecado es afrenta de las naciones" (Proverbios 14:34).

La paz

Definición de paz:
Los diccionarios nos dicen que la paz significa estar "Libre de guerras, problemas o perturbaciones". O llevar "Una relación de concordia y no beligerante". Sin embargo, desde el punto de vista espiritual esta definición difiere grandemente del concepto de paz que encontramos en las escrituras.

La paz que el mundo busca, es una paz exterior, una paz más que todo entre unos y otros, ya sea individuos, familias, iglesias, pueblos o naciones. La consecuencia de este planteamiento es que, si no existe paz entre unos y otros, nadie vive en paz. Pero el mensaje de las escrituras es que la paz debe principiar dentro del individuo y se debe reflejar en las relaciones entre unos y otros. Pero en el caso de que lo segundo no se logre, el individuo que tiene paz interior la sigue conservando. El mensaje de Dios es que debemos aprender a estar en paz sin importar las circunstancias en medio de las cuales nos encontramos. La paz interna no está condicionada a lo que pasa fuera de él. Lo que debe suceder es que la paz interna de un individuo sirva de influencia tranquilizante al medio ambiente en el cuál se desenvuelve, principiando con su familia.

Nuestro Dios es Dios de paz
La paz es un atributo que también encontramos en el carácter de Dios. La escritura así describe a Dios, como un Dios de paz. La escritura también aclara que no es fácil comprender esa paz y la razón de esta dificultad radica en las aparentes contradicciones que existen con otros atributos. Por ejemplo, cómo es posible que el Dios de paz, va a aplastar a Satanás. O como es que un Dios de paz estuvo envuelto en tantas guerras o dio la orden de hacer guerra en el antiguo testamento. Las siguientes escrituras nos describen a un Dios de paz.

"Y la paz de Dios, que sobrepasa todo entendimiento, guardará vuestros corazones y vuestros pensamientos en Cristo Jesús" (Filipenses 4:7).

"Y la paz de Dios gobierne en vuestros corazones, a la que asimismo fuisteis llamados en un solo cuerpo; y sed agradecidos" (Colosenses 3:15).

"Y el mismo Dios de paz os santifique por completo; y todo vuestro ser, espíritu, alma y cuerpo, sea guardado irreprensible para la venida de nuestro Señor Jesucristo" (1 Tesalonicenses 5:23).

Hay que estar en paz con Dios

Para poder estar en paz con nosotros mismos, primero tenemos que estar en paz con Dios. Gracias a la sangre de Cristo, esa barrera de separación que existía entre Dios y nosotros fue derribada, y en lugar de ser sus enemigos ahora somos sus amigos. Estamos en paz que el ser más poderoso del universo, ya no tenemos temor a ser echados al castigo eterno y eso nos da tranquilidad y paz. Las siguientes escrituras nos hablan de cómo podemos estar en paz con Dios.

"Más él herido fue por nuestras rebeliones, molido por nuestros pecados; el castigo de nuestra paz fue sobre él, y por su llaga fuimos nosotros curados" (Isaías 53:5).

"Justificados, pues, por la fe, tenemos paz para con Dios por medio de nuestro Señor Jesucristo" (Romanos 5:2).

"Y por medio de él reconciliar consigo todas las cosas, así las que están en la tierra como las que están en los cielos, haciendo la paz mediante la sangre de su cruz" (Colosenses 1:20).

Hay que estar en paz consigo mismo

Al estar en paz con Dios, el problema más grande que teníamos los seres humanos se terminó. Nuestro pecado fue borrado, y ya no hay condenación para nosotros. Esto nos da paz. Si el más grande enemigo que teníamos ahora es nuestro amigo, ya no le tenemos miedo a ninguna otra amenaza. La garantía de que nos está esperando la vida eterna, nos da la fortaleza para seguir tranquilos, aunque estemos siendo azotados por la más terrible tormenta. Las siguientes escrituras nos hablan de la paz personal.

"En paz me acostaré, y asimismo dormiré; Porque solo tú, Jehová, me haces vivir confiado" (Salmos 4:8).

"Porque los montes se moverán, y los collados temblarán, pero no se apartará de ti mi misericordia, ni el pacto de mi paz se quebrantará, dijo Jehová" (Isaías 54:10).

"Estas cosas os he hablado para que en mí tengáis paz. En el mundo tendréis aflicción; pero confiad, yo he vencido al mundo" (Juan 16:33).

Hay que estar en paz al morir
Uno de los momentos más difíciles que tenemos que enfrentar los mortales es precisamente el momento de nuestra muerte. Es difícil por el dolor que envuelve la enfermedad que nos quita la vida, pero también es difícil por el dolor de la separación y el dolor de los seres que amamos que quedan vivos. A pesar de todo este dolor, hay promesas en las sagradas escrituras que nos aseguran que este momento será menos traumático para los que gozamos la paz de Dios que sobrepasa todo entendimiento. Las siguientes escrituras nos muestran que se puede estar en paz a la hora de morir.

"Por tanto, he aquí yo te recogeré con tus padres, y serás llevado a tu sepulcro en paz, y no verán tus ojos todo el mal que yo traigo sobre este lugar" (2 Reyes 22:20).

"En paz morirás, y así como quemaron especias por tus padres, los reyes primeros que fueron antes de ti, las quemarán por ti, y te endecharán, diciendo, ¡Ay, señor! Porque yo he hablado la palabra, dice Jehová" (Jeremías 34:5).

"Mientras ellos aún hablaban de estas cosas, Jesús se puso en medio de ellos, y les dijo: paz a vosotros" (Lucas 24:36).

La paz es un requisito para ver a Dios
La paz es tan necesaria que Dios la pone al mismo nivel que la santidad como un requisito para ver a Dios. Seguir la paz significa hacer todo lo que nos ayude a estar en paz con Dios, con nosotros mismos y con nuestros semejantes. Además, significa convertirnos en instrumentos de paz o sea pacificadores de este mundo. La responsabilidad que tenemos en nuestros hogares en este respecto es muy grande, porque es allí donde se están formando los futuros pacificadores de este mundo o los futuros guerrilleros. Las siguientes escrituras nos hablan de la importancia de la paz para poder ver a Dios.

"Seguid la paz con todos, y la santidad, sin la cual nadie verá al Señor" (Hebreos 12:14).

"Bienaventurados los pacificadores, porque ellos serán llamados hijos de Dios" (Mateo 5:9).

"Huye también de las pasiones juveniles, y sigue la justicia, la fe, el amor y la paz, con los que de corazón limpio invocan al Señor" (2 Timoteo 2:22).

Hay que buscar la paz con todos
Dios sabe que la paz entre unos y otros no siempre es posible, pero la recomendación de las sagradas escrituras es que debemos tener la actitud apropiada para buscarla. Además, debemos evitar todo lo que pueda afectar la paz entre unos y otros, sobre todo, entre los que somos parte del pueblo de Dios. Si estamos en paz con Dios y en paz con nosotros mismos, lo más seguro es que vamos a poder estar en paz con nuestros hermanos. Las siguientes escrituras nos hablan de buscar la paz con los demás.

"Solícitos en guardar la unidad del Espíritu en el vínculo de la paz" (Efesios 4:3).

"Así que, sigamos lo que contribuye a la paz y a la mutua edificación" (Romanos 14:19).

"Si es posible, en cuanto dependa de vosotros, estad en paz con todos los hombres" (Romanos 12:18).

Paz no es ausencia de conflictos
La paz que podemos experimentar entre unos y otros sólo es posible entre aquellos que hemos sido llamados por Dios para ser sus hijos y hemos respondido al llamado. La escritura es clara en este respecto, no puede haber comunión entre la luz y las tinieblas, como tampoco puede haber comunión entre Dios y el diablo. Estas fuerzas siempre estarán en conflicto. Los hijos de Dios vamos a tener conflictos con familiares que no quieren servir a Dios, no porque nosotros les estamos haciendo la guerra, sino porque ellos no la están haciendo a nosotros. Las siguientes escrituras demuestran que no siempre se puede estar sin conflictos con otros.

"Y el Dios de paz aplastará en breve a Satanás bajo vuestros pies" (Romanos 16:20).

"No penséis que he venido para traer paz a la tierra; no he venido para traer paz, sino espada" (Mateo 10:34).

"Y el efecto de la justicia será paz; y la labor de la justicia, reposo y seguridad para siempre" (Isaías 32:17).

Hay paz engañosa

La escritura habla de un tema que también puede ser aplicable a la familia, y es el tema de la paz falsa o superficial. En ocasiones nos preocupa más el aspecto de la apariencia que la verdad de lo que está pasando dentro del seno familiar. Muchas veces dentro de la familia hay abusos, descuidos o injusticias y nos preocupa más que no nos descubran que el erradicarlas de nuestras vidas. La verdadera paz no se logra escondiendo la maldad, ignorándola, o tolerando la injusticia sino resolviéndola, o confrontándola. Las siguientes escrituras nos hablan de esa paz engañosa.

"No me arrebates juntamente con los malos, Y con los que hacen iniquidad, Los cuales hablan paz con su prójimo, Pero la maldad está en su corazón" (Salmos 28:3).

"Y curan la herida de mi pueblo con liviandad, diciendo: paz, paz; y no hay paz" (Jeremías 6:14).

"Saeta afilada es la lengua de ellos; engaño habla; con su boca dice paz a su amigo, y dentro de sí pone sus asechanzas" (Jeremías 9:8).

Hay un ministerio de paz

Pensar que la paz que Dios nos ha dado es sólo un beneficio para disfrutarlo, es pensar en forma muy reducida. Dios quiere que estemos en paz con él, porque de esa relación emana la paz que va a inundar nuestros corazones, nuestras vidas y nuestras familias. Pero eso es sólo el principio, la meta final es que cada uno de los que hemos experimentado esa paz y la hemos disfrutado nos convirtamos en instrumentos de paz y vayamos por el mundo promoviendo la paz. Tenemos todo lo que el hombre necesita para estar en paz con Dios, sólo hay que decirle que si cree en Jesucristo y obedece su palabra su condición delante de Dios cambiará, dejará de ser su enemigo y vendrá a ser su amigo. Las siguientes escrituras nos motivan a convertirnos en mensajeros de paz.

"Porque el reino de Dios no es comida ni bebida, sino justicia, paz y gozo en el Espíritu Santo" (Romanos 14:17).

"Y calzados los pies con el apresto del evangelio de la paz" (Efesios 6:15).

"Como está escrito: ¡Cuán hermosos son los pies de los que anuncian la paz, de los que anuncian buenas nuevas!" (Romanos 10:15).

Capítulo 3:

Paternidad Responsable

Introducción

Propósito

Enseñar a los padres a vivir en forma responsable para ser ejemplo a sus hijos de un estilo de vida ejemplar y Mostrar que los padres son responsables de: La Instrucción, la estabilidad y solidez, del Ambiente Familiar, de la disciplina y de hacer Cambios.

¿Qué motiva a los jóvenes a hacer lo que deben?

Una fuente de motivación es la externa. Aquí encontramos los premios, la disciplina, los regaños y los castigos. La otra fuente de motivación es la interna, esta sucede cuando el joven hace lo que debe y le gusta lo que hace, sabe que hay resultados y beneficios y porque percibe que creen en él y él mismo cree en sí mismo.

Los padres son los responsables de la instrucción

"Instruye al niño en su camino, y aun cuando fuere viejo no se apartará de él" (Proverbios 22:6).

¿Qué cosas se le deben enseñar a los hijos?

A. Resolver sus problemas:
Cuando un hijo no sabe resolver sus problemas se vuelve ansioso, se frustra y desarrolla un sentimiento de impotencia y su autoestima baja. Todo eso lo orilla a desarrollar un mal comportamiento para recuperar el poder y elevar su autoestima.

B. A ser justos a pesar de la injusticia:
Vivimos en un mundo lleno de injusticia y muchas veces los hijos experimentan acciones injustas. Ellos deben aprender a guiar sus vidas por medio de principios como la justicia, eso significa seguir siendo justos a pesar de sentir que fueron tratados injustamente.

C. Que no son los únicos:
Hay hijos que se esconden detrás de frases como: "Ustedes no me entienden", "Yo no soy normal", o "estoy deprimido", para evadir responsabilidades. Su lógica es que otros deben hacerlo, pero ellos no porque son diferentes. Por eso deben aprender que no son los únicos que sufren lo que están sufriendo.

D. No son "Súper hombres":
Por lo general, los jóvenes se sienten súper poderosos y creen que pueden mejorar las cosas sin tener un plan detallado y sin hacer cambios. Es ilógico continuar haciendo lo mismo y esperar resultados diferentes. Por eso deben aprender a hacer planes detallados para mejorar.

E. A no usar excusas:
Los jóvenes tienen un amplio repertorio de excusas que usan para no respetar las reglas de la casa o la escuela; culpan a otros, o se hacen las víctimas. Ellos deben aprender que las excusas no les ayudan a terminar su tarea, resolver sus problemas, o lograr sus metas.

F. Elevar su autoestima en forma apropiada:
Hay jóvenes que se sienten poderosos cuando se portan mal, cuando mienten, cuando desafían la autoridad, o son agresivos. Estos jóvenes deben aprender; que hacer lo correcto, respetar las reglas y la autoridad también puede elevarles su autoestima.

H. A no distorsionar la realidad:
Con frecuencia los jóvenes usan frases como: "a mí nadie me quiere", "Todos están en mi contra", o a usar frases que generalizan como: "Tú nunca", "Tú siempre", o "Todo o nada". Los padres deben corregir estas distorsiones desafiándolas y probando que son irracionales.

G. A superar el divorcio:
Cuando los padres se divorcian, los hijos terminan siendo afectados. Pero los hijos tienen responsabilidades con ellos mismos, tienen que adaptarse a la pérdida y continuar su vida sin dejar que el divorcio los paralice.

Comportamientos difíciles de los hijos

"La necedad está ligada en el corazón del muchacho; más la vara de la corrección la alejará de él" (Proverbios 22:15).

A. La agresividad:
Hay jóvenes que tratan de controlarlo todo con enojo. Evaden sus responsabilidades intimidando a los padres o maestros. A un nivel inconsciente el libreto que el hijo impone al padre es: "Si me enojo te voy a lastimar". Los padres no deben tolerar ningún tipo de abuso de parte de sus hijos.

B. La intimidación:
Justo con la agresividad, la intimidación también es un arma común de los jóvenes en contra de sus padres y maestros. Miden la fuerza de los padres, desafían la autoridad e imponen sus reglas. El problema es que algunos padres, con su pasividad aprueban la intimidación que reciben de los hijos.

C. El mañanero:
Hay jóvenes que convencen a los padres con promesas que cumplirán "mañana" y les sacan provecho en el presente. Lamentablemente el

mañana nunca llega y el padre invierte sin que el hijo haga lo que debe. Los padres deben enfocarse en los resultados, no en las promesas.

D. La mentira:
Algunos jóvenes son expertos en esconder, alterar o inventar información; ellos modifican las historias a su conveniencia y justifican su mala conducta con mentiras. Mentir y no ser descubiertos les da un sentimiento de poder; sobre todo si el padre trata de probarles que están mintiendo.

E. "Perdón, pero":
Algunos jóvenes usan esta frase como una excusa para justificar su conducta. Ellos piden perdón, pero a la misma vez acusan a la otra persona: "Perdón, pero ella tuvo la culpa". Un lenguaje más responsable es simplemente decir: "Estoy mal", o "Me equivoque".

F. Cambian los roles:
Algunos hijos son muy hábiles para responder y sientan al padre en la silla de los acusados. El padre pregunta: "¿Dónde está tu tarea?" El hijo responde: "porque no confías en mí". Aquí el hijo tomó el rol del acusador y el padre el rol del acusado y se perdió el asunto principal que era la tarea.

G. Limites rígidos:
Algunos hijos reclaman: "No te metas en mi vida". Exigen su espacio, rechazan que el padre revise su cuarto y sus cosas personales; tampoco quieren tomar el examen de drogas. No hacen la tarea y no permiten que se les cuestione. Pero mientras estén en casa, el padre debe meterse en su vida.

H. Contratos a medias:
Los jóvenes tienden a olvidar los acuerdos que han hecho con sus padres y no hacen lo que deben, o sólo hacen una parte. Sin embargo, a pesar de sólo haber hecho la mitad de lo acordado exigen el pago completo. En la vida de adulto las cosas no funcionan así: te pagan por lo que haces.

I. Los abusos:
Toda conducta inapropiada de los hijos es un abuso en contra de los padres. La razón porque es un abuso es porque a los padres les duele el mal comportamiento de los hijos. Los padres no deben tolerar ningún tipo de abuso.

Los padres son los responsables de la estabilidad

Introducción:
La esencia del padre es la base de la estabilidad de la familia, él es la base emocional de los hijos. Para lograrlo el padre debe existir aparte del hijo y dar espacio para que el hijo pueda existir aparte del padre. Los padres no pueden decidir por los hijos, pero si pueden decidir por ellos mismos. Cuando el "ser" está basado en valores que son claros visibles y estables, su esencia no se diluye por los problemas de los hijos. Un padre que se descuida de sí mismo y se distrae no puede ayudar a sus hijos.

Valores sólidos y estables
Quiero presentar una lista de valores que considero muy valiosos en la educación de los hijos: Entre estos valores esta la espiritualidad, la autonomía, la interdependencia, la tenacidad, ser productivo, y tener límites saludables.

A. La espiritualidad:
Los hijos deben aprender el temor de Jehová, porque es el principio de la sabiduría. Deben conocer los atributos del carácter de Dios manifestado en Cristo y querer parecerse a él. Deben integrarse a un cuerpo de personas espirituales que tengan sus mismos valores.

B. Autonomía:
La palabra autonomía se deriva de dos palabras griegas, Auto que significa "a uno mismo", y nomos que significa "ley". Una persona autónoma es una persona que es ley para sí mismo. Estas personas no necesitan que alguien les recuerde lo que deben hacer, se rigen por principios y no por circunstancias.

C. Interdependencia:
Durante el desarrollo hacia la madurez todos los individuos pasan al menos por tres etapas. Inician en un estado de dependencia. Poco a poco el individuo se va moviendo hacia la independencia. Pero la meta final debe ser alcanzar un nivel de interdependencia con otros individuos.

D. Tenacidad:
Esta virtud les dará la fortaleza para no rendirse ante los problemas y adversidades de la vida. Estarán dispuestos a hacer las cosas, aunque

sean difíciles o parezcan imposibles. Sabrán buscar opciones y encontrar soluciones. Además, serán positivos y optimistas.

E. Productivos
Para cuando el individuo se convierte en padre ya debe estar en una etapa en su vida de ser productivo. Debe producir para el mismo, para su familia y para su futuro. Esta virtud la aprenden los hijos por medio del ejemplo.

F. Limites:
Los padres modelan los límites a sus hijos. Les enseñan a ser dueños y responsables de su espacio, a protegerse, a no faltarle el respeto a otros y a no permitir que alguien les falte el respeto a ellos. Los límites deben ser estables para que puedan ofrecer seguridad a todos.

¿Cómo se logra la estabilidad y la solidez?

A. Hay que confiar en las promesas de Dios:
"Joven fui, y he envejecido, y no he visto justo desamparado, ni hijo de justo que mendigue pan" (Sal. 37:25).

"Camina en su integridad el justo, sus hijos son dichosos después de él" (Prov. 20:7).

Caleb le reclamó a Josué la promesa que Moisés le había hecho: "Dame señor ese monte" (Josué 14:12).

También Abraham le reclamó a Dios la promesa de una gran descendencia (Romanos 4:18-21).

B. Hay que tener la actitud del sembrador:
Dice la escritura que el Sembrador planta la semilla, la riega, la protege y luego se va a dormir. El sembrador confía en los procesos que Dios ha establecido para la semilla. El confía que la planta dará fruto a su tiempo.

De igual forma, los padres enseñan y educan a sus hijos en su infancia, luego viene el tiempo de esperar el fruto. Cuando el hijo se va de la casa se lleva la semilla que sus padres sembraron. En algún momento de su vida el hará una reflexión sobre todo lo aprendido, y es cuando principiará a dar fruto.

C. Hay que tomar la actitud del negociante:

Con esta actitud, lo importante son los resultados. El negociante toma decisiones que son razonadas con tranquilidad, evita mezclar emociones, no actúa a la defensiva y respeta mucho a sus clientes. Tampoco toma en forma personal las actitudes negativas de los clientes. Cuando algo no le está funcionando simplemente lo cambia. Hace ajustes de acuerdo a las circunstancias. Nunca acepta excusas, y sólo da privilegios si hay resultados.

D. Hay que tomar la actitud del entrenador:

El entrenador es un artista que con mucha habilidad le va enseñando a su discípulo las disciplinas del deporte que quiere practicar. Principia con ejercicios básicos, y poco a poco lo va guiando a ejercicios más complejos, siempre con la intención de sacar lo mejor de él.

El entrenador le explica con tranquilidad lo que espera de su pupilo con frases como: "Así te voy hablar y así me vas a hablar". "Esto es lo que haré y esto es lo que tú harás", "Yo soy responsable ante ti, y tú lo eres ante mí", y se asegura que entendió.

Usa técnicas que han sido probadas por otros entrenadores para formar campeones. Usa un sistema de consecuencias y recompensas. Se concentra en los hechos: "He notado, he visto". Ayuda a reemplazar los malos hábitos que le pueden estorbar para llegar a ser un campeón.

Reconoce los logros del discípulo, aunque sean pequeños y los aplaude. Sabe que el reconocimiento aumenta la autoestima y hace que el hijo sienta que existe y que puede ser un campeón. En lugar de un no, da opciones y no malgasta su tiempo en quejas.

Los padres son los responsables del ambiente

"Y vosotros, padres, no provoquéis a ira a vuestros hijos, sino criadlos en disciplina y amonestación del Señor" (Efesios 6:4).

A. Reacción neurológica:
Cuando el individuo percibe un peligro, su sistema nervios reacciona generando una descarga de neuronas. Si no hay peligro las neuronas están tranquilas. La percepción de peligro real o imaginario es el estimulante que las despierta.

B. La reacción física:
La adrenalina prepara el organismo, el corazón y los pulmones se aceleran, la digestión se hace lenta o se detiene, los vasos sanguíneos se constriñen, el cuerpo libera glucosa y grasa, las glándulas lacrimógenas dejan de producir lágrimas. Las glándulas salivales se secan, las pupilas se dilatan, la vejiga se suelta, se pierde la capacidad de oír, se reduce la visión, los reflejos instantáneos se aceleran y el cuerpo tiembla.

C. La reacción de conducta:
Walter Bradford Cannon (1915), desarrolló el concepto de "Pelea o huye" según este concepto cuando un individuo está ante un peligro o se siente amenazado sus reacciones más naturales son:
    a. Confrontando el peligro,
    b. Huyendo del peligro, o
    c. Paralizándose.

D. Las reacciones de los hijos:
Hay conductas que los hijos las interpretan como amenazas y por eso reaccionan confrontando a los padres, huyendo de ellos o paralizándose con conductas agresivas pasivas.

E. Como manifiestan sus reacciones los hijos:
Los hijos Confrontan a sus padres con agresión y peleas verbales. Huyen desconectándose emocionalmente y envolviéndose en adicciones como alcohol, drogas, juegos de videos y la TV entre otras. Se congelan ignorando a los padres o con agresividad pasiva.

E. Estados emocionales inapropiados

Para que los hijos aprendan: Los tres estados emocionales en los cuales los hijos no están listos para aprender, dialogar o razonar son: Cuando están agresivos con el padre, cuando están huyendo del padre o si están congelados.

Estilos de disciplina

A. Factores principales:

Según Baumrind, D. (1966), existen cuatro estilos de padres los cuales son el resultado de la mezcla de los siguientes dos factores:
    a. Las expectativas y demandas del padre hacia el hijo.
    b. Las manifestaciones de afecto del padre hacia el hijo.

B. Cuatro estilos:

La mezcla de los dos factores produce los siguientes estilos:
    a. El negligente
    b. El permisivo
    c. El autoritario
    d. El firme

C. Definición de cada estilo:

El negligente demanda poco de sus hijos y les da poco afecto.
El permisivo demanda poco, pero da mucho afecto.
El autoritario demanda mucho, pero da poco afecto.
El firme demanda mucho de sus hijos, pero también da mucho afecto.

Los padres son los responsables de la disciplina

Para poder ejercer una disciplina efectiva es importante tener reglas. A continuación, doy una lista de criterios que ayudan a que las reglas funcionen.

A. Las reglas más importantes son las prácticas:
En un hogar disfuncional existen dos clases de reglas, las que se comunican y las que se practican. Hay que reducir al máximo este fenómeno hasta lograr que las reglas que se anuncian son las mismas que se practican. Todos los hogares tienen reglas prácticas, pero no siempre son las mejores. Alterar o crear nuevas reglas sólo en papel, no cambia nada, las reglas que verdaderamente se deben alterar son las prácticas.

B. La necesidad de las reglas:
Las reglas son esenciales porque son las que le dan estructura a la familia. Dan una sensación de orden sobre todo cuando son saludables y estables.

C. Las reglas necesitan consecuencia:
Una regla sin consecuencias no tiene sentido. Porque es el esfuerzo por evitar las consecuencias lo que da la motivación para cumplir las reglas. Las reglas deben ser en proporción a la falta y a la edad del hijo y deben ser consistentes.

D. Las reglas necesitan recompensas:
Hay dos tipos de recompensas: a corto plazo y a largo plazo; normalmente, las recompensas a corto plazo, son más efectivas.

Las reglas para los padres

El padre debe tener sus propias reglas sobre la forma en que disciplina a sus hijos. Algunas de estas reglas son las siguientes:

A. No engancharse:
Esta regla consiste en no dejarse arrastrar a una discusión con el hijo donde ambos saldrán perdiendo. El hijo perderá la discusión y el padre perderá autoridad por ponerse al nivel del hijo. Al evitar una discusión con el hijo, el padre reafirma su autoridad, porque le demuestra al hijo quien

está en control. El padre solo debe ser firme en la aplicación de consecuencias al hijo. Si hay algo que dialogar con él, se debe hacer con tranquilidad y bajo las condiciones establecidas por el padre.

B. Evitar largos sermones:
En lugar de largos sermones que no sirven para nada, el padre debe hablar poco y en forma tranquila, pero con firmeza. Es mejor dar una orden a la vez y al hacerlo hay que mirar al hijo a los ojos. Debe usar el contacto físico suave y la cercanía.

C. Mantener la tranquilidad:
Esta técnica ayuda a reducir la lucha de poder entre el padre y el hijo. Además, evita que el padre se enfrasque en una discusión infructuosa con el hijo. Un ejemplo: El padre le ordena a su hijo: "Es hora de ir a la cama". El hijo responde: "¿Por qué?". El padre simplemente contesta: "Es hora de ir a la cama".

D. No rebajarse al nivel del hijo:
Los hijos problemáticos tienden su red a través de avergonzar, culpar a otros, dar excusas y argumentar. Ellos son expertos en estas conductas y por medio de ellas logran sentir que tienen poder. El padre debe evitar caer en esos espacios.

E. No demostrarle miedo:
Los padres tienen un amplio repertorio de cosas para demostrarle al hijo que tienen poder. Son los dueños de lo que hay en casa, son quienes traen el dinero, son más grandes de estatura y deberían tener más madurez. Si eso no es suficiente deben usar los sistemas de ayuda disponibles en su comunidad.

F. Mantener el enfoque:
Cuando los hijos sienten que están perdiendo un argumento, tienden a salirse del tema. Para mantenerse enfocado el padre puede recurrir a las siguientes respuestas: "Podemos hablar de ese asunto después", "terminemos este asunto por ahora" o "Escribe ese asunto para que no se nos olvide".

G. Evitar las confrontaciones:
Los niños son expertos en pelear y si el padre responde a cada provocación sólo incrementa sus habilidades bélicas. El padre debe pelear

sólo lo que sabe que va a ganar. Es mejor darse la vuelta y retirarse, aun cuando el hijo le falte al respeto. El padre debe esperar a que el hijo esté más tranquilo para confrontarlo.

H. Dar opciones:
El padre no sólo debe prohibir una conducta, sino reemplazarla por otra más aceptable. Ejemplo: "Déjale el juguete y vamos a ver la TV", o "Préstale el juguete y te compro otro". Los niños reaccionan con mejor actitud cuando se les dan opciones en lugar de sólo decirles que no.

I. No justifiques tus acciones:
Discutir con un hijo si una orden es justa o injusta desvía su atención de lo principal, cumplir la orden. En Estados Unidos cuando se viola una regla de tránsito, el policía no discute con el chofer, sólo le da la infracción y si no está de acuerdo le dice que puede reclamarle al juez.

J. Cuando sospeches que tu hijo te está mintiendo, sonríe:
Cuando el padre se enfrasca en una discusión con el hijo tratando de probarle que está mintiendo, le está dando demasiado poder a su mentira. Es mejor en otra ocasión hablarle de las consecuencias de decir mentiras y de lo valioso de decir la verdad.

K. La meta final es hacerlo autónomo:
Todo padre debe buscar que sus hijos logren un buen grado de autonomía. Esto significa que ellos deben auto disciplinarse y auto corregirse. Para lograrlo el padre puede reemplazar los regaños por preguntas: ¿Cómo te sientes con lo que hiciste? O ¿Cuál crees que debe ser la consecuencia?
Los padres deben enseñar a sus hijos que ellos un día van a ser dueños absolutos de su conducta. Se les debe ayudar a mantenerse enfocados en sus metas y enseñarles que para obtener resultados diferentes hay que hacer algunas cosas diferentes.

El padre puede darse cuenta cuando el hijo aun esta en casa si está avanzando hacia la autonomía o no. Si se hace cargo de sus cosas personales, si no hace rabietas, si es puntual en todos sus compromisos y si regula sus emociones va por buen camino. Estas conductas son señales de autonomía.

L. Concentrarse en los hechos:

Confrontar a los hijos con los hechos da mejores resultados que una descarga de emociones negativas. Ejemplos: "yo vi", "El maestro dijo", "Tu calificación es un 50", "Cada que te digo... te molestas", "Tú le pegaste a tu hermana", "No hiciste tu tarea" o "Estás ignorando la regla de llegar a tiempo".

M. Expresa aprecio a tus hijos:

Los hijos responden mucho mejor cuando se sienten apreciados y valorados por sus padres. Por eso los padres deben expresar su aprecio verbalmente en forma consistente. Aun en casos cuando el hijo hizo algo inapropiado, el padre debe mostrarle aprecio.

N. Usa la técnica del sándwich:

Cuando el padre quiera llamarle la atención a su hijo por algo que no está haciendo bien, se puede utilizar esta técnica. La conversación inicia mencionando algo positivo, luego pasa a hacerle el llamado de atención y concluye la charla otra vez con algo positivo.

O. Hay que expresar confianza en los hijos:

Cuando los padres les piden algo a sus hijos les comunican dos mensajes, uno explícito y otro implícito. El explícito es el contenido del mensaje: "Haz esto", y el implícito es la creencia que el padre tiene sobre la capacidad de su hijo para hacer lo que se le pide. "Creo que puedes", en lugar de "No sé para qué te lo pido, si sé que no podrás hacerlo".

P. Demuestra un amor responsable:

El amor responsable siempre va a reforzar la responsabilidad del hijo, ayuda a modificar malas conductas, y por lo general no causa gozo, pero produce resultados. Por otro lado, el amor irresponsable tolera el mal comportamiento y la irresponsabilidad y se oye bonito, pero no funciona.

Q. No esperes gratitud de tus hijos:

La gratitud de los hijos viene cuando el hijo madura o tiene sus propios hijos. En la etapa formativa del hijo, lo importante es observar resultados en su conducta. El padre debe demandar del hijo lo que considere correcto sin temor a que el hijo se enoje con él. Un día el hijo agradecerá la dureza del padre.

R. Modela cómo vivir:
Los padres deben cuidar bien lo que hacen y lo que demandan del hijo. Nunca le deben prohibir lo que el hijo sabe que el padre hace. Cuando el padre se equivoca debe pedir perdón. El Padre nunca debe olvidar a quién representa, es decir, a Dios.

S. Debes ser flexibles:
Ser flexibles es una virtud excelente en la difícil tarea de educar hijos. Si alguna técnica no funciona, se debe reemplazar. Algunas veces hay que permitir desobedecer una regla, para lograr un bien mayor. Pero la flexibilidad debe ser una excepción para circunstancias especiales y no se debe convertir en la regla.

T. Distrae su atención:
Esta técnica funciona muy bien en circunstancias que pueden ser embarazosas como en una tienda o en una fiesta. La técnica consiste en desviar la atención del hijo en lugar de decirle simplemente que no. Ejemplo: "Mami, mami cómprame este dulce". "Si, pero vamos a ver los juguetes primero".

Los padres son responsables de su propia conducta

A. No seas un padre gritón:
Cuando un padre le tiene que gritar a sus hijos es porque su hijo ya no le obedece si le habla de una forma tranquila. Pero esa falta de sensibilidad del hijo para obedecer fue producida por los mismos gritos del padre.

Los padres gritones están enseñando a sus hijos que nadie tiene el control, que el padre ya perdió su autoridad y que además no tiene dominio propio. Los gritos se convierten en círculos viciosos donde el grito cada vez debe ser más fuerte para producir los mismos resultados.

Los padres gritones, después de un incidente de gritos, experimentan remordimiento y esto hace que se vuelvan indulgentes y tolerantes. Terminan dándole al hijo lo que le estaban prohibiendo con gritos. Además, El hijo de padres gritones, terminará siendo un gritón.

B. No seas un padre con actitud de Gelatina:
Los padres con actitud de gelatina no tienen la fuerza de carácter para mantenerse firmes cuando el hijo desafía su autoridad o quiere renegociar un acuerdo. Con frecuencia se sienten obligados a renegociar las responsabilidades y la mala conducta de los hijos.

En forma abierta el padre le está diciendo al hijo que las palabras y compromisos no tienen valor, Pero a un nivel más profundo le está diciendo al hijo que él no es normal, y que no puede cumplir los compromisos adquiridos. Además, le comunica que su autoridad no vale, y que no le debe creer.

Los padres con actitud de gelatina pueden recuperar la firmeza de carácter poco a poco, deben ir ganando una batalla a la vez. Aprendiendo a ser firmes para reforzar los acuerdos y estando atentos para darse cuenta cuando el hijo trata de modificar un acuerdo. No olvidando que los valores no se deben negociar.

C. No pretendas ser un "Súper Padre"
El súper padre invierte económica y emocionalmente en sus hijos sin que los hijos inviertan nada. Les premia su mala conducta y los rescata de los problemas en que se meten. Estos son los padres que creen que unas vacaciones en Orlando van a mejorar la conducta de sus hijos.

Estos padres creen que, si les dan todo a sus hijos, los van a poder controlar mejor. Olvidan que el amor y la obediencia no se compran con regalos. Lo importante es premiar solamente la buena conducta. Estos padres viven cansados y frustrados porque su inversión no logra su objetivo.

D. No seas un padre ciego:
Hay padres que apoyan a sus hijos en contra de maestros, policías, vecinos etc. Esta actitud muestra que el padre le cree ciegamente a su hijo y que no considera que su hijo pueda estar equivocado o mintiendo. Si el padre descubre que el maestro está equivocado, hable con él.

El hijo que recibe una aprobación ciega de sus padres, no desarrolla un sentido de justicia porque en cada problema, lo más importante es que su padre lo apruebe. Aprende que un maestro o un niño malo son la excusa perfecta para eludir sus responsabilidades. Así es como aprende a vivir en base a excusas.

E. No seas un padre perfeccionista:
El padre perfeccionista jamás está satisfecho con los resultados del hijo. SI el hijo llega con una calificación de 90, lo regaña por no haber sacado un 100. La frustración que siente el hijo al nunca complacer a su padre lo orilla a hacerse rebelde. Otros aprenden a rendirse y a no esforzarse porque nunca su esfuerzo ha dado resultados. Al premiar una calificación de 90, no se le está diciendo que es suficiente, sino que se le está cultivando su fuerza interna para que se motive a sacar un mejor grado.

F. No te rindas como padre:
Hay hijos que amenazan a sus padres con portarse mal. Algunos padres se asustan y seden a las demandas de los hijos. Si el hijo logra manipular al padre con amenazas, va a usarlas cada que quiera lograr algo. La clave está en la primera amenaza que el hijo hace, si el padre no se rinde, la amenaza deja de tener sentido y el hijo la abandona.

G. No seas un padre con actitud de víctima:
El padre sufrido se la pasa quejándose de lo mal que lo tratan sus hijos, pero el mismo alimenta esa conducta. Entre otras cosas, el hace lo que debe hacer el hijo, lo levanta por las mañanas y sufre las consecuencias que debería sufrir el hijo. Lo peor es que le está enseñando al hijo que es incapaz de valerse por sí mismo.

H. No te degrades ante tu hijo:

Cuando un padre le dice a su hijo: "trátame como a un amigo: es como si un capitán le dijera a un soldado: "Ya no me trates como capitán, trátame como soldado". En el ejército sería un desastre si se pierden las jerarquías. Lo mismo pasa si se pierden las jerarquías de la casa. El mensaje correcto es: "Tu y yo nos vamos a amar y a respetar porque yo soy tu padre y porque tú eres mi hijo".

I. No uses la culpa como herramienta disciplinaria:

Hay padres que usan la culpa como una herramienta disciplinaria. Piensan que si hacen sentir culpable al hijo lo están educando y va a mejorar su conducta. No es correcto que el padre le diga al hijo: "Por tu culpa vamos a llegar tarde". Es mejor que le diga: "Recuerda que tenemos la obligación de llegar temprano".

J. Aprende a perder algunas batallas:

Es una mala práctica enfocarse en las cosas pequeñas y descuidar las que verdaderamente

son importantes. Un padre sabio sabrá hacer la diferencia y tolerará pequeñas faltas, pero será

firme con las cosas que realmente son importantes.

J. No distorsiones la realidad:

El padre idealista distorsiona la realidad e inconscientemente ignora lo que tiene frente a él. Estos padres idealizan tanto al hijo que lo tratan como lo que ellos quisieran que fuera, y no como el hijo merece ser tratado.

K. Supera tu divorcio:

Cuando los padres pasan por un divorcio los hijos necesitan un cuidado especial. Lamentablemente algunos padres divorciados caen en la tolerancia excesiva para compensar el daño que saben que les están haciendo. Estos padres necesitan alcanzar un balance entre su trabajo y la crianza de sus hijos.

Tres padres responsables

El primer padre, Dios:

A. Tenía propósito para sus hijos:
"Y los bendijo Dios, y les dijo: Fructificad y multiplicaos; llenad la tierra, y sojuzgadla, y señoread en los peces del mar, en las aves de los cielos, y en todas las bestias que se mueven sobre la tierra" (Génesis 1:28).

B. Jehová preparó la casa para sus hijos:
"Y Jehová Dios plantó un huerto en Edén, al oriente; y puso allí al hombre que había formado" (Génesis 2:8).

C. Jehová satisfizo sus necesidades físicas
"Y Jehová Dios hizo nacer de la tierra todo árbol delicioso a la vista, y bueno para comer; también el árbol de vida en medio del huerto, y el árbol de la ciencia del bien y del mal" (Génesis 2:9).

D. Jehová satisfizo sus necesidades espirituales
"Y Jehová Dios hizo nacer de la tierra todo árbol delicioso a la vista, y bueno para comer; también el árbol de vida en medio del huerto, y el árbol de la ciencia del bien y del mal" (Génesis 2:9).

E. Jehová satisfizo sus necesidades emocionales
"Y dijo Jehová Dios: No es bueno que el hombre esté solo; le haré ayuda idónea para él" (Génesis 2:18).

G. Jehová les dio libre albedrio
"Y mandó Jehová Dios al hombre, diciendo: De todo árbol del huerto podrás comer;" (Génesis 2:16).

H. Jehová les dio un sistema de disciplina
"más del árbol de la ciencia del bien y del mal no comerás; porque el día que de él comieres, ciertamente morirás" (Génesis 2:17).

I. Jehová los restauro cuando cayeron
"Y Jehová Dios hizo al hombre y a su mujer túnicas de pieles, y los vistió" (Génesis 3:21).

J. Jehová les dio poder sobre el mal
"ésta te herirá en la cabeza, pero tú la herirás en el calcañar" (Génesis 3:15).

K. Jehová los empujo a la independencia
"Y lo sacó Jehová del huerto del Edén, para que labrase la tierra de que fue tomado" (Génesis 3:23).

El padre Abraham

A. Abraham era imperfecto
"Ahora, pues, di que eres mi hermana" (Génesis 12:1).

B. Abraham tenía una relación cercana con Dios
"Pero Jehová había dicho a Abraham" (Génesis 12:1).

C. Abraham se integró a los planes de Dios
"Vete de tu tierra y de tu parentela, y de la casa de tu padre, a la tierra que te mostraré" (Génesis 12:1).

D. Abraham tenía como prioridad la adoración
"Luego se pasó de allí a un monte al oriente de Bet-el, y plantó su tienda, teniendo a Bet-el al occidente y Hai al oriente; y edificó allí altar a Jehová, e invocó el nombre de Jehová" (Génesis 12:8).

E. Abraham tenia convicciones firmes
"Y respondió Abram al rey de Sodoma: He alzado mi mano a Jehová Dios Altísimo, creador de los cielos y de la tierra, que, desde un hilo hasta una correa de calzado, nada tomaré de todo lo que es tuyo, para que no digas: Yo enriquecí a Abram" (Génesis 14:22-23).

F. Abraham fue bendecido
"Y haré de ti una nación grande, y te bendeciré, y engrandeceré tu nombre" (Génesis 12:2).

G. Abraham fue de bendición
"y serás bendición. Bendeciré a los que te bendijeren, y a los que te maldijeren maldeciré; y serán benditas en ti todas las familias de la tierra" (Génesis 12:2-3).

El padre del hijo pródigo

A. Era exitoso en los negocios
Es evidente que el padre vivía en la abundancia porque tenía para dar herencia, podía matar el becerro gordo, se podía dar el lujo de hacer fiesta, y en su casa había abundancia de pan.

B. Tenía su casa en orden
El orden se nota en la casa porque había jerarquías, el padre daba las órdenes y se obedecían. Además, el hijo pródigo sabía que ser hijo en esa casa era algo digno. Allí también aprendió a temer a Dios.

C. Era flexible
Demostró flexibilidad cuando le entregó su parte de la herencia al hijo menor. Lo común era que los hijos recibieran la herencia cuando el padre muriera. Los resultados demostraron que fue la decisión correcta.

D. Manejaba bien sus emociones
La escritura no menciona que el padre demostrara algún tipo de emoción cundo el hijo se va de la casa, ese no era el tiempo. Pero cuando el hijo regresó arrepentido, el padre fue movido a misericordia, corrió hacia él, se echó sobre su cuello y le besó. Eso enseña que él sabía cuándo demostrar sus emociones.

E. Era un padre alegre
Cuando el hijo pródigo regresó el padre se llena de alegría. También vemos que el padre no esconde su alegría. El mandó *"Traed el becerro gordo"*, y *"Comamos y hagamos fiesta"*. Además, dice la historia que en la fiesta había música y danzas.

F. Era muy buen administrador
Sabemos que el padre era muy buen administrador porque su situación económica no cambió cuando le dio la herencia a su hijo. Además, el hijo mayor se quejó de que nunca le había dado un cabrito para gozarse con sus amigos. Como el hijo nunca pidió, el padre nunca le dio.

G. Era un pacificador
Cuando el hijo mayor regresó del campo y se dio cuenta de la razón de la fiesta se enojó y no quería entrar, pero el padre salió a donde estaba y le

rogaba que entrase. Además, trató de convencerle diciéndole que era su hermano el que había regresado y que era tiempo de estar felices.

H. Era como árbol plantado junto a corrientes de aguas
El padre era emocionalmente sólido, porque cuando su hijo se va de la casa, su mundo no se vino abajo. Es evidente que el padre continúo con sus negocios porque era "como árbol plantado junto a corrientes de aguas que da su fruto a su tiempo y su hoja no cae".

Capítulo 4:

Desarrollo Humano

Introducción

Propósito:
La idea central de este material es mostrar que cada individuo debe ser entendido y ayudado dentro de un contexto de desarrollo; considerando las secuelas de las etapas pasadas, los desafíos de la etapa presente y su actitud ante etapas futuras.

Tener un conocimiento básico de la vida de cada individuo dentro de un contexto de desarrollo, para ayudarlo a resolver asuntos del pasado, a entender sus desafíos presentes y a prepararle para su futuro.

La escritura habla de desarrollo
"Cuando yo era niño, hablaba como niño, pensaba como niño, juzgaba como niño; más cuando ya fui hombre, dejé lo que era de niño" (1 Corintios 13:11).

"Porque debiendo ser ya maestros, después de tanto tiempo, tenéis necesidad de que se os vuelva a enseñar cuáles son los primeros rudimentos de las palabras de Dios; y habéis llegado a ser tales que tenéis necesidad de leche, y no de alimento sólido. Y todo aquel que participa de la leche es inexperto en la palabra de justicia, porque es niño; pero el alimento sólido es para los que han alcanzado madurez, para los que por el uso tienen los sentidos ejercitados en el discernimiento del bien y del mal" (Hebreos 5:12-14).

Durante el curso vamos a considerar los siguientes tipos de desarrollo del individuo.
- La formación del apego.
- Definición de su identidad.
- Desarrollo de su auto estima.
- Teorías con enfoque individual.
- Desarrollo de la familia.
- Desarrollo de la fe.

Teoría del apego

Origen de la teoría del apego

La persona a quien se le atribuye ser el fundador de la teoría de apego es John Bowlby. Kendra Cherry (2015). En La Biografía de John Bowlby, publicada en el portal de internet llamado Psicología, presenta algunos de los siguientes conceptos como parte de la teoría de apego. El apego es una atadura entre un bebé y una figura de apego. Los bebés tienen la tendencia natural a formar apego, lo único que necesitan es una relación segura con un adulto. La calidad de la relación con ese adulto es vital para el desarrollo del apego. Generalmente la madre es la figura de apego, pero como el apego es instintivo, los bebés se pueden apegar a cualquier persona que sea sensitiva con ellos. El apego no es sinónimo de amar; es desarrollar la capacidad de poder amar.

Desarrollo del apego

6 meses a 2 años
El periodo más crítico para que se forme el apego es entre los 6 meses a los dos años de vida del bebé.

De 2 – 3 años
Después de dos años de vida los bebés usan a las personas con las que se apegan como una base que les da seguridad de donde sale a explorar su alrededor.

De 3 – 5 años
El apego es unilateral, del niño a la figura de apego, además los niños aprenden a mantener el apego por medio de interacciones que buscan una respuesta de la figura de apego. En los infantes la separación física produce ansiedad y coraje, después tristeza y desesperación. Para estos niños la separación ya no es una amenaza al apego, solo se sienten amenazados si las separaciones son muy prolongadas o cuando la figura de apego rompe la comunicación con ellos, los rechaza o los abandona. Estos niños cada vez están más conscientes de las emociones de los adultos y se comportan de acuerdo a ellas.

De 6 – 11 años
Estos niños ya desarrollaron la capacidad de apego y se acercan a lo que esté disponible. Los niños están contentos con separaciones más largas de la figura de apego. Los estilos de apego aprendidos en la infancia ya empiezan a predecir en esta etapa su desarrollo y su funcionamiento.

De 11 – 18 años
Los adolescentes necesitan una figura de apego, pero ese apego va a estar gobernado por el estilo que aprendieron cuando eran bebés. Si los jóvenes desarrollaron un estilo de apego seguro con sus padres, los amigos y compañeros de escuela nunca llegaran a superarlo. El apego seguro contribuye a que los jóvenes se sientan seguros de sí mismos y que confíen en los demás. Los patrones de pensamientos y emociones internas relacionadas a otros, también están determinados por el estilo de apego que aprendieron. Por ejemplo, personas que sufrieron una separación de la figura de apego, pueden desarrollar problemas serios en su vida de adultos.

Principales ideas del apego

El apego ayuda al individuo a adaptarse a diferentes personas y circunstancias lo cual le garantiza su sobrevivencia. Le ayuda a desarrollar seguridad, poder, confianza en sí mismo y en otros y a obtener logros. También contribuye al desarrollo de las estructuras del pensamiento, emociones, y memorias, que influyen en como el individuo se trata a sí mismo y como trata a los demás.

Se han identificado 4 estilos de apego en los niños
Estilo ambivalente
Estilo desorganizado
Estilo esquivo
Estilo seguro

El apego ambivalente
El niño ambivalente fluctúa entre la distancia y la cercanía. Busca la cercanía de la figura de apego, y cuando la logra demuestra frustración. Estos niños cuando se alteran no se calman fácilmente. Están incapacitados para usar a la figura de apego como base segura. Una

posible causa de este estilo es que la figura de apego fue inconsistente en sus interacciones con el bebé o fue emocionalmente negligente con él.

El apego esquivo
En los niños con un estilo de apego esquivo, su necesidad de cercanía es muy baja y no siente ansiedad con la separación. No existe una relación emocional sólida entre la figura de apego y el niño. Estos niños muestran poco afecto al jugar con otros niños y los extraños le son indiferentes. Una posible causa es que la figura de apego muestra indiferencia cuando el niño sentía algún malestar, lo desanimaba para que no llorara y lo empuja a ser independiente antes de tiempo.

El apego desorganizado
Los niños con un apego desorganizado; su estilo de apego es incoherente e impredecibles, nunca se sabe cuándo se va a acercar o cuando se va a alejar de la figura de apego. 80 % de los niños maltratados terminan siendo desorganizados. Una posible causa de este estilo es que la figura de apego los asustaba o los maltrataba. Otra posible causa de este estilo es que la figura de apego fue muy negativa y no sabía comunicarse.

El apego seguro
Los niños con un apego seguro desarrollan la capacidad de salir a explorar su entorno, pero siempre regresan a la base. Estos niños se sienten seguros con un extraño, aunque prefieren a la figura de apego. La causa de este estilo es que la figura de apego respondía en forma apropiada, rápida y consistente a las necesidades del bebé. Los niños con este estilo son más seguros de sí mismos, logran ser más competentes y tienen relaciones más estables.

Estilos de apego en los adultos

El estilo ansioso
Los individuos ansiosos buscan niveles más elevados de intimidad y aprobación. Son más emocionales e impulsivos y fluctúan entre el control y la dependencia. Tienen una percepción muy negativa de sí mismos y les es muy difícil confiar en los demás.

El estilo esquivo
Los individuos esquivos se presentan como autosuficientes y dan la impresión de ser invulnerables. Esconden sus emociones y tienden a desconectarse de los demás. No demuestran una necesidad de tener relaciones cercanas, resuelven sus problemas alejándose de los demás y tienen una visión negativa de los demás.

El estilo temeroso
Los individuos con un estilo de apego temeroso sufren de emociones encontradas; por un lado, desean la cercanía, pero cuando están cerca no resisten esa cercanía y tienden a alejarse. Tienen su auto estima muy baja y además son desconfiados.

El estilo seguro
Los individuos seguros se ven a sí mismos en forma positiva. Logran un balance entre la intimidad y la independencia, o sea que viven y dejan vivir. Evitan la competencia y buscan la cooperación, no sufren de dependencia, ni se obsesionan por el poder.

Diferentes estilos de parejas

El estilo de cada relación de pareja se define según la necesidad de cercanía de ambos individuos. Entre los dos hay una distancia imaginaria que ambos deben llenar en forma más o menos balanceada.

Parejas donde los dos tienen un estilo esquivo de apego
Con este estilo, la pareja desarrolla una relación superficial o distante. Hay parejas que se adaptan a este tipo de relación, porque es lo más cómodo para ellos.

Parejas donde uno tiene un estilo ansioso y el otro esquivo
En este tipo de relación uno es muy intenso el otro distante. Uno puede ser muy posesivo, dominante o controlador y el otro frío y distante. Es común que cuando un ansioso se junta con un esquivo desarrollen el fenómeno del gato y el ratón porque entre más persigue el ansioso al esquivo, el esquivo más huye. La persona ansiosa se siente sola y busca la cercanía, pero la persona esquiva se siente asfixiada y tiende a buscar la forma de escapar. En esta dinámica, ambos terminan cansados, uno de perseguir y

el otro de huir. Una forma de resolver este fenómeno es que los dos modifiquen su forma de funcionar.

Parejas donde los dos tienen un estilo ansioso de apego
En este tipo de relación los dos son muy intensos y tienden a ser muy conflictivos. Si la pareja no hace ajustes, los dos se van a cansar muy pronto de la relación y se van a querer divorciar. Una forma de resolver este fenómeno es reduciendo la intensidad, dejando de acusar y controlar.

Parejas donde los dos tienen un estilo seguro de apego
Parejas donde los dos tienen un estilo de apego seguro, su acercamiento es balanceado. Logran un balance entre cercanía y libertad, ni se asfixian emocionalmente uno al otro ni se alejan. Cada uno conserva su identidad ambos permiten que el otro conserve su identidad. Estas parejas resuelven sus diferencias en forma saludable y se dan espacio para hacer cosas por separado. Los dos se desean sexualmente y ambos se sienten valorados y apreciados.

Desarrollo individual según Erik Erikson

El principal creador de las etapas de desarrollo es Erik Erikson, sus teorías son ampliamente aceptadas dentro del área del desarrollo humano. Erikson describe el desarrollo de un individuo desde su nacimiento hasta su muerte en 8 etapas. Saul McLeod (2013), describe las 8 etapas de la siguiente manera.

Confianza vs. Desconfianza	0 - 1 año
Autonomía vs. Vergüenza	1 - 3 Años
Iniciativa vs. Culpa	3 - 6 Años
Industrioso vs. Inferioridad	7 - 11 Años
Identidad vs. Confusión	12 - 18 Años
Intimidad vs. Aislamiento	19 - 40 Años
Generativo vs. Estancamiento	41 - 65 Años
Integridad vs. Desesperación	65 + muerte

0 – 18 meses
En esta edad, el bebé necesita desarrollar un sentido de confianza en si mismo y en los demás. Si no lo logra entonces desarrollará una percepción negativa del mundo que le rodea y de si mismo. Tal vez llegue al extremo de no querer vivir en este mundo.

18 meses – 3 años
En esta edad, el niño debe lograr la autonomía perfeccionando habilidades básicas como: Caminar, hablar, comer y hacer del baño solo, distinguir entre lo bueno y lo malo, y saber decir no. Si no lo logra, se sentirá avergonzado, y culpable, dudará de su capacidad, y desarrollará una auto estima baja.

3 - 5 años
En esta edad, los niños deben desarrollar su iniciativa al explorar su creatividad imitando a los adultos en sus juegos infantiles. Si no logra dominar esta área se sentirá frustrado y la frustración produce culpa.

6 - 12 años
En esta edad, el niño debe desarrollar la capacidad de usar métodos y ser competente. Debe aprender a crear y a lograr metas y aprender nuevas

habilidades. Si no lo logra se sentirá inadecuado e inferior entre sus compañeros. Su competencia y su auto estima se verán afectadas.

12 - 18 años
En esta edad, el joven pasa de ser un niño a ser un adulto. En esta etapa se debe definir su identidad sexual, moral, religiosa, laboral y familiar. Si no logra definir su identidad vivirá en un estado de confusión y desorden.

18 - 35 años
En esta edad, el individuo debe establecerse en la sociedad, formar una familia, pero sobre todo tener relaciones significativas e íntimas. Si no logra crear relaciones estables e íntimas, terminará solo, aislado y resentido.

35 - 65 años
En esta edad, el individuo debe estar viviendo lo que soñó ser. Ser el que está en control de su vida y de su familia, saber que está transmitiendo valores a sus hijos y que está contribuyendo para mejorar el mundo en el que vive. Su vida debe tener propósito y debe evitar absorberse en sí mismo y estancarse.

65 años - muerte
En esta edad, el individuo debe sentirse sabio, recuperarse del cansancio, disfrutar los logros y contribuciones personales a la vida. Debe estar integrado y ordenado. Si no es así, sufrirá de desesperación por los fracasos, y falta de sentido en su vida. Esto lo puede hacer dogmático, pero sin hechos que lo apoyen.

Desarrollo de la madurez

Crecer es una necesidad
"Cuando yo era niño, hablaba como niño, pensaba como niño, juzgaba como niño; más cuando ya fui hombre, dejé lo que era de niño" (1 Corintios 13:11).

"desead, como niños recién nacidos, la leche espiritual no adulterada, para que por ella crezcáis para salvación" (1 Pedro. 2:2).

Madurar es opcional
"Porque debiendo ser ya maestros, después de tanto tiempo, tenéis necesidad de que se os vuelva a enseñar cuáles son los primeros rudimentos de las palabras de Dios; y habéis llegado a ser tales que tenéis necesidad de leche, y no de alimento sólido, Y todo aquel que participa de la leche es inexperto en la palabra de justicia, porque es niño; pero el alimento sólido es para los que han alcanzado madurez, para los que por el uso tienen los sentidos ejercitados en el discernimiento del bien y del mal" (Hebreos 5:12-14).

Cinco niveles de maduración

Nivel de consumidor
"Porque habrá hombres amadores de sí mismos, avaros, vanagloriosos, soberbios, blasfemos, desobedientes a los padres, ingratos, impíos" (2 Timoteo 3:2).

"El fin de los cuales será perdición, cuyo dios es el vientre, y cuya gloria es su vergüenza; que sólo piensan en lo terrenal" (Filipenses 3:19).

Nivel de independiente
Estos individuos sólo producen para sobrevivir: *"Porque de la justicia que es por la ley Moisés escribe así: El hombre que haga estas cosas, vivirá por ellas"* (Romanos 10:5).

Nivel de interdependiente
"Y sabéis también vosotros, oh filipenses, que, al principio de la predicación del evangelio, cuando partí de Macedonia, ninguna iglesia participó conmigo en razón de dar y recibir, sino vosotros solos" (Filipenses 4:15).

Nivel de sembrador

"No os engañéis; Dios no puede ser burlado: pues todo lo que el hombre sembrare, eso también segará. Porque el que siembra para su carne, de la carne segará corrupción; mas el que siembra para el Espíritu, del Espíritu segará vida eterna" (Gálatas 6:7-8).

"el cual pagará a cada uno conforme a sus obras: vida eterna a los que, perseverando en bien hacer, buscan gloria y honra e inmortalidad" (Romanos 2:6-7).

Nivel de agradecimiento

"Pues doy testimonio de que con agrado han dado conforme a sus fuerzas, y aún más allá de sus fuerzas, pidiéndonos con muchos ruegos que les concediésemos el privilegio de participar en este servicio para los santos" (2 Corintios 8:3-4).

"En todo os he enseñado que, trabajando así, se debe ayudar a los necesitados, y recordar las palabras del Señor Jesús, que dijo: Más bienaventurado es dar que recibir" (Hechos 20:35).

Desarrollo de la identidad

Durante su etapa de desarrollo todo individuo debe definir su Identidad étnica, sexual, espiritual, moral, ocupacional y familiar entre otras.

Todos los individuos sufrimos algunas crisis de identidad en diferentes aspectos de la vida. La forma en que manejamos las crisis determina lo que sucede con la identidad. La identidad de los individuos se encuentra en uno de los siguientes cuatro estados.

En la revista sobre personalidad, Marcia J. E. define los diferentes estilos de identidad de la siguiente manera:

Estilos de Identidad
- Identidad Lograda
- Identidad Diluida
- Identidad Moratoria
- Identidad Aceptada

Identidad Lograda
Esta identidad es el resultado de haber adoptado una forma de ser para salir de la crisis de identidad. El individuo se compromete a vivir de una forma determinada. Decide quién va a ser desde el punto de vista espiritual, étnica, profesional, y familiar entre otras identidades.

Identidad diluida
Aunque el hombre se compromete con una identidad definida en alguna área de su vida, siempre existe el riesgo de que ese compromiso se debilite y decida adoptar otra identidad. Alguien que se había decidido a adoptar la identidad profesional de abogado, un día descubre que ya no le gusta y decide ser algo más. Al proceso de perder interés en la identidad adoptada se conoce como tener una identidad diluida.

Identidad moratoria
El individuo que esta en este estado, no decide que va a ser en la vida y su crisis se alarga en forma indefinida. Cuando decide sobre su identidad, pasa al estado de identidad lograda.

Identidad aceptada

Este tipo de identidad la experimentan aquellos que evaden la crisis y pasivamente aceptan la identidad que otros les imponen. Por ejemplo, cuando los padres les dicen que profesión deben adoptar; al aceptar esa profesión también aceptan una identidad.

El desarrollo de la autoestima

El concepto personal
Todos tenemos un concepto personal de lo que somos, pero sin una asociación emocional. Yo soy un ser humano, soy un varón, soy un hispano, soy predicador, soy un cristiano, o soy demócrata. Todo esto ha sido recibido y por eso no produce sentimientos de valor o auto estima.

La autoestima
La autoestima es alimentada por factores internos y externos. Entre los factores externos se encuentran las habilidades físicas y académicas, la apariencia física, la aceptación de sus compañeros, su "pegue" romántico, una buena relación con sus padres y con Dios.

Otros factores externos que alimentan la autoestima son el apoyo y las expresiones de aprecio de personas importantes como los padres y amigos. La crítica y el rechazo de personas importantes son factores que afectan negativamente la autoestima.

Entre los factores internos que aumentan o disminuyen la autoestima se encuentran:
    A. El ideal que cada individuo tiene de lo que quiere lograr en la vida.
    B. La percepción de lo que ha logrado.

La discrepancia entre estos dos factores es la que determina la autoestima. Por ejemplo, Si percibe que ha logrado mucho menos de lo que quería lograr para los 30 años, su autoestima se va reducir, pero si siente que ha logrado más de lo que soñó, su autoestima se va a elevar.

Desarrollo de la fe

Una definición de fe:
"Es, pues, la fe la certeza de lo que se espera, la convicción de lo que no se ve" (Hebreos. 11:1).

"Pero sin fe es imposible agradar a Dios; porque es necesario que el que se acerca a Dios crea que le, hay, y que es galardonador de los que le buscan" (Hebreos 11:6).

"Así también la fe, si no tiene obras, es muerta en sí misma. Pero alguno dirá: Tú tienes fe, y yo tengo obras. Muéstrame tu fe sin tus obras, y yo te mostraré mi fe por mis obras"
(Santiago 2:17-18).

En un sentido práctico la fe contiene tres elementos básicos:
1. El objeto de nuestra fe
2. La evaluación del objeto de fe
3. La acción de fe

Ejemplos de los tres elementos de la fe:
El objeto de nuestra fe: Es la silla
La evaluación del objeto de fe: Creo que puede con mi peso.
La acción de fe: Me siento en la silla

El objeto de nuestra fe: Es Dios
La evaluación del objeto de fe: Creo que existe Dios
La acción de fe: Le entrego mi ser a Dios

Niveles de fe
En un sentido más profundo, la fe es un elemento que existe en diferentes niveles. Según la Asociación Unitaria Universal (2017). La fe se desarrolla en diferentes niveles.

    Fe proyectada
    Fe Mística
    Fe convencional
    Fe reflexiva
    Fe unificadora
    Fe universal

La fe proyectada
Este tipo de fe es imaginativa o fantasiosa, es ilógica, y no es propia porque simplemente refleja las creencias de quienes le rodean.

La fe mística
Este tipo de fe es literal, está basada en el temor al castigo o motivada por algún premio, pero carece de razonamiento.

La fe convencional
Esta fe consiste en la aceptación cultural de la fe. Les da a los individuos un sentido de pertenencia y les hace sentirse bien. Dura mientras el sentido de bienestar permanezca.

La fe reflexiva
Esta fe es independiente de las creencias de personas importantes. Es parte de la búsqueda de la identidad. Es fe por convicción propia.

La fe unificadora
Esta fe reconcilia creencias inconsistentes y acepta aspectos paradójicos de la fe: Las guerras, el dolor humano y los usos de la ciencia.

La fe universal
Esta fe contiene una poderosa visión universal. La compasión, la justicia, y el amor son sus incentivos principales. Ejemplos de personas con este tipo de fe: Gandhi, Madre Teresa, Martin Luther King. Etc.

Desarrollo de la familia

De acuerdo con la Oficina de la Ciencia de la Familia, para la investigación, la Educación y las pólizas. Las familias pasan por al menos ocho etapas durante su formación y desarrollo. Wesley Burr (1995).

Las 8 etapas del desarrollo de la familia
1. En busca de pareja.
2. Los recién casados.
3. La pareja con hijos pequeños.
4. La pareja con hijos adolescentes.
5. La pareja con hijos dejando el hogar.
6. El nido vació.
7. La edad adulta.
8. Viudez y el paso final.

El estrés de las transiciones:
Durante el desarrollo de una familia, las etapas más difíciles son cuando se pasa de una etapa a otra. Este es el momento cuando se experimenta más estrés. Las familias saludables lo reducen, pero las familias que no son saludables lo multiplican.

Etapa 1 En busca de pareja

Algunas de las creencias generales son que cuando el hombre busca una mujer para formar una familia, la quiere atractiva, saludable, que pueda tener hijos, que sea buena amante, que tenga su misma fe y sus mismos valores y que venga de buena familia.

Las creencias generales de la mujer cuando busca esposo, busca alguien que la pueda defender, que le dé seguridad, que le ayude en la casa, que tenga sus mismos valores y su misma fe y que venga de buena familia.

De acuerdo a Harley, en su libro las necesidades de él y de ella, afirma que el hombre necesita primeramente satisfacer su necesidad sexual, necesita una compañera para sus recreaciones, que sea atractiva, que le de paz y quietud, y que lo admire.

En cuanto a la mujer, Harley añade que ella necesita que su esposo le de afecto, que platique con ella y que la escuche, que sea honesto, que le brinde estabilidad económica y que sea un hombre hogareño.

Un fenómeno que experimentan los que están en busca de pareja es la idealización. Esta consiste en una distorsión positiva del pensamiento y sucede principalmente durante el noviazgo y los primeros años de matrimonio. La idealización tiende a reducirse gradualmente conforme pasa el tiempo, el matrimonio; Las parejas que la conservan viven más felices, pero las que la pierden terminan enfocándose más en lo negativo.

Etapa 2: Los recién casados

Factores que afectan negativamente el futuro de la pareja
1. La pareja se casó después de una pérdida significativa.
2. Uno o los dos, están tratando de distanciarse, de su familia de origen.
3. Su origen es significativamente diferente educación, religión, clase social, cultura, o edad etc.
4. Hay una incompatibilidad en el orden de nacimiento.
5. La esposa quedo embarazada durante el noviazgo o en el primer año de matrimonio.
6. Uno de los esposos tiene mala relación con su familia de origen.
7. Uno o los dos recuerdan su niñez como un tiempo desagradable.
8. Padres con matrimonios muy inestables.
9. Vivir muy cerca o muy lejos de los padres.
10. Depender de los suegros.
11. Casarse siendo menores de 20 años.
12. Casarse siendo mayores de 30 años.
13. Casarse antes de 6 meses de Conocerse.
14. Casarse después de 3 años de conocerse.
15. Los familiares no vinieron a la boda.

Estilo tradicional:
En este estilo el hombre es el proveedor financiero de la familia y trabaja un promedio de 40 horas fuera de casa. Ella es ama de casa y se dedica a criar los hijos. En los Estados Unidos este tipo de familia ya son menos del 50 %.

Estilo moderno:
Estas parejas los dos trabajan fuera de casa y los dos comparten todas las labores domésticas. En Estados Unidos, este estilo de parejas, ya conforman más del 50 %.

Estilo Innovador:
En estos matrimonios, es la esposa la principal proveedora de la familia. Ella trabaja fuera de casa y el esposo hace las labores domésticas. Alrededor de un 10% de parejas en Estados Unidos viven bajo este modelo.

Periodo de ajuste:
Después de la boda, los matrimonios pasan por un periodo de ajuste donde tienen que resolver asuntos importantes como, su espacio, su tiempo, las comidas, el trabajo, sus diversiones, dormir juntos, sueños y anhelos, fantasías etc.
Ajustarse al cónyuge es un proceso que puede durar mucho tiempo, y puede ser muy desgastante. Para que este proceso sea más fácil, la pareja necesita buena voluntad, flexibilidad y hacer el compromiso de trabajar para lograr un buen matrimonio.

Estados de decepción:
Los cónyuges se decepcionan cuando en lugar de caricias reciben golpes. En lugar de comprensión reciben críticas. En lugar de aceptación reciben rechazo. En lugar de apoyo hay una barrera. En lugar de seguridad hay inseguridad. En lugar de sanidad hay nuevas heridas.
Con el tiempo y las ofensas, las heridas se hacen más profundas. En lugar de apreciarse, se desprecian. En lugar de calidez hay frialdad. El "dulce hogar" se ha convertido en un infierno. En lugar de vivir se quieren morir.

Estados de crisis:
Los estados de crisis son evidentes cuando se faltan al respeto continuamente, usan algún tipo de violencia, se desprecian, han acumulado muchos malos recuerdos, ha habido infidelidad, viven emocionalmente distantes, están muy lastimados o llevan vidas paralelas.
El divorcio no sólo sucede cuando se firma ante un juez. Para cuando esto sucede, ya la pareja se ha divorciado en el comedor, en la sala, en la tienda, en la cama. Se han divorciado mental y emocionalmente. Están arrepentidos de haberse casado con esa persona.

Etapa 3: La familia con hijos pequeños

La llegada de los hijos, es una experiencia que impacta positiva y negativamente a la pareja. La alegría que la pareja siente por tener un hijo se ve empañada por las responsabilidades que tener un hijo conlleva. El impacto es físico, social y psicológico.

La llegada de los hijos produce una nueva emoción llamada "estrés de ser padre". Esta emoción afecta directamente los estilos de vida del matrimonio y su relación sexual.

Los matrimonios se ven obligados a hacer ajustes en su trabajo, ajustes financieros, en sus actividades sociales. Ahora tienen que balancear su relación matrimonial con la de ser padres. Tienen que criar un hijo que sea emocionalmente sano. El rol de los familiares en la educación y cuidado de los hijos. La disminución de la satisfacción matrimonial y las dificultades para reorganizar la vida a su nueva realidad.

Etapa 4: La familia con hijos adolescentes

Los desafíos de la adolescencia:
Los desafíos de tener adolescentes en casa son muchos, entre ellos esta comprender a los jóvenes que están entrando en la pubertad. Esta etapa se caracteriza por cambios muy rápidos asociados al crecimiento. Estos cambios son visibles en su apariencia física, su tono de voz, el vello de la cara en lo varones, y en las partes púbicas en ambos sexos, además de la importancia que ambos sexos le dan a su imagen.

Peligros de la adolescencia:
Uno de estos peligros son los abusos sexuales. Un abuso sexual se define como cualquier actividad sexual que excita, causa vergüenza o confusión en el niño o en los jóvenes causada por un individuo mayor que el menor por 24 meses. La gravedad del abuso depende de factores como la violencia, las amenazas durante el abuso y la repetición.

En esta etapa también son comunes los problemas de nutrición como la anorexia nerviosa que se caracteriza por una distorsión de la percepción de su cuerpo y la bulimia que se caracteriza por el impulso a consumir grandes cantidades de alimento para luego desecharlas de su cuerpo en forma inducida.

Los problemas asociados al consumo de alcohol o drogas:
De acuerdo a algunas estadísticas el consumo de alcohol y las drogas son un peligro serio para la juventud:
8 de cada 10 jóvenes han tomado alcohol antes de salir de la preparatoria.
7 de cada 10 han fumado tabaco.
6 de cada 10 han usado algún tipo de droga.
5 de cada 10 han usado marihuana antes del 8vo grado.

Como ayudar a los jóvenes en esta etapa:
Se debe dilatar el uso de substancias lo más posible.
Se les debe educar en forma realista sobre el peligro de las drogas.
Se debe apoyar leyes más fuertes a quienes provean drogas y alcohol a los jóvenes.
Se debería elevar el precio del alcohol y los cigarros y elevar los impuestos a estas substancias. Se deben apoyar leyes en contra de manejar borracho
Se debe educar a los padres para que tengan una mejor comunicación con sus hijos.

Embarazos prematuros:
En Estados Unidos, cada año un millón de jovencitas quedan embarazadas sin estar casadas. 15% de jóvenes embarazadas abortan involuntariamente.
35% abortan por decisión propia.
50% de jóvenes dan a luz a sus hijos.
Un medio millón de nuevas madres solteras por año.

Consecuencias de los embarazos prematuros:
Las madres solteras dejan la educación más fácilmente.
Sufren índices más elevados de pobreza.
Si se casa por estar embarazada aumenta el riesgo de ser abusada, o abandonada o divorciada.

Como ayudarlos:
Los padres deben enseñar a sus hijos a manejar su urgencia sexual en forma saludable. Deben educarlos a tomar decisiones en forma responsable, no pensando en la satisfacción inmediata sino en las consecuencias a largo plazo. Recordarles que la sexualidad es un asunto de valores.

Etapa 5: Parejas con hijos dejando el hogar

Esta transición es una que puede prolongarse por mucho tiempo y una de las más traumáticas por todos los cambios internos que envuelve. La meta es que la nueva generación alcance un balance entre autonomía y dependencia.

Consecuencias de esta transición:
Los padres experimentan la consecuencia de sufrir una pérdida. Los hijos sufren de miedo a lo desconocido, tienen que descubrir quiénes son, tienen que adoptar una identidad y se tienen que hacer cargo de sus vidas. Los hermanos menores están observando la transición y de alguna forma también ellos sufren una pérdida.

La definición emocional:
Se dice que un individuo esta emocionalmente bien definido cuando tiene la capacidad de tomar posturas que enfaticen el yo. En la escritura tenemos algunos ejemplos.
"Yo y mi casa serviremos a Jehová" (Josué 24:15).
"Yo sé que mi redentor vive" (Job. 19:25).
"Yo sé en quien he creído" (2 Timoteo 1:12).

Durante el desarrollo, los jóvenes se van definiendo emocionalmente, pero es durante en el momento en que se van de la casa, cuando su grado de definición es más evidente. Lo más común es que los hijos desarrollen un grado de madurez emocional similar al de los padres; porque los niveles de madurez emocional se transmiten de generación a generación.

Señales de madurez emocional:
Una persona que está bien definida, sabe regular sus emociones y tiene la capacidad de expresar su sentir con frases como: "yo siento", "yo quiero", "yo espero" y "yo creo."

Una persona bien definida es un ser humano vivo y completo. tiene un sentido de dirección. Se guía por su valores y convicciones. Sabe en qué momento usar las emociones o el intelecto. Es firme en su forma de ser y permiten a otros tener su propia forma de ser.

La capacidad de resistir dolor para crecer. Ser creativo al experimentar una crisis. La capacidad para manejar la distancia, el trabajo, el silencio, diversiones, dependencias, y relaciones que ya no funcionan.

Aceptando y tolerando las contradicciones. Está bien que otros sean diferentes. Está bien que otros no estén disponibles. Está bien que de vez en cuando algo le duela. Dialogar sobre asuntos delicados.

Peligros de falta de madurez emocional:
Cuando una familia no logra definirse saludablemente, y se van al extremo del apego excesivo generan el ambiente para problemas como relaciones abusivas, alcoholismo y drogadicción, incesto, control, dependencia, conflictos, sobre- funcionamiento. Estas familias no toleran la definición de otros, tienen dificultad para aceptar las diferencias y las separaciones.

Hay familias que funcionan en el extremo opuesto de la distancia emocional. Estas familias tienen problemas porque polarizan las relaciones y desarrollan enemigos. Se vuelven dogmáticos e impositivos. Cortarse emocionalmente de vez en cuando no es malo, el problema es quedarse cortado.

Cambios estructurales:
Desde el punto de vista estructural, durante el proceso cuando los hijos se van de la casa, la familia tiene que hacer ajustes estructurales; pero algunas veces los ajustes son cosméticos, porque la estructura sólo se extiende en lugar de modificarse.

La oración de un padre, por el general Douglas MacArthur
¡Dame, oh Señor, un hijo que sea lo bastante fuerte para saber cuándo es débil, y lo bastante valeroso para enfrentarse consigo mismo cuando sienta miedo; un hijo que sea orgulloso e inflexible en la derrota honrada, y humilde y magnánimo en la victoria! ¡Dame un hijo que nunca doble la espalda cuando deba erguir el pecho; un hijo que sepa conocerte a Ti y conocerse a sí mismo; que es la piedra fundamental de todo conocimiento! ¡Condúcelo, te lo ruego, no por el camino cómodo y fácil, sino por el camino áspero, aguijoneado por las dificultades y los retos! ¡Allí déjale aprender a sostenerse firme en la tempestad y a sentir compasión por los que fallan! ¡Dame un hijo cuyo corazón sea claro, cuyos ideales sean altos; un hijo que se domine a sí mismo antes que pretenda dominar a los demás; un hijo que

aprenda a reír, pero que también sepa llorar; un hijo que avance hacia el futuro, pero que nunca olvide el pasado! ¡Y después que le hayas dado todo eso, agrégale, te suplico, suficiente sentido del buen humor, de modo que pueda ser siempre serio, pero que no se tome a sí mismo demasiado en serio! ¡Dale humildad para que pueda recordar siempre la sencillez de la verdadera grandeza, la imparcialidad de la verdadera sabiduría, la mansedumbre de la verdadera fuerza! Entonces, yo, su padre terrenal, me atreveré a murmurar: "No he vivido en vano".

Etapa 6: El nido vacío

Definición de nido vacío

Esta etapa está relacionada al tiempo inmediato después de que los hijos se van de la casa. Es el tiempo cuando se termina el trabajo de ser padre, cuando ser madre o padre no es la función principal de la pareja porque los hijos se han ido de la casa. Este término en sí, es carente del componente emocional.

Definición del síndrome del nido vacío

Este término es la definición clínica de las emociones asociadas a la pérdida de la función paterna. Es el sentimiento de pérdida asociado a cuando los hijos abandonan el hogar.

Los síntomas son desesperación profunda, pérdida de estima personal, dificultad para concentrarse, falta de sueño, apetito, falta de deseos sexuales, dificultad para manejar asuntos diarios y dificultad para relacionarse.

Mito o realidad el síndrome del nido vacío

Existen opiniones encontradas en cuanto a esta etapa de la vida. La etapa del nido vacío es una realidad innegable. La confusión se centra en las emociones que supuestamente acompañan esta etapa de la vida.

Para algunos es sólo una transición más, para la cual, la pareja se puede preparar. Para otros es un sentimiento de pérdida bastante severo que ataca en forma diferente al hombre y a la mujer. La confusión se debe a que este periodo transitorio representa cosas positivas y negativas para la pareja.

Cuando principia el nido vacío

Esta etapa principia cuando los hijos se han ido de la casa. Las razones para quedarse solos son variadas, puede ser por muerte, matrimonio, irse al ejército, al colegio o simplemente a vivir solo; de cualquier forma, los padres experimentan una pérdida. En la casa se han perdido las pertenencias, ha disminuido el ruido, y la actividad. Algunos síntomas son el pánico, la culpa, el coraje, y el resentimiento. Es común que en esta etapa la mujer está experimentando la menopausia. La posibilidad de ser padres ya no existe. Los padres del matrimonio están envejeciendo o ya murieron. Se está a punto de retirarse profesionalmente y se está evaluando si tuvo sentido esa experiencia.

Otras características de esta etapa:

Cada individuo tiene que enfrentar su propia mortalidad. Algunos tíos, parientes y compañeros ya han muerto; ya se perdió la juventud; para muchos matrimonios se terminó la razón para estar juntos.

La soledad de la madre:

Para la madre, lo más difícil es no tener a los hijos cerca y estar sola en la casa. No poder platicar con sus hijos y reír con ellos y sobretodo no sentirse necesitada. Algunas madres experimentan profundos sentimientos de culpa.

La soledad del padre:

Para el padre, lo más difícil también es no tener a sus hijos cerca. Sentir la soledad y silencio de la casa. Experimentar sentimientos de culpa por no haber invertido suficiente tiempo con ellos.

Como prepararse para la experiencia del nido vacío:

A los hijos es mejor darles nuestra vida que un sermón. Hay que disfrutar cada etapa de la vida de los hijos, porque se van a ir más pronto de lo que te imaginas. Disfruta su compañía mientras dura. Envuelve a tus hijos en las actividades de tu comunidad y tu iglesia y dales mucho amor y respeto para su independencia mientras están en la casa. Prepararse y aceptar que esta transición es parte de la vida. Estar preparado para las emociones de soledad y pérdida y reconocerlas cuando lleguen. Hacer planes para cómo se va a usar el tiempo libre. Unas vacaciones inmediatamente después de que se han quedado solos. Un nuevo trabajo o un nuevo proyecto puede ayudar mucho. Tener mucho en que ocuparse para cuando se vayan. Ahorrar para disfrutar.

Como saber que estás viviendo el nido vacío:
Sigues comprando galones de leche y terminas tirándola.
Llamaste a la compañía de luz porque tu cobro salió muy bajo.
Ya no tienes que pagar por entregar videos tarde.
Puedes escoger que estación de radio vas a escuchar mientras manejas.
La botella de champú se parece al aceite de la viuda.
Cocinas y te sobra comida para dos o tres días.
Barres y no recoges ninguna basura.
La gasolina de tu carro dura un mes.
Todavía tienes escondidas tus mejores pinturas de cara.

Etapa 7: La edad adulta

La máxima extensión de la vida de una persona es de 122 años. Pero en Estados unidos el promedio de vida de los hombres es de 74 años y de las mujeres es de 80 años.

Grupos demográficos en EUA:
    0 - 15 años son 56 millones
    16 - 64 años son 177 millones
    65 + años son 34 millones

La proporción es de 2 adultos independientes por cada dependiente. Con este promedio aún se pueden mantener los dependientes.

La población de mayores de 65 años está creciendo más que ninguna otra.

Ancianidad primaria:
Todos los cambios son inevitables y relacionados a la edad. Cambios de apariencia, en la piel, la figura, movilidad, peso y tamaño. Pérdida notoria de los 5 sentidos, y especialmente, visión y audición.

Ajustes a la senectud:
El cuerpo requiere ajustes activos, no, aceptación pasiva. Hay que hacer ajustes alimenticios. Hay que hacer ajustes de sueño. Familiares y amigos deben adaptarse de igual forma.

Ancianidad secundaria:
Es la causada por enfermedades, la mala alimentación y falta de ejercicio. Alejando las enfermedades se ha prolongado la vida, y se acorta la agonía.

Causas de la ancianidad:
Entre estas causas están el desgaste normal del cuerpo. Las copias imperfectas de algunas células. La reducción del sistema inmunológico y los errores genéticos.

Cambios en el cerebro:
Con la vejez el cerebro sufre cambios en la forma de procesar la información. Se reduce la velocidad de los Registros Sensoriales. (Lo normal es de 1/2 segundo), la memoria funcional, la memoria archivada se reduce. La aparición de algunas enfermedades como la demencia, Alzheimer, pequeños infartos, Parkinson, Huntington, y múltiple esclerosis afectan la mente de los ancianos.

Optimización selectiva.
Las personas mayores pueden seleccionar lo que pueden optimizar y concentrarse en eso para ser más productivos.

La estratificación:
Este fenómeno es el condicionamiento de los estratos sociales lo que da origen a la discriminación.

Ser un elemento activo en la sociedad:
Desarrollar cambios adaptivos, retiro, educación, trabajo voluntario, política, y la dulce casa.

La actualización
Todos los individuos se van actualizando y al llegar a la edad adulta tienen que enfrentar la integridad o la desesperación. El ser humano siempre está buscando reafirmar su identidad.

Etapa 8: Viudez y paso final

La muerte:
La muerte tiene un significado diferente para cada individuo. Para algunos es simplemente un evento biológico, para otros una puerta a la eternidad, un evento inevitable, un evento natural, un castigo de Dios o una separación y reunión.

Cuando la persona se entera que su muerte es inevitable pasa por un proceso de asimilación de cinco etapas: Negación, ira, negociación, depresión y aceptación.

Cuando el individuo se acerca a su muerte tiene que hacer un cambio en sus prioridades: Se terminan los planes terrenales, se busca la cercanía con la familia, se hacen despedidas finales y se hacen planes para la partida final.

Decisiones finales:
Las decisiones finales deben ser hechas por la persona que va a morir y de ser posible deben ser hechas por escrito. Se debe nombrar un apoderado que ejecute su última voluntad y que tome decisiones en casos de emergencias. Entre los asuntos más importantes que hay que decidir son los tipos de tratamiento, sus efectos y las posibilidades de vida junto a la calidad de vida del paciente. Otros asuntos son los aspectos médicos. Pedir a la familia que respeten al apoderado. Tomar la decisión de ser resucitado en caso de muerte. El uso de medicamento para el dolor. Las posibles opciones para aliviar el dolor físico, emocionales, social y espiritual y el uso de un auspicio.

La eutanasia:
Hay leyes que protegen la vida esto hace que el suicidio médicamente asistido sea ilegal en la mayoría de países. La eutanasia también es una decisión que se debe tomar estando en pleno uso de sus facultades mentales. Otros aspectos importantes son la cremación, la ceremonia y el periodo de luto.

La cremación
La información sobre la cremación fue tomada de la enciclopedia libre Wikipedia.

He aquí una lista del promedio de cremaciones en diferentes países.

Japón	(97%)
Gran Bretaña	(69%)
Sudán	(62%)
Suiza	(59%)
US	(18%)
España	(2%)
Italia	(1%)

En el año 2011 en los Estados Unidos, el estado de Nevada fue líder en número de cremaciones por deceso con un 72 %, Otros estados con altos índices de cremación son Colorado 56% Texas 32%.

Más información sobre la cremación se puede encontrar en reporte anual de estadísticas de la asociación de cremación de Norte América.

Proceso de Recuperación

Para recuperarse de una pérdida hay que reconocer y respetar el dolor. Pasar por un tiempo de luto. Respetar los aspectos culturales de cada lugar. Enfocarse en la parte positiva de una pérdida la cual puede ayudar a madurar, valorar la vida, las personas, las relaciones y a Dios.

Capítulo 5:
La Motivación

Introducción

Propósito:
Tratar de comprender desde el punto de vista científico y espiritual como se genera la motivación y comprender cuales son las aplicaciones que este conocimiento puede tener en la vida familiar.

Motivando a otros:
El trabajo de motivar a otros consiste en hacer que la gente haga lo que debe hacer y que lo haga con alegría. En este curso vamos a lograr una comprensión más amplia sobre cómo podemos motivar a los demás en forma más efectiva.

Definición de motivación:
Motivos: Lo que nos mueve.
Motivar: Dar motivos.
Motivación: Acción y efectos de motivar.

Diferentes perspectivas:
En este curso vamos a explorar el tema de la motivación desde dos perspectivas diferentes:

   La perspectiva secular.
   La perspectiva espiritual.

El ambiente y los genes:
El comportamiento humano tiene influencia genética y ambiental. Lo que no es claro es en qué porcentaje nos afecta cada factor.

La conducta es ilógica:
Gran parte del comportamiento humano puede parecer ilógico e irracional para los observadores, pero siempre tendrá sentido para la propia persona. La mejor forma de entender a un individuo es ver las cosas desde su propia perspectiva.

La motivación es ilógica:
La motivación no tiene una lógica universal, sino más bien es un proceso psicológico individual. Cada individuo se motiva por razones muy personales, la clave consiste en descubrir cuáles son esas razones.

La función de la percepción:
La percepción es la ventana por medio de la cual observamos lo que nos rodea. Desempeña un papel importante en la conducta humana. Pero las percepciones varían de persona a persona.

La función de los deseos:
Los deseos son los impulsos que el individuo siente por cosas que quieren tener o lograr. Nacen del interior del individuo y pueden inclinar la voluntad en una dirección específica para lograr lo que quiere.

La función de las necesidades:
Las necesidades del ser humano se pueden agrupar en niveles desde las más básicas como son el alimento y el sueño, hasta las más complejas como la autoestima y la actualización. Todas las necesidades juegan un papel muy importante en la conducta humana. Abraham Maslow desarrolló la jerarquía de las necesidades. George Boeree (2003).

La función de la razón:
La razón es la encargada de regular la conducta humana, pero algunas conductas parecen irracionales. La conducta del alcohólico no es racional; es como si la razón estuviera esclava a los impulsos y deseos.

La función de la voluntad:
La voluntad es la encargada de ejecutar en forma "racional" las órdenes que recibe del interior del individuo. Los procesos psicológicos internos se traducen en acciones al ser ejecutados por la voluntad del individuo.

La motivación interna
La mejor motivación es la que proviene del interior del individuo, pero esta se ve afectada por:
El sentimiento de autonomía.
El sentimiento de competencia.
El interés por alcanzar la perfección.

La motivación interna

Las expectativas y la motivación:

Según la teoría de las Expectativas de Víctor Vroom, el individuo se motiva cuando sabe que va a recibir o a lograr algo, Estos son las principales componentes de esta teoría.

Cree en su esfuerzo:
Estos individuos están convencidos que sus esfuerzos producirán los resultados deseados. Creen que tienen las habilidades necesarias para lograr lo que quieren. No les asusta lo difícil de las tareas y además se sienten en control de la situación.

Cree en la recompensa:
Estos individuos confían en quien les otorgará la recompensa. La transparencia del contrato aumenta la confianza. Por el contrario, el caos reduce la confianza.

Valoran la recompensa
Las recompensas se valoran más cuando reflejan los valores y necesidades del que la recibe. Por supuesto que también influye si prefiere tenerla a no tenerla.

El poder de tracción:

Según Ankur Sancheti (2014). Otro elemento que motiva al individuo es la necesidad de satisfacer una necesidad y la contemplación del objeto que le va a saciar esa necesidad.

La tracción sucede cuando un comportamiento se activa para satisfacer una necesidad o una deficiencia interna. Un perro con hambre perseguirá la salchicha.

Algunas de las necesidades internas que activan un comportamiento son las siguientes: El hambre, el sexo, la aprobación y la admiración entre otras.

La autodeterminación:

Richard M. Ryan and Edward L. Deci (2000). Presentan la teoría de la autodeterminación. Estos son sus principales componentes.

Primera idea:
Los individuos son creativos por naturaleza en el uso y administración de sus fuerzas internas.

Segunda idea:
Los individuos tienen una tendencia natural hacia el crecimiento y el funcionamiento integral.

Tercera idea:
El desarrollo y las acciones optimas son inherentes en el individuo, pero no aparecen en forma automática.

Cuarta idea:
Los individuos satisfacen tres necesidades básicas: Ser competentes, relacionarse y ser autónomos.

La ley de la atribución:

Una teoría muy interesante es la que presenta Weiner, B. (1986). Se conoce como la ley de atribución.

Los individuos se motivan dependiendo de a quien le atribuyen sus éxitos o fracasos. Puede ser a factores internos o externos.

Por ejemplo, si los fracasos escolares se les atribuyen a factores internos, el estudiante hará cambios en su conducta. Pero si se les atribuyen a factores externos, se quedará esperando los cambios en los demás.

La disonancia cognitiva:

Leon Festinger le dio forma a la teoría de la disonancia cognitiva. Estas son sus principales ideas.

Esto sucede cuando el individuo experimenta dos pensamientos encontrados. Esta contradicción le roba la calma al individuo.

Usemos como ejemplo al individuo que acaba de comprar un carro: Por un lado, puede estar pensando que: "Compró el carro que le gustó". Pero un segundo pensamiento lo puede estar molestando: "Pude haber comprado otro mejor."

Este individuo puede estar rumiando en su mente que se equivocó al comprar ese carro, o que el vendedor lo indujo a comprarlo. Estos pensamientos le van a generar ansiedad y debe hacer algo para resolver esta disonancia.

Hay dos formas de resolver la disonancia: Lo ideal sería tomar responsabilidad y hacer cambios. Lo inapropiado seria acusar a los demás, justificar su mala decisión, o negar la disonancia.

Los logros y la motivación

Heidi Grant and Carol S. Dweck (2003). Desarrollaron el concepto de cómo los logros motivan a los individuos. Estas son las principales características de los individuos que se motivan por sus logros.

Resuelven sus problemas:
Estos individuos prefieren un ambiente donde ellos tengan la responsabilidad de resolver problemas.

Toman riesgos:
Estos individuos toman riesgos calculados y establecen metas moderadas y alcanzables.

Esperan reconocimiento:
Estos individuos esperan reconocimiento y retroalimentación para poder saber cómo están funcionando.

Esperan resultados:
Estos individuos tienen la disposición de trabajar duro con la confianza que su esfuerzo tendrá resultados positivos.

Les gusta la competencia:
Su motivación se alimenta y se fortalece al enfrentar la competencia con otros.

Confían en el éxito:
Su confianza se deriva de su conocimiento y sus habilidades y se mantiene a pesar de los obstáculos.

Necesitan estar en control:
Es la tendencia a ejercer influencia y dominio sobre otros para poder ejercer un papel de liderazgo.

Viven aprendiendo:
Es la disposición para aprender nuevo conocimiento a pesar de no tener recompensas externas.

Se envuelven:
Es el deseo de estar envuelto en las actividades regulares del proyecto. Muchas veces sacrifican intereses personales para mantenerse envueltos en el proyecto.

Enfrentan sus miedos:
Enfrentan las labores difíciles sin miedo, no se preocupan por el que dirán y las caídas no tienen efectos duraderos.

Son flexibles:
Tienen la disposición para aceptar cambios y disfrutan los desafíos de nuevas tareas y se adaptan fácilmente.

Trabajan con metas:
Tienen la tendencia a hacer planes y a ponerse metas a corto y largo plazo. Estas personas están orientadas al futuro.

Son independientes:
Es la tendencia a tomar responsabilidades por sus propias acciones. Funcionan siguiendo su propio estilo en lugar de ser dirigidos por otros.

Se sienten responsables del éxito:
Tienen la creencia que el éxito depende de causas internas y no de factores externos. Para ellos, el éxito depende del esfuerzo personal.

Son tenaces:
Tienen la disposición de entregarse a una tarea por largo tiempo y con gran esfuerzo para poder alcanzar sus metas.

Hacen lo difícil:
Prefieren los trabajos difíciles, en lugar de buscar siempre los fáciles, a pesar que los riesgos del fracaso son más altos.

Quieren lograr la satisfacción:
Su sentido de satisfacción se deriva de haber puesto el mejor esfuerzo. La autoestima depende de los logros

Buscan estatus:
Tienen el deseo de lograr un estatus en la sociedad. Como profesionales se motivan en sus profesiones.

Los 16 deseos básicos de los individuos:

El profesor de la universidad de Columbus Ohio, Steven Reiss hizo un estudio con más de 6 mil personas y llegó a la conclusión que hay 16 deseos que son el origen de nuestras motivaciones.

Deseo 1 Aceptación:
Es la necesidad de recibir aprobación de las personas que le rodean.

Deseo 2 Curiosidad:
Esta es la necesidad de aprender.

Deseo 3 Alimentarse:
Esta es la necesidad de comida.

Deseo 4 Familia:
Esta es la necesidad de criar hijos.

Deseo 5 Honor:
Esta es la necesidad de ser leal a los valores tradicionales de un clan o grupo étnico.

Deseo 6 Idealismo:
Esta es la necesidad de justicia social.

Deseo 7 Independencia:
Esta es la necesidad de la individualidad.

Deseo 8 Orden:
Esta es la necesidad de crear un ambiente organizado estable y predecible.

Deseo 9 Ejercicio:
Esta es la necesidad de actividad física.

Deseo 10 Poder:
Esta es la necesidad de influenciar la voluntad de otros individuos.

Deseo 11 Romance:
Esta es la necesidad sexual y la belleza.

Deseo 12 Ahorrar:
Esta es la necesidad de coleccionar.

Deseo 13 Socializar:
Esta es la necesidad de tener amigos.

Deseo 14 Estatus:
Esta es la necesidad de ser importante.

Deseo 15 Tranquilidad:
Esta es la necesidad de sentirse seguro.

Deseo 16 Venganza:
Esta es la necesidad de competir y desquitarse.

La motivación externa:

Este tipo de motivación está relacionada con estímulos externos, pero no puede ser del todo externa porque también está relacionada al valor interno que se les dé a esos estímulos.
Estas ideas tienen su raíz en la teoría del condicionamiento clásico de B. F. Skinner.

Por lo general, la motivación externa es temporal, y funciona sólo si logra despertar algún tipo de interés interno. Además, el uso continuo de factores externos para motivarse puede reducir la motivación interna.

Es posible internalizar la motivación externa siempre y cuando la tarea se acomode a los valores del individuo o satisfaga algunas necesidades psicológicas.

El poder de los incentivos:
Cuando la recompensa se presenta después de que sucede una acción, las posibilidades de que la acción se repita aumentan. Cuando a un comportamiento se le asocia con algo positivo las posibilidades que se repita aumentan.

Un refuerzo es una respuesta que aumenta las posibilidades que la acción se repita. Por ejemplo, la aceptación social es un estímulo positivo.

El sentimiento de impotencia aprendida
Martin E.P. Solimán es el creador de las teorías del sentimiento de impotencia aprendida.
Según esta teoría, este es un estado mental donde el organismo ha sido sometido a estímulos aversivos, dolorosos o desagradables quedando deshabilitado para escapar a futuros estímulos adversos a pesar de tener las posibilidades de hacerlo.

El individuo que percibe que no tiene control sobre los resultados de cierta situación, aprende a sentirse impotente.

Experimento 1:

Perro uno: Fue amarrado a un arnés.

Perro dos: Fue amarrado a un arnés, recibió toques eléctricos, pero tenía una palanca que si la movía los toques eléctricos cesaban.

Perro tres: Fue amarrado a un arnés, y recibió toques eléctricos, pero no tenía forma de parar los toques.

Los tres perros fueron puestos en un corral pequeño donde recibían toques eléctricos, pero dejaban de recibir los toques si brincaban una pequeña cerca.

Perro uno y dos: Brincaron la cerca.

Perro tres: Sólo se echó y se puso a aullar.

Experimento 2:

Bebé 1 en su cuna: Al mover su cabeza se movía un juguete colgado frente a él.

Bebé 2 en su cuna: Al mover su cabeza el juguete no se movía.

A los dos bebés los cambiaron de cuna donde ambos podían mover el juguete al mover su cabeza. Sólo el bebé uno movió la cabeza.

Motivos Espirituales:

La motivación viene de Dios:
"Porque Dios es el que en vosotros produce así el querer como el hacer, por su buena voluntad" (Filipenses 2:13).

"Os haga aptos en toda obra buena para que hagáis su voluntad, haciendo él en vosotros lo que es agradable delante de él por Jesucristo; al cual sea la gloria por los siglos de los siglos. Amén" (Hebreos 13:21).

La gratitud:
La pecadora: *"Entonces una mujer de la ciudad, que era pecadora, al saber que Jesús estaba a la mesa en casa del fariseo, trajo un frasco de alabastro con perfume; y estando detrás de él a sus pies, llorando, comenzó a regar con lágrimas sus pies, y los enjugaba con sus cabellos; y besaba sus pies, y los ungía con el perfume* (Lucas 7:37-38).

Los 10 leprosos: *"Entonces uno de ellos, viendo que había sido sanado, volvió, glorificando a Dios a gran voz, y se postró rostro en tierra a sus pies, dándole gracias; y éste era samaritano. Respondiendo Jesús, dijo: ¿No son diez los que fueron limpiados? Y los nueve, ¿dónde están?"* (Lucas 17:15-17).

"El apóstol Pablo: *"Pero por esto fui recibido a misericordia, para que Jesucristo mostrase en mí el primero toda su clemencia, para ejemplo de los que habrían de creer en él para vida eterna"* (1 Tim. 1:16).

El gozo:
La Oveja perdida: *"Y cuando la encuentra, la pone sobre sus hombros gozoso; y al llegar a casa, reúne a sus amigos y vecinos, diciéndoles: Gozaos conmigo, porque he encontrado mi oveja que se había perdido"* (Lucas 15:5-6).

El Padre del hijo pródigo: *"Y traed el becerro gordo y matadlo, y comamos y hagamos fiesta; porque este mi hijo muerto era, y ha revivido; se había perdido, y es hallado. Y comenzaron a regocijarse"* (Lucas 15:23, 24).

Causaban gran gozo: *"Ellos, pues, habiendo sido encaminados por la iglesia, pasaron por Fenicia y Samaria, contando la conversión de los gentiles; y causaban gran gozo a todos los hermanos"* (Hechos 15:3).

El carcelero de Filipos: *"Y él, tomándolos en aquella misma hora de la noche, les lavó las heridas; y en seguida se bautizó él con todos los suyos. Y llevándolos a su casa, les puso la mesa; y se regocijó con toda su casa de haber creído a Dios"* (Hecho. 16:33-34).

La iglesia de Macedonia: *"que, en grande prueba de tribulación, la abundancia de su gozo y su profunda pobreza abundaron en riquezas de su generosidad. Pues doy testimonio de que con agrado han dado conforme a sus fuerzas, y aún más allá de sus fuerzas"* (2 Corintios 8:2-3).

Jesús sufrió con gozo: *"puestos los ojos en Jesús, el autor y consumador de la fe, el cual por el gozo puesto delante de él sufrió la cruz, menospreciando el oprobio, y se sentó a la diestra del trono de Dios"* (Hebreos 12:2).

La tristeza:
Los de Tesalónica: *"Ahora me gozo, no porque hayáis sido contristados, sino porque fuisteis contristados para arrepentimiento; porque habéis sido contristados según Dios, para que ninguna pérdida padecieseis por nuestra parte. Porque la tristeza que es según Dios produce arrepentimiento para salvación"* (2 Corintios 7:9-10).

El ejemplo:
Esposa creyente: *"Asimismo vosotras, mujeres, estad sujetas a vuestros maridos; para que también los que no creen a la palabra, sean ganados sin palabra por la conducta de sus esposas, considerando vuestra conducta casta y respetuosa"* (1 Pedro 3:1-2).

El apóstol Pablo: *"Lo que aprendisteis y recibisteis y oísteis y visteis en mí, esto haced; y el Dios de paz estará con vosotros"* (Filipenses 4:9).

El olor de su conocimiento: *"y por medio de nosotros manifiesta en todo lugar el olor de su conocimiento. Porque para Dios somos grato olor de Cristo en los que se salvan, y en los que se pierden; a éstos ciertamente olor de muerte para muerte, y a aquéllos olor de vida para vida Y para estas cosas, ¿quién es suficiente?"* (2 Corintios 2:14-16).

Vivir con propósito:
El mensaje de Cristo: *"El Espíritu del Señor está sobre mí, Por cuanto me ha ungido para dar buenas nuevas a los pobres; Me ha enviado a sanar a los quebrantados de corazón; A pregonar libertad a los cautivos, Y vista a los ciegos; A poner en libertad a los oprimidos; A predicar el año agradable del Señor"* (Lucas 4:18-19).

El apóstol Pablo: *"Con Cristo estoy juntamente crucificado, y ya no vivo yo, mas vive Cristo en mí; y lo que ahora vivo en la carne, lo vivo en la fe del Hijo de Dios, el cual me amó y se entregó a sí mismo por mí"* (Gálatas 2:20).

Los sueños:
Los sueños de José: *"Y él les dijo: Oíd ahora este sueño que he soñado: He aquí que atábamos manojos en medio del campo, y he aquí que mi manojo se levantaba y estaba derecho, y que vuestros manojos estaban alrededor y se inclinaban al mío"* (Génesis 37:6-7).

Los sueños de Moisés: *"En aquellos días sucedió que crecido ya Moisés, salió a sus hermanos, y los vio en sus duras tareas, y observó a un egipcio que golpeaba a uno de los hebreos, sus hermanos. Entonces miró a todas partes, y viendo que no parecía nadie, mató al egipcio y lo escondió en la arena"* (Éxodo 2:11-12).

La gracia:
"Y lo vil del mundo y lo menospreciado escogió Dios, y lo que no es, para deshacer lo que es" (I Corintios 1:28).

"Y para que la grandeza de las revelaciones no me exaltase desmedidamente, me fue dado un aguijón en mi carne, un mensajero de Satanás que me abofetee, para que no me enaltezca sobremanera; respecto a lo cual tres veces he rogado al Señor, que lo quite de mí, y me ha dicho: Bástate mi gracia; porque mi poder se perfecciona en la debilidad. Por tanto, de buena gana me gloriaré más bien en mis debilidades, para que repose sobre mí el poder de Cristo" (2 Corintios 12:7–9).

"Pero no será así entre vosotros, sino que el que quiera hacerse grande entre vosotros será vuestro servidor" (Marcos 10:43).

El amor propio:
"Pero él los salvó por amor de su nombre, Para hacer notorio su poder" (Salmos 106:8).

La gloria personal:
"Porque prefiero morir, antes que nadie desvanezca esta mi gloria", "Y esto hago por causa del evangelio, para hacerme copartícipe de él" (1 Corintios 9:15).

La gloria eterna:
"Vida eterna a los que, perseverando en bien hacer, buscan gloria y honra e inmortalidad" (Romanos 2:7).

Los valores afectan la motivación:

"Pues ¿cuánto más vale un hombre que una oveja? Por consiguiente, es lícito hacer el bien en los días de reposo" (Mateo 12:12).

"¡Ay de vosotros, escribas y fariseos, hipócritas! porque diezmáis la menta y el eneldo y el comino, y dejáis lo más importante de la ley: la justicia, la misericordia y la fe. Esto era necesario hacer sin dejar de hacer aquello" (Mateo 23:23).

"Respondiendo Jesús, dijo: Un hombre descendía de Jerusalén a Jericó, y cayó en manos de ladrones, los cuales le despojaron; e hiriéndole, se fueron, dejándole medio muerto. Aconteció que descendió un sacerdote por aquel camino, y viéndole, pasó de largo.

…Asimismo un levita, llegando cerca de aquel lugar, y viéndole, pasó de largo. Pero un samaritano, que iba de camino, vino cerca de él, y viéndole, fue movido a misericordia; y acercándose, vendó sus heridas, echándoles aceite y vino".

…y poniéndole en su cabalgadura, lo llevó al mesón, y cuidó de él. Otro día al partir, sacó dos denarios, y los dio al mesonero, y le dijo: "Cuídamele; y

*todo lo que gastes de más, yo te lo pagaré cuando regrese" (*Lucas 10:30-35).

Existen valores equivocados:
*"Nada hagáis por contienda o por vanagloria; antes bien con humildad, estimando cada uno a los demás como superiores a él mismo" (*Filipenses 2:3).

*"Pero Marta se preocupaba con muchos quehaceres, y acercándose, dijo: Señor, ¿no te da cuidado que mi hermana me deje servir sola? Dile, pues, que me ayude" (*Lucas 10:40).

*"No te afanes por hacerte rico; Sé prudente, y desiste" (*Proverbios 23:4).

*"A la verdad ninguno fue como Acab, que se vendió para hacer lo malo ante los ojos de Jehová; porque Jezabel su mujer lo incitaba" (*1 Reyes 21:25).

*"Vosotros sois de vuestro padre el diablo, y los deseos de vuestro padre queréis hacer. Él ha sido homicida desde el principio, y no ha permanecido en la verdad, porque no hay verdad en él" (*Juan 8:44).

La falta de motivación:

"Como la puerta gira sobre sus quicios, Así el perezoso se vuelve en su cama. Mete el perezoso su mano en el plato; Se cansa de llevarla a su boca." (Proverbios 26:14-15).

"El deseo del perezoso le mata, porque sus manos no quieren trabajar" (Proverbios 21:25).

"Dice el perezoso: El león está fuera; seré muerto en la calle" (Proverbios 22:13).

"En su propia opinión el perezoso es más sabio Que siete que sepan aconsejar" (Proverbios 26:16).

Consecuencias:
"La pereza hace caer en profundo sueño, Y el alma negligente padecerá hambre" (Proverbios 19:15).

"Como el vinagre a los dientes, y como el humo a los ojos, Así es el perezoso a los que lo envían" (Proverbios 10:26).

"Pasé junto al campo del hombre perezoso, Y junto a la viña del hombre falto de entendimiento; Y he aquí que por toda ella habían crecido los espinos, Ortigas habían ya cubierto su faz, Y su cerca de piedra estaba ya destruida. Miré, y lo puse en mi corazón; Lo vi, y tomé consejo. Un poco de sueño, cabeceando otro poco, Poniendo mano sobre mano otro poco para dormir; Así vendrá como caminante tu necesidad, Y tu pobreza como hombre armado" (Proverbios 24:30-34).

Aprendiendo de la hormiga:

"Ve a la hormiga, oh perezoso, mira sus caminos, y sé sabio" (Proverbios 6:6).

"La hormiga, pueblo no fuerte, Y en el verano preparan su comida" (Proverbios 30:25).

Información general:
21,000 especies de hormigas. 25 % de animales del mundo son hormigas. Existen aproximadamente 10,000 billones. Son sociables y forman colonias.

Proceso de reproducción:
Principia con el apareamiento. La hembra produce muchos huevecillos. Los huevecillos se convierten en larvas. Las primeras hormigas obreras son débiles.

Diferentes funciones:
Dentro de las hormigas existen diferentes funciones como por ejemplo están las obreras, los soldados, las reinas fértiles, los machos fértiles. Además, estos animalitos se adaptan a diferentes circunstancias y el desempleo entre las hormigas no existe.

Las virtudes de la hormiga:
Las hormigas tienen un sistema de comunicación por medio de olores, la distribución del trabajo, resuelven problemas complejos, explotan recursos, son una especie invasora.

Las hormigas dejan marcas en la tierra por medio de olores para crear un camino para las acarreadoras. Además, cuentan con un programa de discipulado muy efectivo.

Las hormigas son sociables y forman colonias, tienen diferentes funciones, y todas trabajan en bien de la comunidad. Se saben comunicar entre ellas y resuelven problemas complejos. Saben explotar los recursos disponibles y son una especie invasora. Entre ellas no existe desempleo y además son previsoras.

El potencial humano

La torre de Babel:
2. Y aconteció que cuando salieron de oriente, hallaron una llanura en la tierra de Sinar, y se establecieron allí.
3. Y se dijeron unos a otros: Vamos, hagamos ladrillo y cozámoslo con fuego. Y les sirvió el ladrillo en lugar de piedra, y el asfalto en lugar de mezcla.
4. Y dijeron: Vamos, edifiquémonos una ciudad y una torre, cuya cúspide llegue al cielo; y hagámonos un nombre, por si fuéremos esparcidos sobre la faz de toda la tierra.
5. Y descendió Jehová para ver la ciudad y la torre que edificaban los hijos de los hombres.
6. Y dijo Jehová: He aquí el pueblo es uno, y todos éstos tienen un solo lenguaje; y han comenzado la obra, y nada les hará desistir ahora de lo que han pensado hacer.
7. Ahora, pues, descendamos, y confundamos allí su lengua, para que ninguno entienda el habla de su compañero (Génesis 11:2-7).

Características de los que construyeron esta torre:

1. Tomaban riesgo:
Y aconteció que cuando salieron de oriente, _hallaron una llanura_ en la tierra de Sinar.

2. Buscaron la estabilidad:
y _se establecieron allí_.

3. Tenían buena comunicación:
Y _se dijeron unos a otros_: Vamos, hagamos ladrillo y cozámoslo con fuego.

4. Sabían Adaptarse a las circunstancias:
Vamos, hagamos ladrillo y cozámoslo con fuego. Y _les sirvió el ladrillo en lugar de piedra_, y el asfalto en lugar de mezcla.

5. Tenían Visión:
Y dijeron: Vamos, edifiquémonos una ciudad y una torre, _cuya cúspide llegue al cielo._

6. Querían tener una Identidad:
y hagámonos un _nombre,_ por si fuéremos esparcidos sobre la faz de toda la tierra.

7. Su esplendor llego al cielo:
Y descendió _Jehová para ver_ la ciudad y la torre que edificaban los hijos de los hombres.

8. Trabajaron unidos:
Y dijo Jehová: He aquí _el pueblo es uno,_ y todos éstos tienen un solo lenguaje; y han comenzado la obra.

9. Eran Tenaces:
y _nada les hará desistir_ ahora de lo que han pensado hacer.

10. Había claridad en lo que querían lograr:
Ahora, pues, _descendamos, y confundamos_ allí su lengua, para que ninguno entienda el habla de su compañero.

Actitud de fe

¿A cuál de estas personas reconoces o recuerdas?
Samúa, Safat, Igal, Palti, Gadiel, Gadi, Amiel, Setur, Nahbi, Geuel.

(Números 13:1-15) *"Jehová habló a Moisés, diciendo: Envía tú hombres que reconozcan la tierra de Canaán, la cual yo doy a los hijos de Israel; de cada tribu de sus padres enviaréis un varón, cada uno príncipe entre ellos. Y Moisés los envió, conforme a la palabra de Jehová; y todos aquellos varones eran príncipes de los hijos de Israel".*

Samúa hijo de Zacur, Safat hijo de Horí, Caleb hijo de Jefone, Igal hijo de José, Oseas hijo de Nun, Palti hijo de Rafú, Gadiel hijo de Sodi, Gadi hijo de Susi, Amiel hijo de Gemali, Setur hijo de Micael, Nahbi hijo de Vapsi, Geuel hijo de Maqui".

Los hechos innegables:
Los doce espías observaron las cosas buenas que había en la tierra prometida por eso confesaron que la tierra que visitamos *"ciertamente fluye leche y miel; y este es el fruto de ella".*

También se dieron cuenta de los desafíos que había en esa tierra, ellos reportaron que *"El pueblo era fuerte, y las ciudades muy grandes y fortificadas; además vimos allí a los hijos de Anac".*

Las actitudes de fe:
Dos de los espías demostraron una actitud de fe la cual se ve reflejada en el mensaje que comunicaron al pueblo: *"Subamos luego, y tomemos posesión de ella; porque más podremos nosotros que ellos".*

Actitudes de miedo:
El resto de espías reflejaron a sus palabras que estaban llenos de miedo cuando dijeron: *"No podremos subir contra aquel pueblo, porque es más fuerte que nosotros".*

Percepciones negativas:
Los espías temerosos pusieron mucho énfasis en los obstáculos, ellos dijeron: *"es tierra que traga a sus moradores; además son hombres de*

grande estatura, es raza de los gigantes, y éramos a nuestro parecer, como langostas; y así les parecíamos a ellos".

Un pueblo asustado:
El mensaje pesimista de los espías miedosos produjo un impacto negativo en el pueblo: *"Toda la congregación gritó, y dio voces; y el pueblo lloró aquella noche. Y se quejaron contra Moisés y contra Aarón y les dijo toda la multitud…. Designemos un capitán, y volvámonos a Egipto".*

Los líderes de fe se preocupan:
"Entonces Moisés y Aarón se <u>postraron sobre sus rostros</u> delante de toda la multitud de la congregación de los hijos de Israel. Y Josué hijo de Nun y Caleb hijo de Jefone, <u>rompieron sus vestidos</u>….

Los líderes de fe se enfocan en los hechos:
"La tierra por donde pasamos para reconocerla, es tierra en gran manera buena…tierra que fluye leche y miel".

Los líderes de fe confían en la bondad de Jehová:
"Si Jehová se agradare de nosotros, él nos llevará a esta tierra, y nos la entregará".

Los líderes de fe confían en el poder de Jehová:
"Él nos llevará a esta tierra, nos la entregará".

Los líderes de fe consideran la incredulidad como una forma de rebeldía:
"No seáis rebeldes contra Jehová".

Los líderes de fe no se paralizan por el miedo:
"Ni temáis al pueblo de esta tierra".

Los líderes de fe tienen una actitud de éxito y lo reflejan en sus palabras:
"Los comeremos como pan".

Los líderes de fe ven las flaquezas del enemigo:
"Su amparo se ha apartado".

Los líderes de fe nunca se sienten solos:
"Con nosotros está Jehová".

Los líderes de fe ven la gloria de Dios:
"La multitud habló de apedrearlos, la gloria de Jehová se mostró".

La fe es para tiempos de crisis

Pablo inicio el viaje como preso
1. Cuando se decidió que habíamos de navegar para Italia, entregaron a Pablo y a algunos otros presos a un centurión llamado Julio, de la compañía Augusta.
2. Y embarcándonos en una nave adramitena que iba a tocar los puertos de Asia, zarpamos, estando con nosotros Aristarco, macedonio de Tesalónica.

Pablo tenía algo especial
3. Al otro día llegamos a Sidón; y Julio, tratando humanamente a Pablo, le permitió que fuese a los amigos, para ser atendido por ellos.
4. Y haciéndonos a la vela desde allí, navegamos a sotavento de Chipre, porque los vientos eran contrarios.

El viaje era largo
5. Habiendo atravesado el mar frente a Cilicia y Panfilia, arribamos a Mira, ciudad de Licia.
6. Y hallando allí el centurión una nave alejandrina que zarpaba para Italia, nos embarcó en ella.

El viaje era difícil
7. Navegando muchos días despacio, y llegando a duras penas frente a Gnido, porque nos impedía el viento, navegamos a sotavento de Creta, frente a Salmón.
8. Y costeándola con dificultad, llegamos a un lugar que llaman Buenos Puertos, cerca del cual estaba la ciudad de Lasea.

Pablo se expresa
9. Y habiendo pasado mucho tiempo, y siendo ya peligrosa la navegación, por haber pasado ya el ayuno, Pablo les amonestaba,
10. diciéndoles: Varones, veo que la navegación va a ser con perjuicio y mucha pérdida, no sólo del cargamento y de la nave, sino también de nuestras personas.

Pablo aún no tiene credibilidad
11. Pero el centurión daba más crédito al piloto y al patrón de la nave, que a lo que Pablo decía.
12. Y siendo incómodo el puerto para invernar, la mayoría acordó zarpar también de allí, por si pudiesen arribar a Fenice, puerto de Creta que mira al nordeste y sudeste, e invernar allí.

El barco parece estar bien
13. Y soplando una brisa del sur, pareciéndoles que ya tenían lo que deseaban, levaron anclas e iban costeando Creta.
14. Pero no mucho después dio contra la nave un viento huracanado llamado Euroclidón.

El barco está en peligro
15. Y siendo arrebatada la nave, y no pudiendo poner proa al viento, nos abandonamos a él y nos dejamos llevar.
16. Y habiendo corrido a sotavento de una pequeña isla llamada Clauda, con dificultad pudimos recoger el esquife.

El barco está a la deriva
17. Y una vez subido a bordo, usaron de refuerzos para ceñir la nave; y teniendo temor de dar en la sirte, arriaron las velas y quedaron a la deriva.
18. Pero siendo combatidos por una furiosa tempestad, al siguiente día empezaron a alijar.

El barco no tiene esperanza
19. y al tercer día con nuestras propias manos arrojamos los aparejos de la nave.
20. Y no apareciendo ni sol ni estrellas por muchos días, y acosados por una tempestad no pequeña, ya habíamos perdido toda esperanza de salvarnos.

Pablo los regaña
21. Entonces Pablo, como hacía ya mucho que no comíamos, puesto en pie en medio de ellos, dijo: Habría sido por cierto conveniente, oh varones, haberme oído, y no zarpar de Creta tan sólo para recibir este perjuicio y pérdida.

Pablo les predica
22. Pero ahora os exhorto a tener buen ánimo, pues no habrá ninguna pérdida de vida entre vosotros, sino solamente de la nave.
23. Porque esta noche ha estado conmigo el ángel del Dios de quien soy y a quien sirvo.

Pablo les da esperanza
24. diciendo: Pablo, no temas; es necesario que comparezcas ante César; y he aquí, Dios te ha concedido todos los que navegan contigo.
25. Por tanto, oh varones, tened buen ánimo; porque yo confío en Dios que será así como se me ha dicho.

El barco sigue sin control
26. Con todo, es necesario que demos en alguna isla.
27. Venida la decimocuarta noche, y siendo llevados a través del mar Adriático, a la medianoche los marineros sospecharon que estaban cerca de tierra.

Los marineros tienen miedo
28. y echando la sonda, hallaron veinte brazas; y pasando un poco más adelante, volviendo a echar la sonda, hallaron quince brazas.
29. Y temiendo dar en escollos, echaron cuatro anclas por la popa, y ansiaban que se hiciese de día.

Pablo advierte del peligro
30. Entonces los marineros procuraron huir de la nave, y echando el esquife al mar, aparentaban como que querían largar las anclas de proa.
31. Pero Pablo dijo al centurión y a los soldados: Si éstos no permanecen en la nave, vosotros no podéis salvaros.

Pablo exhorta a comer
32. Entonces los soldados cortaron las amarras del esquife y lo dejaron perderse.

33. Cuando comenzó a amanecer, Pablo exhortaba a todos que comiesen, diciendo: Este es el decimocuarto día que veláis y permanecéis en ayunas, sin comer nada.

Pablo pone el ejemplo
34. Por tanto, os ruego que comáis por vuestra salud; pues ni aun un cabello de la cabeza de ninguno de vosotros perecerá.
35. Y habiendo dicho esto, tomó el pan y dio gracias a Dios en presencia de todos, y partiéndolo, comenzó a comer.

Todos se animan por Pablo
36. Entonces todos, teniendo ya mejor ánimo, comieron también.
37. Y éramos todas las personas en la nave doscientas setenta y seis.
38. Y ya satisfechos, aligeraron la nave, echando el trigo al mar.

La salvación parece estar cerca
39. Cuando se hizo de día, no reconocían la tierra, pero veían una ensenada que tenía playa, en la cual acordaron varar, si pudiesen, la nave.
40. Cortando, pues, las anclas, las dejaron en el mar, largando también las amarras del timón; e izada al viento la vela de proa, enfilaron hacia la playa.

Los soldados van a matar los presos
41. Pero dando en un lugar de dos aguas, hicieron encallar la nave; y la proa, hincada, quedó inmóvil, y la popa se abría con la violencia del mar.
42. Entonces los soldados acordaron matar a los presos, para que ninguno se fugase nadando.

Pablo salvó a los presos
43. Pero el centurión, queriendo salvar a Pablo, les impidió este intento, y mandó que los que pudiesen nadar se echasen los primeros, y saliesen a tierra;
44. y los demás, parte en tablas, parte en cosas de la nave. Y así aconteció que todos se salvaron saliendo a tierra **(Hechos 27:1-44).**

Elementos que producen cambios

"Con Cristo estoy juntamente crucificado, y ya no vivo yo. mas Cristo vive en mí, y lo que ahora vivo en la carne, lo vivo en la fe del hijo de Dios, el cual me amo y se entregó así mismo por mi" (Gálatas 2:20).

Se necesita ayuda:
"Con Cristo".

"Todo lo puedo en Cristo que me fortalece" (Fil 4:13).

Se necesita pagar un precio:
"estoy juntamente crucificado".

La crucifixión simboliza el sacrificio que hay que hacer para cambiar.

Se necesita despojarse:
"Ya no vivo yo".

Hay que despegarse de lo que produce seguridad.

Se necesita un supervisor:
"Cristo vive en mí".

Significa estar conscientes de su presencia.

Se necesita estar consciente de las luchas:
"Lo que ahora vivo en la carne".

La carne tiene deseos, atracciones, se enferma, se cansa, pero también es el instrumento del alma para servir a Dios.

Se necesita propósito:
"lo vivo en la fe del Hijo del Dios".

Creemos en Jesús, sus enseñanzas, sus promesas, su ayuda, su presencia. Tener propósito le da dirección a la vida del individuo.

Se necesita la motivación que da su amor:
"El cual me amo y se entregó así mismo por mí".

Él nos dio la prueba más grande de su amor al morir por nosotros en la cruz. Ese amor es la mejor razón para motivarnos.

Capítulo 6:
Introducción a la Psicología

Introducción

Propósito:
Introducir al estudiante en la ciencia del comportamiento humano y compartir información sobre las teorías más sobresalientes que han tratado de dar una explicación a los diferentes patrones de conducta del ser humano.

Alcides Ruiz (2016). Blog: Teorías del aprendizaje define la palabra psicología de la siguiente forma:

Psicología: Proviene de las palabras griegas psykhé y logía.
    Psykhé: Se refiere al alma o a la actividad mental.
    Logía: Significa tratado o estudio.
La psicología es la ciencia que trata la conducta y los procesos mentales y emocionales de los individuos.

Las teorías individuales: Se encargan de estudiar los procesos internos del individuo. Entre las más reconocidas están el psicoanálisis, las humanistas, las que se centran en la persona, la teoría de Gestalt, el conductismo, el constructivismo, el cognitivismo y las teorías emocional - racional.

Las Teorías Sistémicas: Estudian las interacciones de los individuos entre sí, y el efecto que tienen estas interacciones en la conducta individual. Entre las más populares están la teoría de Bowen, el estructuralismo, el enfoque en soluciones y las investigaciones de John Gottman.

Teorías del Psicoanálisis de Freud

Sigmund Freud es la figura principal del Psicoanálisis

Los datos biográficos de la vida de Sigmund Freud fueron tomados de Corey (2001). Teoría y Práctica de Consejería y psicoterapia.

Freud Nace en Freiberg Australia el 6 de mayo de 1856. En el año 1880 Freud adquiere el hábito de fumar. Se graduó como médico en 1881 y en el año 1886 Se casó con Martha Bernays. En el año 1891 Freud se fue a vivir a Viena Austria, lugar donde en 1896 nace el Psicoanálisis. En 1903 Freud fundó la primera sociedad de psicoanalistas y en 1910 fue nombrada Sociedad Internacional de Psicoanalistas. En 1911 su colaborador Alfred Adler renuncia a la presidencia de la Sociedad Internacional de Psicoanalistas. En 1914 otro de sus colaboradores, llamado Carl Jung se separa de Freud. En 1923 Freud es diagnosticado de Cáncer en la boca. En el año 1933 Los Nazis controlan Alemania y en el año 1938 Freud por ser de descendencia judía tiene que escapar a Paris y luego a Londres. El 23 de agosto de 1939 Freud se suicida con una sobredosis de morfina cuando se da cuenta que su cáncer de la boca ya estaba fuera de control y su dolor era insoportable.

Jones & Butman (1991), en el libro psicología moderna describe algunos de los principales conceptos de las teorías del psicoanálisis de Freud.

Los conceptos más populares del psicoanálisis:

El inconsciente, la libido, el origen de la histeria, los sueños, asociación libre de palabras, las transferencias y las contratransferencias, las estructuras mentales, Ello, Yo, y súper yo, las etapas Psico-sexuales y los mecanismos de defensa.

El inconsciente: Este es un concepto que antecede a Freud, pero fue él quien concluyó que las represiones neuróticas estaban almacenadas en alguna parte del individuo en forma inconsciente. Todo comportamiento que no tiene explicación desde el punto de vista de la consciencia del individuo, tiene su explicación en el inconsciente.

La libido: Vivir es un motivo básico; la libido o eros mueve al individuo a sobrevivir, a propagarse, a tener hambre, sed y deseos sexuales.

La muerte: Esta palabra viene del griego thanatos, lo cual es lo opuesto a la vida y a la actividad, es el principio de la inactividad psíquica o el principio de nirvana.

Origen de la histeria: Freud trató de explicar el origen de la histeria o neurosis. Él lo atribuye a experiencias relacionadas a abusos sexuales en la niñez que se habían escapado a la memoria y reprimido en el inconsciente.

Las partes de la mente:

El Ello: Es La fuerza que empuja a la mente a buscar la gratificación. La libido es una energía que alimenta el Ello.

El Yo: Es la parte consciente de la mente que mantiene un balance entre el Ello y el Super yó y le da un sentido de ser.

El Super yó: Es la parte de la mente que desarrolla y sostiene un código moral.

Las etapas psicosexuales:

Freud creía que el individuo nace con una tendencia perversa y multiforme. La libido hace que el individuo se apegue a objetos que le producen placer y que van cambiando en cada etapa de su desarrollo.

Si el individuo no recibe la suficiente gratificación en cada etapa del desarrollo sexual, el proceso psíquico se detiene y el individuo tendrá regresiones a esa etapa en su vida de adulto.

Etapa Oral	0 - 12 Meses
Etapa Anal	1 - 3 Años
Etapa Genital infantil	3 - 6 Años
Etapa Latente	6 - 13 Años
Etapa Primaria Genital	13 +

Complejo de Edipo:
A veces también denominado conflicto edípico, se refiere al agregado complejo de emociones y sentimientos infantiles caracterizados por la presencia simultánea y ambivalente de deseos amorosos y hostiles hacia los progenitores.

Ansiedad a la castración:
Es el miedo que experimenta el niño cuando descubre que las niñas no tienen pene como él y asume que es porque se lo cortaron como castigo por algo malo que hicieron. De allí nace el miedo a que le pase lo mismo.

Mecanismos de defensa

Son conflictos internos debido a deseos reprimidos que están por salir a la superficie. La posibilidad de gratificación del deseo produce ansiedad y culpa. El deseo termina expresándose en palabras con un contenido distorsionado.

Negación:
Este mecanismo consiste en enfrentarse a los conflictos negando su existencia o su relación o relevancia con el individuo. Se rechazan aquellos aspectos de la realidad que se consideran desagradables.

Represión:
Mecanismo que se manifiesta olvidando aquello que es desagradable. La represión sucede de manera inconsciente y tiene el propósito de proteger al individuo de los recuerdos que le provocan dolor.

Proyección:
Es el mecanismo al que acuden quienes se sienten incómodos por algún defecto moral o cuando cometen alguna falta y alivian su sentido de culpa atribuyendo su mal a otra persona. Quien se siente culpable experimenta alivio identificando en otros su propia debilidad.

Substitución:
Cuando una persona enfrenta un problema con algo o con alguien, y no tiene el valor o la oportunidad de descargar su enojo contra esa situación o persona que provoca su malestar, entonces proyecta su contrariedad contra una tercera persona.

Sublimación:
Este mecanismo de defensa se refleja en quienes enfrentan instintos e impulsos muy fuertes que no siempre pueden expresar. Acuden, en cambio, a liberar esa energía en otras actividades. De esa manera se sienten satisfechos.

Racionalización:
Es el mecanismo a través del cual quien comete un error alude a razones que justifican su conducta. Todos los seres racionalizan sus actos, encontrando excusas que les ayudan a no sentirse culpables.

Fantasía:
Este mecanismo de defensa es el preferido de quienes desean escapar a sus frustraciones y limitaciones, imaginando que son alguien diferente que sí puede alcanzar lo que anhelan. Las fantasías alivian al individuo de sus frustraciones, pero lo aíslan de la realidad.

Regresión:
Cuando niños no teníamos mayor responsabilidad y eran los adultos quienes entraban a resolver nuestros problemas. Así, quien acude a este mecanismo de defensa, lo que hace es asumir una posición infantil para tratar de eludir la situación.

Compensación:
Es un mecanismo de defensa al que acuden quienes compensan sus limitaciones físicas, sociales o intelectuales sobresaliendo en disciplinas como el arte o el deporte.

Identificación:
Este mecanismo de defensa opera en quienes quieren copiar en su vida las características de otra persona. Si considera que alguien es exitoso en su desenvolvimiento, tratará de asumir elementos de su personalidad. Pero jamás logran identificarse consigo mismos.

Transferencia y contratransferencia:

La transferencia: Es un fenómeno donde el paciente transfiere al terapeuta ideas o sentimientos reprimidos, relacionados a personas que han causado algún impacto positivo o negativo en su vida.

La contratransferencia: Es un fenómeno donde el terapeuta transfiere al paciente ideas o sentimientos reprimidos, relacionados a personas que han causado algún impacto positivo o negativo en sus vidas.

Los sueños:

Para Freud los sueños representan los deseos cumplidos del individuo, que se expresan en sueños, para no despertarlos. Cada sueño tiene una estructura psíquica en el inconsciente y sus efectos son visibles en los pensamientos del individuo cuando está despierto.

La asociación libre:

La asociación libre de palabras es una técnica para explorar el inconsciente del individuo. El paciente expresa libremente sus pensamientos y sentimientos reprimidos en palabras; sin reservas, sin interrupciones y sin tratar de concentrarse.

El psicoanálisis de Jung

Carl Jung es el fundador del Psicoanálisis de Jung

Los datos biográficos de la vida de Carl Jung fueron tomados de la enciclopedia libre Wikipedia.

Carl Jung nació el 26 de Julio del 1875 en Suiza. En el año 1900 Jung trabaja en una clínica de psiquiatría. Dos años más tarde, presentó su tesis sobre la psicología de lo oculto. En 1905 Jung se gradúa como doctor en psiquiatría; dos años más tarde inició su asociación con Freud. En 1909, Jung y Freud viajaron a Estados Unidos para promover el psicoanálisis. El viaje duró 7 semanas. En 1913 Jung termina su asociación con Freud. El año 1914 Jung lo consideró como un año de confusión e inseguridad. En el año 1916, Jung escribió sus "Siete Sermones a los Muertos"; años más tarde el mismo confesó haberse arrepentido de escribir este libro. En el año 1928 Jung se interesa sobre el tema de la alquimia, y en el año 1930 termina de escribir "El libro rojo". En 1942, Jung es nombrado agente # 488 de la CIA Central de Inteligencia Americana. En 1944, Jung publica su libro "Psicología y alquimia". En 1958, Escribe un libro sobre los OVNIS, y el 6 de Julio de 1961 muere Carl Jung en Suiza su país natal.

Principales conceptos:

Sharf (2000), en Teorías de Psicoterapia y Consejería presenta algunos de los principales conceptos del psicoanálisis de Jung.

La inconsciencia colectiva.

Sueños y asociación libre.

Teorías de la personalidad.

Los niveles de conciencia.

La inconsciencia personal La inconsciencia colectiva Los arquetipos.

La introversión y la extraversión.

Niveles de consciencia

Jung creía que el individuo tiene tres niveles de consciencia: La parte consciente a lo cual él llamaba el yo, la inconsciencia personal y la inconsciencia colectiva.

La conciencia personal: Todo lo que la persona conoce y observa. Es como una pequeña barca en el mar de la inconsciencia. El Yo tiene la función de pensar, sentir, percibir y recordar.

La inconsciencia personal: Todo lo que la conciencia olvida o no acepta lo reprime en el inconsciente, y forma grupos llamados complejos. Por ejemplo, el complejo de madre, de padre, de salvador, de mártir, de héroe, napoleónico, etc.

La inconciencia colectiva: Es la herencia de tendencias colectivas y comunes a toda la raza humana, a un nivel inconsciente. No son las ideas que se heredan, sino la inclinación a algunas de ellas. Entre estas tendencias están los instintos y los arquetipos.

Los arquetipos:

La persona: Es la forma en que nos presentamos en público. Son los diferentes roles que adoptamos ante la sociedad. Regulan su comportamiento y lo ajustan a las circunstancias del momento. No representan la realidad del individuo.

Anima y animus: Representan las cualidades del sexo opuesto. Asume que la mujer es emocional y protectora y que el hombre es racional y fuerte.

Anima: Para el hombre representa lo emocional y sentimental de la mujer.

Animus: Para la mujer representa lo lógico y racional del varón.

La sombra: Es el más peligroso de los arquetipos y representa la parte más alejada a nuestra personalidad y a nuestra consciencia. Son los instintos sexuales y los instintos agresivos. La sombra se proyecta hacia otros individuos.

La personalidad:

Según Jung, el tipo de personalidad se forma según dos actitudes y cuatro funciones.

Actitudes básicas: La introversión y la extroversión.

Funciones básicas: pensar, sentir, percibir e intuir.

Modelos de las teorías de Jung:

El modelo de lo saludable: La guía de la conducta de cada individuo es el inconsciente y la meta es la realización personal. Cada individuo desarrolla una ética de actualización para llegar a ser un ser humano completo.

El modelo de lo anormal: La afirmación personal y la actualización son virtudes muy valiosas.
Jung no hace afirmaciones con relación a la maldad ni a los aspectos biológicos. Para él, lo anormal es simplemente no crecer o no actualizarse.

El modelo de terapia: El estilo de terapia de Jung era más informativo que formativo. Establecía una relación cálida con el paciente y se dedicaba a la exploración de los sueños.

Teorías de Alfred Adler

Alfred Adler es el fundador de la Terapia de Adler

Los datos biográficos de la vida de Alfred Adler fueron tomados del libro Teorías y Prácticas de Consejería y Psicoterapia. Carey (2001).

Adler nació en Viena Austria el 2 de febrero de 1870. A la edad de 4 años enfermó de neumonía y estuvo al borde de la muerte. Según Adler esta enfermedad más tarde lo llevó a formular sus ideas sobre el complejo de inferioridad. En 1895 Adler Se gradúa como médico y dos años más tarde se casa con Raissa Timofeyewna. En 1902, Adler se asocia con Freud y en 1910, es nombrado presidente de la Asociación de Psicoanalistas. Un año más tarde Adler renuncia a la presidencia y se desasocia de Freud. En el año 1912, Adler fundó la Asociación de Psicología Individual. En el año 1925 Adler fundó las clínicas de guía infantil y ese mismo año escribe el libro "Teoría y Práctica de Psicología". En 1930, Adler emigra a Long Island, EU para trabajar como profesor y el 28 de mayo del 1937 Muere Alfred Adler.

Principales conceptos de la teoría de Adler:

Los principales conceptos de las teorías de Adler fueron tomados del libro Teoría y Práctica de la Consejería y la psicoterapia. Corey (2001).

Analizar el inconsciente, la inclusión de aspectos sociales, principios teleológicos, la meta ficticia final, el constructivismo, el orden de nacimiento, principios terapéuticos y lo saludable y lo anormal.

La inclusión de aspectos sociales: Adler fue el primero de los fundadores de teorías que le dio mayor importancia al aspecto social. Adler creía que la relación con el ambiente era formativa y que el orden familiar impacta la vida de un adulto. De allí nace la idea de un enfoque completo.

Su enfoque completo: Adler consideraba al ser humano como una unidad completa, conectado con su ambiente. Esta teoría tiene dos elementos fundamentales: El complejo de inferioridad y el factor social en el desarrollo del individuo.

El sentimiento de inferioridad: Este es un sentimiento natural en la infancia y origina el deseo de tener significado. El individuo debe de convertir los sentimientos de inferioridad en motivación para alcanzar el ideal o sentirse completo.

Los factores correctivos: Estas son las demandas sociales y éticas. Si se ignoran los factores correctivos, el sentimiento de inferioridad se convierte en hambre de poder, arrogancia y violencia.

Principios teleológicos: Esto significa que cada individuo tiene una poderosa meta final en ficción. Las memorias son expresiones de esa ficción, describen la filosofía de vida y son recordatorios de lo que somos. Las ficciones del individuo se forman dentro del seno familiar.

Funciones en la vida: En la vida hay funciones básicas que cada individuo debe desarrollar, como, por ejemplo, una profesión, el trabajo, el socializar, el tener amistades, el amor, la sexualidad. Además, cada individuo debe desarrollar estas funciones en cooperación con otros individuos.

La necesidad de significado: Para Adler, la necesidad de significado es lo que fortalece la voluntad del individuo. Para Freud, es el placer lo que motiva y fortalece la voluntad del individuo.

El constructivismo: De acuerdo a este concepto, no existe una realidad, sino una percepción de la realidad. Somos guiados por la ficción. Vivimos "Como si..." la ficción fuese la realidad.

El orden de nacimiento: de un individuo dentro de su familia, tiene un impacto en su vida de adulto. El primogénito tiende a ser líder. El segundo es muy competitivo. Además, crecer entre hermanos o hermanas, impacta la forma de relacionarse con el sexo opuesto en la vida de adulto.

El modelo de lo saludable: Para Adler, ser saludable emocionalmente significaba simplemente poner el mejor esfuerzo en todo lo que hace; significaba crecer y preocuparse por los demás. Ser saludable equivale a tener "interés social". El egoísta sufre de "valores falsos". Para Adler, la vida era un problema continuo que había que resolver. Los padres son quienes modelan la forma de lograr metas y como resolver conflictos personales.

El modelo de lo anormal: Para Adler, todos enfrentamos la vida con imperfección, pero la mayor anormalidad es el desánimo y el no rebelarse ante los sentimientos de inferioridad. Lo anormal consiste en vivir protegiendo la apariencia como si fuera lo más importante. Adler creía que algunos individuos usan sus síntomas para justificar y proteger la falta de crecimiento. "Si no estuviera deprimido, funcionaría mejor."

Principios terapéuticos: El propósito de la terapia es el descubrir la función de los síntomas en el individuo. Descubrir cuál es la ficción final de cada individuo. Excavar en el pasado del individuo para alterar su futuro y conectarlo a su presente social. El establecer una relación con el paciente que pueda ser terapéutica. Pasar por una etapa de evaluación, de concientización y, por último, la de cambio.

Teoría existencial

Rollo May es un representante moderno del existencialismo

Los datos biográficos de la vida de Rollo May fueron tomados del libro Teorías y Prácticas de Consejería y Psicoterapia, Corey (2001).

Rollo May nació en Ada Ohio el 21 de marzo del año 1909. Asiste a la Universidad Estatal de Michigan donde Obtuvo la Licenciatura en Inglés del Colegio Oberlin. May radicó en Grecia trabajando como maestro. En ese tiempo fue ordenado como ministro evangélico. En 1942 cayó enfermo de tuberculosis y estuvo internado durante 18 meses. En 1949 recibió un doctorado en psicología clínica y en 1956 publicó el libro "Existencia". Rollo May muere en 22 de octubre de 1994. En Tiburón California.

Principales ideas del Existencialismo:

Las principales ideas de Rollo May fueron tomadas del libro teoría y Práctica de la Consejería y la Psicoterapia, Corey (2001).

May fue altamente influenciado por filósofos como Nietzsche, Sartre, Camus y Viktor Frankl por su libro "El hombre en busca de significado".

Es una filosofía de vida progresiva que excluye lo súper natural. Asimismo, afirma la habilidad y la responsabilidad del individuo para dirigir su vida en forma ética. Tiene como meta lograr la máxima satisfacción personal y aspirar al bien máximo de la humanidad.

El estilo de vida Humanista se guía por la razón; está inspirado en la compasión. Las experiencias propias y de otros le dan forma a este estilo de vida. Busca vivir plenamente y acepta los desafíos del futuro sin miedo a lo que aún no conoce.

El humanismo se ha ido desarrollando a lo largo del tiempo de acuerdo a los avances del conocimiento. Este conocimiento del mundo se deriva de la observación, los experimentos y un análisis racional y crítico.

Los humanistas encuentran que la ciencia es el mejor método para determinar este conocimiento, así como para resolver problemas y desarrollar tecnologías beneficiosas. Reconocen el valor de nuevos pensamientos en el arte y en la ciencia.

Para los humanistas, la naturaleza tiene existencia propia y los seres humanos son parte integral de ella, así como el resultado de una simple evolución. Para ellos, la realidad sólo es lo que se distingue y lo que se imaginan o lo que les gustaría que sucediera.

Los valores éticos se derivan de las necesidades e intereses humanos que son probados por la experiencia. Basan sus valores en la vida cotidiana del individuo: Según las circunstancias, intereses y preocupaciones humanas, así como al ecosistema global y aún más allá de este.

La satisfacción de la vida se deriva de la participación individual en los ideales humanos. Hacen todo lo posible para animar sus vidas con un profundo sentido de propósito, encontrando admiración y gozo en la hermosura de la existencia humana, sus tragedias y sus desafíos, aún en lo que es inevitable, como la muerte.

La rica herencia de la cultura humana les provee confort en la necesidad y ánimo en la plenitud. Los seres humanos son sociables por naturaleza y encuentran significado en sus relaciones. El individuo maximiza su felicidad si trabaja para beneficiar a la sociedad.

Los humanistas sueñan con un mundo de mutua preocupación y cuidado, libre de crueldad y sus consecuencias, donde las diferencias se resuelven en forma cooperativa y sin violencia.
La unión de la individualidad y la interdependencia enriquece sus vidas y les anima a enriquecer las vidas de los demás, les inspira a trabajar para lograr la paz, la justicia y las oportunidades para todos.

Las culturas han trabajado para librar a la humanidad de la brutalidad; para reducir el sufrimiento humano, para mejorar la sociedad y desarrollar una comunidad global. Creen en la distribución justa de los recursos y del fruto del esfuerzo humano, para que el mayor número de personas pueda disfrutar de una buena vida.

Los humanistas se preocupan por el bienestar de todos, apoyan la diversidad, respetan los diferentes puntos de vista sobre la vida.
Trabajan para elevar y sostener la igualdad de los derechos humanos y las libertades civiles en una sociedad abierta y secular.

Participan en los procesos democráticos, protegen la integridad de la naturaleza, la diversidad y la hermosura. Lo hacen todo en una forma segura y sustentable. Se conectan con el curso de la vida, convencidos de que la sociedad tiene la habilidad de progresar hacia ideales más elevados. Los humanistas se sienten responsables de sus vidas y la clase de mundo en el que quieren vivir. Esta responsabilidad es de ellos y solamente de ellos.

Diferencias entre humanismo y existencialismo:

Humanismo: En términos generales, las filosofías humanistas están más preocupadas por formas objetivas de entender el mundo, como la ciencia y la razón.

Existencialismo: Filosofías existencialistas están más preocupadas por la condición subjetiva del individuo, haciendo hincapié en la libertad de elección y la ansiedad que acompaña la libertad total.

El Existencialismo:

La ansiedad es esencial para el crecimiento de los individuos; contribuye a lo que significa ser un ser humano. Los sentimientos de ansiedad, las amenazas y la impotencia le dan al ser humano la libertad de actuar con coraje en oposición a conformarse con la comodidad.
En el existencialismo el punto de partida del individuo es una actitud existencial, esto significa un sentido de desorientación y confusión al enfrentar un mundo absurdo y aparentemente sin significado.

El existencialismo saca al individuo de sus patrones normales de vida porque al enfrentar lo absurdo y la falta de significado crea patrones de conducta que no son consistentes con lo "normal". Es su realidad como se percibe y nadie más le dicta sus acciones.

Los seres humanos por medio de su conciencia crean sus propios valores y determinan el significado de sus vidas. La verdadera esencia del individuo es cuando actúa libremente sin etiquetas, sin estereotipos o definiciones de categorías preestablecidas.

La forma del individuo está directamente ligada a su existencia, y tiene a su disposición una amplia variedad de formas para escoger. El hombre es responsable de sus propios valores y no son inmutables, estos pueden ser modificados por el individuo cuando los analiza.

Ser auténtico se interpreta como que es el hombre quien le da forma a su propia existencia. Después, vive en armonía con eso que ha formado. Ser genuino significa vivir en base a sus propios valores y no culpar a los genes o a ninguna otra fuerza externa.

El hombre actúa en base a la imagen que tiene de sí mismo, ésta imagen corresponde más o menos a una norma social. Esto no significa que no sea auténtica si se ha tomado la decisión libremente de adoptar esas normas. Cuando decimos que somos sólo el resultado del pasado, nos estamos desconectando del presente y del futuro. La existencia es pasado, presente y futuro.

La persona es responsable de su propia identidad. Esto es opuesto a pensar que son los genes los responsables de su crueldad. Lo absurdo contiene la idea de que el mundo no tiene más sentido que el que uno le dé.

La existencia es antes que la esencia. El individuo que es cruel con otros se define como una persona cruel, por sus actos. Si el hombre puede escoger si quiere ser cruel o bueno, significa que entonces ninguna de éstas dos cosas son parte de su esencia.

Consideremos a dos personas que han cometido muchos crímenes en el pasado, pero uno los recuerda y el otro perdió la memoria de éstos. El que perdió la memoria vive una vida normal, mientras que el que recuerda sus crímenes vive atrapado en su pasado. No son los crímenes lo que lo atan, sino el significado que se les atribuye.

La idea de que. "A las personas buenas no le pasan cosas malas", no es sostenible si aceptamos que no hay individuos con esencia mala o buena, lo que pasa, pasa, y les pasa a todos.

"La mirada" es un concepto donde el individuo experimenta su mundo desde una perspectiva ajena, o sea, "desde allá."

Sartre contó la historia de un hombre que estaba espiando a alguien por el orificio de la llave de una puerta. Estaba absorto en su observación cuando de repente escuchó pasos detrás de él. Se dio cuenta de que estaba mal, sin saber si la otra persona había descubierto o no lo que estaba haciendo. Si un músico pierde su habilidad de tocar o cantar pierde su identidad. Mientras una persona ponga su identidad en cualidades que se pueden derrumbar, la persona vivirá en continua zozobra. La felicidad del individuo no depende del hecho de tener bajo control todo lo que le rodea, porque eso es imposible.

Los Existencialistas cristianos como Berdyaev, basan sus ideas en el ámbito espiritual independientemente de las causas naturales. El hombre no debe interpretarse en forma naturalista sino como un ser creado a la imagen de Dios, el que originó los actos voluntarios de los individuos.

Para May, el amor es producto de la voluntad del individuo, es intencional y en total oposición al deseo sexual. Según May, las emociones se han separado de la razón, lo que ha hecho que el buscar relaciones sexuales sea socialmente aceptable. Se buscan sin tener que amar, formar una familia, o tener hijos con ese individuo.

Etapas de desarrollo:
Inocencia: Hace lo que debe.
Rebelión: Libertad irresponsable.
Decisión: Qué hará con su vida.
Ordinario: Las demandas crean conformismo.
Creativo: Auténtico, se actualiza y trasciende.

Cuatro formas de Existir:
1. Tiempo y existencia, vivir y morir.
2. Libertad y responsabilidad.
3. Aislamiento y conexión.
4. Trascendencia personal, autenticidad.

Principios terapéuticos:

La Mente: El hombre está solo en este mundo. Desea profundamente estar conectado. La vida sólo tiene sentido en las relaciones. Sentirse solo produce ansiedad. La respuesta debe salir del interior.

Para los existencialistas no existe la disfunción psicológica. La vida es la expresión de cómo se ha escogido vivir; es el resultado de las decisiones que se toman. El hombre debe aceptar como vive o escoger vivir diferente. No escoger también es una forma de escoger; los individuos no escogen por temor.

La terapia se centra en el presente, no en el pasado. No hay un destino, lo importante son las decisiones que se toman. El hombre tiene libertad para escoger y vivir; esa libertad debe destruir su ansiedad.

Terapia Centrada en la Persona

Carl Rogers es el fundador de la Terapia Centrada en la Persona

Los datos biográficos de la vida de Carl Roger fueron tomados del libro Teoría y Práctica de la Consejería y la Psicoterapia, Corey (2001).

Carl Rogers nació el 8 de enero del año 1902, en Oak Park IL. Su padre fue ingeniero civil y su madre ama de casa y además practicaba la religión pentecostal. En el año 1920, Rogers empieza a dudar de su religión, sin embargo, en 1922, entra al seminario para hacerse pastor. En el año 1924, Rogers se gradúa de la universidad de Wisconsin y en el año 1928, termina su maestría y en el año 1931, termina su doctorado. En 1939, escribe el libro "Cómo Educar un Hijo Difícil". En 1942, escribe el libro "Consejería y Psicoterapia" En el año 1947, es nombrado presidente de la Asociación Americana de Psicología. En 1977, escribe el libro "El Poder Personal". En 1983, el escribe el libro "La Libertad de Aprender". Rogers muere el 4 de febrero de 1987.

Principales ideas de Rogers:

Las principales ideas de Rogers fueron tomadas del libro Teoría y Práctica de la consejería y la Psicoterapia. Corey (2001).

El concepto del yo:

Gestalt es un concepto organizado y consistente compuesto de:
    1. Las percepciones de las características del "yo".
    2. Las percepciones de las relaciones del "yo" con otros individuos y con varios aspectos de la vida.
    3. Incluye a los valores que se apegan a estas percepciones.

Una Gestalt está disponible a la conciencia, pero no es necesariamente consciente. Una Gestalt es un fluido en proceso de cambio, pero puede observarse en cualquier momento como una entidad específica (Rogers, 1959).

En el desarrollo del concepto del "Yo" encontramos dos tipos de aceptación: La incondicional positiva y la condicional positiva. Los individuos que crecen en un ambiente de aceptación incondicional positiva tienen la oportunidad de actualizarse a sí mismos al máximo.

Los que crecen en un ambiente de aceptación condicional positiva sienten que valen únicamente si se comparan con las condiciones de valor que han sido establecidas por otros.

El funcionamiento total:

La persona que está en proceso de crecimiento y está abierta a diversos tipos de experiencias, evita vivir a la defensiva y enclaustrada. Vivir enclaustrado es una defensa de la percepción donde en forma inconsciente el individuo evita que un estímulo "problemático" entre en su conciencia.

La vida existencial en crecimiento: consiste en vivir cada momento al máximo, sin distorsionar el momento para satisfacer algún concepto personal. Es permitir que el concepto personal emane de la experiencia, la cual genera excitación, atrevimiento, adaptación, confianza, espontaneidad y flexibilidad.

La confianza en sí mismo está en crecimiento: Ellos confían en sus propios juicios y en su habilidad para escoger conductas que son apropiadas según el momento. No dependen de códigos existentes o normas sociales, sino en la confianza que les da la experiencia. Confían en su propio criterio sobre lo bueno y lo malo.

Libertad para escoger: No están atados por las restricciones que influencian a los individuos incongruentes. Son capaces de escoger una variedad más amplia de opciones. Además, creen que juegan un papel determinante al escoger su conducta y se sienten responsables de ella.

Son creativos: Se sienten más libres para ser creativos y son más creativos en la forma que se adaptan a sus propias circunstancias, sin sentir la necesidad de conformarse a algún criterio preestablecido.

Son confiables y constructivos: Se espera que actúen en forma constructiva. Están abiertos a sus necesidades para mantener el equilibrio entre ellas. Son individuos congruentes, pueden armonizar y conseguir el balance por medio del bien intrínseco, incluyendo las necesidades agresivas.

Una vida llena y rica: Rogers describe la vida de los individuos que funcionan a plenitud como ricos, llenos y excitantes. Sugiere que ellos experimentan gozo y dolor, amor y decepción, miedo y coraje más intensamente.
"Este proceso de la buena vida, estoy convencido, no es la vida del temeroso. Implica que el individuo alcance el máximo de su potencial. Implica tener el coraje de ser. Significa lanzarse de lleno a la corriente de esta vida" (Rogers 1961).

Definición de Fenomenología

Los 19 Proposiciones de Carl Rogers sobre la definición de Fenomenología aparecen en Wikispaces (2016).
Es el estudio de los fenómenos de la conciencia en cuanto a experiencia subjetiva. Es la manera en como el ser humano le da sentido y propósito a lo que vive y lo que le rodea día a día, (su contexto), y de aquí se forma su personalidad, creencias, cosmovisión y manera personal de interpretar el mundo que le rodea.

Proposición 1: Todos los individuos existen en un mundo de cambio continuo de experiencias, el campo fenomenológico, del cual ellos son el centro.

Proposición 2: El organismo reacciona al campo fenomenológico de la forma en que se experimenta o se percibe. Este campo perceptual es la realidad del individuo.

Proposición 3: El organismo reacciona como un todo, organizado por este campo fenomenológico.

Proposición 4: Una parte del campo fenomenológico se va diferenciando gradualmente, como el yo.

Proposición 5: La estructura del yo se forma como resultado de la interacción con el ambiente y particularmente la interacción con otros individuos. El yo es un organismo líquido, pero consistente, conceptualizado en patrones de percepción junto a los valores que se les adjuntan a estos conceptos.

Proposición 6: El organismo tiene una tendencia básica: el esforzarse por actualizar, mantener y expandir la experiencia del organismo.

Proposición 7: La mejor forma de entender la conducta de otro individuo es poder ver el mundo desde el cuadro de referencias internas de dicho individuo.

Proposición 8: El comportamiento es básicamente orientado y dirigido por los intentos del organismo de satisfacer sus necesidades de la forma que las experimenta dentro del campo fenomenológico de su percepción.

Proposición 9: Las emociones acompañan y facilitan la conducta dirigida por esa meta. Las emociones están relacionadas a la percepción y al significado de la conducta que mantiene y expande el organismo.

Proposición 10: El valor asignado a las experiencias que han venido a ser parte de la estructura del yo, en ocasiones son valores experimentados directamente por el organismo. En ocasiones son valores que son adoptados de otros individuos, pero que en forma distorsionada se perciben como si fueran experiencias propias.

Proposición 11: Cuando ocurre una experiencia en la vida del individuo, este puede simbolizarla, percibirla y organizarla en relación al yo. Ignorarla porque no se percibe alguna relación a la estructura del yo. Negarle simbolismo, o darle un simbolismo distorsionado porque la experiencia es inconsistente con la estructura del yo.

Proposición 12: La mayoría de conductas que el organismo adopta son consistentes con la estructura del yo.

Proposición 13: En algunos casos la conducta es producida por experiencias orgánicas o necesidades que no han sido simbolizadas. Esas conductas tal vez son inconsistentes con la estructura del yo, pero, en tal caso, el comportamiento no está en poder del individuo.

Proposición 14: El ajuste psicológico existe cuando el concepto del yo asimila las experiencias de los sentidos y las vísceras del organismo a un nivel simbólico en una relación consistente con el concepto del yo.

Proposición 15: El desajuste psicológico existe cuando el organismo se niega a crear conciencia de las experiencias sensoriales y viscerales significativas. Por consecuencia no son organizadas en el Gestalt de la estructura del yo. Cuando esta situación está presente, existe el peligro de desarrollar problemas psicológicos.

Proposición 16: Una experiencia que es inconsistente con la estructura del yo se puede percibir como una amenaza. Entre más percepciones amenazantes existan más rígida será la estructura del yo para mantenerse a sí mismo.

Proposición 17: Bajo algunas circunstancias, algunas experiencias que no poseen ninguna amenaza y que son inconsistentes con la estructura del yo, se pueden examinar y asimilar e incluir en la estructura del yo.

Proposición 18: Cuando el individuo percibe y acepta en un sistema integrado y consistente todas sus experiencias sensoriales y viscerales, este es más comprensivo con los demás y más abierto a aceptar a los demás como individuos separados.

Proposición 19: Cuando los valores del individuo están basados en la aceptación de valores ajenos y que han sido simbolizados en forma distorsionada, pueden ser reemplazados mediante la percepción y aceptación en la estructura del yo como experiencias orgánicas, al convertirlas en valores orgánicos.

Principios terapéuticos:

La relación entre el terapista y el cliente es sumamente significativa y debe estar basada en una aceptación total que el consejero hace del cliente.

La congruencia del terapista es esencial para poder ayudar al cliente. Debe ser genuino en su relación terapéutica. El terapista invierte en la relación y usa historias personales.

La aceptación total y positiva del terapista hacia el cliente.
El terapista ni aprueba ni desaprueba lo que escucha y lo acepta sin juzgarlo. El terapista se abstiene de opinar para no afectar el proceso de reflexión individual. Sin la influencia del terapista, el cliente se ve obligado a reflexionar y a tomar decisiones.
Comprensión empática del terapista. Esta comprensión reafirma los buenos sentimientos del cliente; hace que se sienta valorado y que se motive a cambiar.

Percepción del cliente. Es importante que el cliente perciba que es aceptado y valorado.

Terapia Gestalt

Los datos biográficos de la vida de Fritz Perls fueron tomados del libro Teoría y Práctica, de la Consejería y Psicoterapia, Corey (2001).

Fritz Perls es la figura principal de la terapia Gestalt

Fritz Perls nace en Berlín, Alemania, el 8 de Julio del año 1893. Sus padres eran de descendencia judía. En el año 1930. Perls Se casa con Laura Perls. En el año 1933, Perls tiene que escapar de Alemania a Noruega y luego a Sudáfrica. En el año 1936, tiene un encuentro con Freud y el año 1942, se enlista en el ejército de Sudáfrica. Ese mismo año publica su libro "Libro Ego, Hambre y Agresión" En el año 1946, Perls se da de baja del ejército africano y se traslada a vivir a Nueva York. En el año 1951, escribe el libro "Terapia Gestalt", y en el año 1952, fundó el primer Instituto Gestalt. En el año 1960, Perls se muda a Los Ángeles y el 14 de marzo del año 1970, Perls muere en Chicago Illinois.

Principales conceptos de la Gestalt:

Los principales conceptos de la teoría de Gestalt fueron tomados del libro Teoría y Práctica de la Consejería y la Psicoterapia. Corey (2001).
La terapia Gestalt es una terapia que tiene como objetivo, ayudar al cliente a sobreponerse a sus síntomas. Además, le permite llegar a ser más completo y creativamente vivo. A liberarse de los bloqueos y asuntos inconclusos que disminuyen la satisfacción óptima, la autorrealización y el crecimiento. La terapia de Gestalt pertenece a la psicología humanista, la cual se caracteriza por no estar enfocada exclusivamente en tratar asuntos patológicos, sino también a desarrollar el potencial humano.

Aquí y ahora: La terapia Gestalt pone énfasis sobre lo que sucede en el presente; lo que se está pensado y sintiendo en el momento. Por encima de lo que fue, pudo haber sido, podría ser o debería estar sucediendo. Además, se enfoca más en los procesos que en los contenidos.

Creando conciencia: Utiliza el método de darse cuenta; predominando el percibir, sentir y actuar. El paciente aprende a hacerse más consciente de lo que siente y hace. Va desarrollando la habilidad de aceptarse y de experimentar el aquí y el ahora sin tanta interferencia de las respuestas fijas del pasado.

Usan el término "cliente" en lugar de "paciente": Esto se debe a que un "paciente" es alguien enfermo que va a que otro le cure, mientras que "cliente" es un término neutral.

La "auto curación": En esta terapia, el cliente es quien tiene que "auto curarse", el terapeuta sólo le acompaña para que lo consiga, haciendo más bien la función de facilitador y no la de sanador.

El ser humano como un todo: El ser humano no percibe las cosas como entidades aisladas, sino que las organiza en entidades significativas. Es la organización de hechos, percepciones, conductas y fenómenos lo que los define y les da su significado específico y particular y no los elementos individuales de los cuales se componen.

La homeostasis: La vida y la conducta humana son gobernadas por un proceso de homeostasis o adaptación, mediante el cual, todo organismo busca su equilibrio para poder satisfacer sus necesidades. Cuando el proceso de autorregulación homeostática falla, el organismo permanece en estado de desequilibrio; entonces, es incapaz de satisfacer sus necesidades y se enferma.

Concepto holístico: El ser humano es un organismo unificado, (concepto holístico), por lo tanto, debemos tratar al hombre en su totalidad. La actividad mental y la actividad física son dos niveles que corresponden a órdenes diferentes de materia, y no a una división mente- cuerpo.

La fantasía: Es la actividad interna utilizadora de símbolos. Cada generación hereda las fantasías de las generaciones anteriores acumulando mayor conocimiento y entendimiento.

El comportamiento: Este se manifiesta tanto en el nivel aparente de la actividad física como en el nivel inaparente de la actividad mental. Los pensamientos y las acciones son hechos del mismo material y por eso podemos transponerlos de un nivel a otro en un campo unificado.

Relación entre la mente y la conducta: Ni el cliente ni el terapeuta están limitados a lo que dice o piensa el cliente; también deben tomar en cuenta lo que hace: Lo que hace en un momento dado, es una clave de lo que piensa y lo que piensa es una clave de lo que le gusta hacer.

Tres niveles de experiencias: El cliente tiene tres niveles de experiencias para llegar a un entendimiento más completo de sí mismo:
- El fantasear
- El representar roles
- El hacer

La relación con el entorno: Ningún individuo es autosuficiente, ni puede existir únicamente en un campo compuesto por él y su entorno. La naturaleza de la relación entre el individuo y su entorno determinan su conducta. Si la relación es satisfactoria, el individuo se siente satisfecho, si la relación es conflictiva, su conducta es anormal.

El impacto de las relaciones: Considera al individuo y su conducta como un reflejo de sus relaciones. La vida humana es una interacción entre ambos campos, el individuo y su entorno, en el marco de cambios continuos. Para sobrevivir, el individuo tiene que cambiar constantemente. Cuando es incapaz de alterar sus técnicas de interacción se enferma.

La neurosis: El neurótico es el que ha perdido la capacidad de organizar su conducta de acuerdo a una jerarquía indispensable de necesidades, y por ello no puede concentrarse. Debe aprender a identificar sus necesidades estando en una situación determinada, por un cierto tiempo para así poder completar la Gestalt, restaurar su equilibrio perturbado y seguir adelante.

La identificación social: Los seres humanos sienten la necesidad de tener rituales y pertenecer a un grupo, como expresión del sentido de identificación social. El ser humano necesita el contacto con otros. Las perturbaciones neuróticas surgen de la incapacidad del individuo de encontrar un balance entre sí mismo y el resto del mundo.

Darse cuenta: El darse cuenta siempre transcurre en el presente, "el aquí y el ahora". El objetivo de la terapia es darle al cliente los medios para que pueda resolver sus problemas actuales y los que puedan surgir en el futuro. Al darse cuenta plenamente de sus acciones en todos sus niveles, la fantasía, lo verbal y lo físico, descubrirá que él mismo produce sus propias dificultades. Reconocerlas podrá ayudarle a resolverlas. Darse cuenta le da al cliente el sentido de sus propias capacidades y de sus habilidades.

El "darse cuenta": Esta técnica consiste en que el cliente se da cuenta a través de una visión interna de lo que está sintiendo, pensando o haciendo. Para cambiar una conducta es imprescindible tomar plena consciencia de cuál es la función que dicha conducta cumple en la vida de la persona.

El aquí y el ahora: vivir y sentir la realidad del presente de la persona, sin adjetivos. Para ello, durante la terapia se recurre frecuentemente a la conciencia del propio cuerpo. No interesa tanto investigar el por qué (pasado), sino el cómo (presente), (¿Cómo me siento?, ¿Qué estoy haciendo?, ¿Qué estoy evitando?).

La función orgánica: Ayudar al cliente a descubrir la función orgánica de su acción. (¿Para qué estoy haciendo esto?, ¿Para qué me castigo?, ¿Qué estoy evitando?). Ayudarle a descubrir que acciones realmente cubren una necesidad y cuáles están orientadas a satisfacer las fantasías.

Las fantasías y la proyección: Poner en evidencia la interacción entre los mecanismos neuróticos de fantasía y de la proyección.

Diálogo responsable: El cliente necesita tomar conciencia de sí, sin ocultarse usando la segunda persona o incluso un sujeto colectivo. En lugar de decir: "Cuando tienes un jefe abusivo, te dan ganas de dejar el trabajo", deben decir "Tengo un jefe abusivo y me dan ganas de dejar el trabajo". En lugar de "Los jóvenes beben mucho", debo decir: "Yo bebo mucho".

La expresión corporal: El trabajo en terapia Gestalt está basado en el lenguaje no verbal, es decir, el lenguaje corporal y el tono de voz. Frecuentemente, el lenguaje verbal da una información que contradice su expresión corporal.

La conexión con el cuerpo: En ocasiones, el cliente trata de justificarse dando abundante información que le desconecta de la realidad presente. Cuando este fenómeno aparece, el terapeuta Gestalt vuelve a conectar al cliente con su cuerpo.

La silla vacía: Esta técnica ha sido comúnmente asociado a la terapia Gestalt. Consiste en crear un personaje en la mente, con el cual se quiere confrontar algún problema. El cliente le habla a ese personaje, luego asume el rol del personaje imaginario y contesta, luego regresa a ser él mismo.

El propósito es poner en evidencia el diálogo interno del cliente. En dicho diálogo se enfrentan, en términos de Perls, el "perro de arriba" y el "perro de abajo". En la práctica, el perro de arriba representa al padre, la madre, el jefe, la pareja, etc. y el "perro de abajo" es el cliente cuando se siente oprimido.

Durante la terapia con la silla caliente el paciente va pasando de una silla a otra representando diferentes roles. En cada uno de los roles expresa sus emociones, de tal suerte que, esté donde esté, todas las ideas y sentimientos son del propio paciente. El principal objetivo de la silla es descubrir sus proyecciones.

Las cinco etapas del contacto personal:
1. Superficial: Rutinario
2. Miedo: Al dolor
3. Estancamiento: Miedo al cambio
4. Implosiones: Siente, pero no se mueve
5. Explosiones: Auténtico, sin pretensiones

Terapia conductista

Ivan Pavlov es el fundador de la terapia conductista
La Biografía de Iván Petrovich Pavlov fue tomada de Bios (2016).
Pavlov nació en Rusia el 14 de septiembre del año 1849. En el año 1877, Pavlov hizo estudios sobre "Reflejos y la circulación sanguínea". En el año 1881, se casa con Seraphima Karchevskaya y en el año 1883, Pavlov se gradúa como doctor fisiológico y se especializa en fisiología intestinal. En el año 1890, Pavlov asume la presidencia del departamento farmacéutico y en 1895, asume la Presidencia del departamento fisiológico. En el año 1904, Pavlov recibe el Premio Nobel de Medicina y en el año 1930, el gobierno le construye un laboratorio para que realice sus experimentos sobre la conducta humana. Pavlov muere en Rusia el 27 de febrero del año 1936, a los 86 años de edad.

Principales conceptos del condicionamiento clásico:

Los principales conceptos del condicionamiento clásico fueron tomados del libro Psicología y Vida Gerrig – Zimbardo (2002).

Existen dos tipos de condicionamientos:
1. El Clásico
2. El Operante

Condicionamiento clásico:
Es la formación de una asociación entre un estímulo originalmente neutro y una respuesta del organismo. Un reflejo o una secreción glandular, como en el caso de la salivación.

Tres factores del condicionamiento clásico:

Estímulo Neutro: Puede ser un sonido que no tiene ningún significado para un organismo y que no produce ningún tipo de reacción o respuesta.

Estímulo Incondicionado: Puede ser un pedazo de carne que produce una respuesta natural en un organismo.

Respuesta Incondicionada: Es una respuesta natural como la salivación después que se le ha presentado un estímulo incondicionado como un pedazo de carne.

Proceso de condicionamiento:
Pavlov Hizo sonar una campana, (estímulo neutro), al instante le presentó comida al animal, (estímulo incondicional), con un intervalo muy breve. Relacionó este par de estímulos muchas veces durante varias semanas cuando el perro estaba hambriento.

La salivación del perro ante la comida es una respuesta incondicional; la salivación tras oír la campana es una respuesta condicional que depende de la relación entre el sonido y la comida.

Pavlov observó que el animal salivaba cuando la comida todavía no había llegado al hocico. La comida simplemente vista u olida provocaba una respuesta semejante.

El perro salivaba ante la mera presencia de la persona que por lo general le acercaba la comida, o cualquier otro estímulo que sistemáticamente le anunciara.

Pavlov concluyó que lo que había observado en sus perros no podía ser innato o natural en esta clase de animales. Así, desarrolló un método experimental para estudiar la adquisición de nuevas conexiones de estímulo-respuesta.

Pavlov concluyó que estas respuestas fueron aprendidas. Si usamos el lenguaje de Pavlov, las respuestas fueron condicionales.

Un refuerzo: Así se le llama al fortalecimiento de la asociación entre un estímulo incondicional con el condicional. El reforzamiento es un acontecimiento que incrementa la probabilidad de que ocurra determinada respuesta ante ciertos estímulos.

El condicionamiento clásico en los humanos: La complejidad de las funciones psicológicas humanas facilita un segundo sistema de señales que es el lenguaje verbal o simbólico. En éste las sustituciones a partir de los estímulos parecen ser infinitas y, sin embargo, altamente ordenadas y lógicas.

Los diferentes usos del condicionamiento clásico: Las respuestas emocionales a sonidos, olores, cosas o personas pueden estar conectadas al condicionamiento clásico. Por ejemplo, el ruido del tren, la lluvia, los truenos o algún perfume.

En el comercio: El comercio ha explotado el condicionamiento clásico, sobre todo, en comerciales para aumentar las ventas. Se usa la sexualidad para promover artículos que no tienen nada que ver con el sexo, pero las imágenes producen placer. Lo mismo se ha hecho con símbolos patrios.

En terapia: El condicionamiento clásico se ha usado para tratar fobias usando como medio la relajación profunda. Durante este ejercicio se une el recuerdo de la fobia con algún pensamiento agradable. Esta mezcla ayuda a reducir el impacto negativo de la fobia, tal vez no desaparece por completo, pero su impacto se reduce considerablemente.

El auto-condicionamiento: Pavlov creía que el ser humano tiene la capacidad del auto-condicionamiento, (aprendizaje dirigido por uno mismo), que, aunque parece algo contradictorio, es liberador. El ser humano puede reaccionar ante estímulos que él mismo va generando.

Neurosis experimental: Pavlov Fundó el estudio experimental del comportamiento considerado "anormal" o "psicopatológico ". Para modificar comportamientos indeseables, incluyendo fobias, tics y comportamientos "neuróticos". Los sujetos aprendieron comportamientos adaptables.
Según Pavlov si se pudo inducir un comportamiento neurótico bajo ciertas condiciones, (NE), también se puede modificar si se cambian las variables independientes.
Inauguró en Rusia la modificación experimental del comportamiento.

Principales conceptos del condicionamiento operante

Los principales conceptos del Condicionamiento Operante fueron tomados del libro Psicología y Vida, Gerrig – Zimbardo (2002).

El fundador de esta teoría fue B. F. Skinner. El visualizaba al hombre como si fuera un producto del medio donde vive. Lo que el hombre hace es el resultado de condiciones específicas que además pueden predecir el comportamiento.

Skinner recomendó considerar cualquier condición o evento que tenga un efecto demostrable sobre el comportamiento. Cuando descubrimos las causas, (variables), podemos predecir, controlar y manipular los comportamientos.

Los tres factores del condicionamiento operante:

Conducta: Cualquier conducta que produzca una reacción.

Refuerzo: La consecuencia de una conducta.

Repetición: Esto se produce cuando el refuerzo es consistente.

Refuerzo: Todo comportamiento provoca consecuencias, (refuerzos). Cuando las consecuencias de un comportamiento suceden según lo deseado, esta repetición aumenta la probabilidad de recurrencias. Si esta secuencia persiste, se fijará un hábito. El refuerzo de Skinner consiste en cualquier evento que aumente la probabilidad de la recurrencia de un comportamiento específico.

Experimentos:

Un gato: Si encierras a un gato en una jaula y pones la comida fuera de ésta, el gato intentará escapar para comer. Si logra escapar y come y lo vuelves a encerrar, va a repetir el proceso.

El llanto de un niño: Cuando un niño llora, (conducta operante), trae como consecuencia la presencia o el regazo de la madre. Estas consecuencias se consideran refuerzos y estimulan la repetición del comportamiento.

En la escuela: El alumno está conversando durante la clase, (comportamiento operante). El profesor le llama la atención al estudiante, (refuerzo). El profesor está condicionando al alumno el acto de hablar.

Principios del condicionamiento operante:

Condicionamiento: Este sucede cuando reforzamos todos aquellos comportamientos que queremos mantener.

Extinción: Procedimiento en el cual una conducta deja repentinamente de ser reforzada. Teniendo como consecuencia la disminución de la frecuencia de la conducta, que incluso puede dejar de ser emitida.

Un refuerzo positivo: Esto sucede cuando el organismo recibe algo agradable después de una conducta. Presiona la llave de agua y recibe agua fresca. Un castigo reduce la posibilidad de que una conducta se repita. Por ejemplo, si al tratar de beber agua recibe un choque eléctrico, con el tiempo dejará de buscar agua.

El castigo: Castigar acciones lleva a la suspensión temporal de la respuesta, sin alterar la motivación. Los conductistas discuten la validez del procedimiento de castigo como una manera de reducir la frecuencia de ciertas conductas no deseadas.

Teorías del Aprendizaje

Los principales conceptos de la teoría del aprendizaje fueron tomados del libro Teorías del Aprendizaje Social de Bandura. Learning theories (2016).

Tres aspectos de la teoría del aprendizaje:

1. El medio ambiente y su influencia en el individuo.
2. Factores personales como las memorias, las creencias, las preferencias, las predicciones, y las percepciones.
3. Acciones de comportamiento como el observar y participar.

Generalización: Comportamientos que ya fueron reforzados, se pueden aplicar en otras circunstancias. Por ejemplo, si aprendo a manejar un carro, puedo manejar otros carros.

Discriminación: Escoger un comportamiento diferente de acuerdo a las circunstancias. Por ejemplo: La luz roja es para parar, la verde para seguir; me comporto diferente ante una persona abusiva que ante una persona amorosa.

Formar: Producir cambios deseados por medio de las técnicas aprendidas. Al niño se le motiva para que aprenda a caminar. Una vez que aprende, no es necesario seguir formándolo.

Aprendizaje por observación: Se aprende observando a otros y este proceso tiene cuatro niveles: Atención, retención, reproducción y motivación.

La eficacia personal: La percepción de la habilidad para lograr ciertas cosas puede ser alta o baja. Esta eficacia se desarrolla por medio de logros, por medio de la observación y por medio de estímulos verbales.

Terapia Racional y Emocional

Albert Ellis es el fundador de la Terapia Racional y Emocional
Su filosofía: "Los disturbios del hombre no se deben a eventos negativos, sino a la forma en que se perciben".

Los datos biográficos de Albert Ellis fueron tomados de la Biografía breve de Albert Ellis (2012).
Albert Ellis nace en Pittsburg, PA el 27 de septiembre del año 1913. Sus padres eran de descendencia judía. Ellis más tarde describe a su madre como una mujer distante que sufría del desorden de depresión bipolar. En el año 1940, Ellis desarrolla la teoría de REBT (Terapia de comportamiento emocional y racional), y en el año 1947, Ellis recibe un doctorado en psicología. En el año 1955, Ellis Modifica la teoría a RT (Terapia Racional), y en el año 1957, la define como la teoría CBT (Terapia Racional y de Conducta). Desde el año 1960, hasta su muerte, Ellis trabajó como sexólogo humanista. Ellis muere en la ciudad de Nueva York el 24 de julio del año 2007.

Principales conceptos de esta terapia:

Los principales conceptos de esta teoría fueron tomados de la página de Internet Que es la Terapia Racional y Emocional, Ross (2006).

Es una terapia humanista: Ellis era humanista y creía que el hombre está vivo y en crecimiento; buscando siempre satisfacer sus necesidades; tiene virtudes, defectos y merece una aceptación total.

El placer: Los individuos deben disfrutar la vida en forma responsable. El hombre busca el placer y evita el dolor en forma natural. Ellis creía que existen dos tipos de gozo, el primero es temporal y tiene consecuencias negativas, el segundo es un gozo permanente, porque es responsable.

Racionalidad: Este concepto hace referencia al uso eficaz de la lógica, la flexibilidad, y los métodos científicos, para alcanzar su valor y sus metas. La razón está íntimamente mezclada con las emociones. El individuo evalúa su herencia y desarrolla su propia filosofía de vida.

Factores de los problemas emocionales:

1. Biológicos: Ellis creía que algunos seres humanos tienen una tendencia natural a dañarse a sí mismos y a pensar en forma irracional. Sus reacciones inapropiadas forman patrones disfuncionales de conducta.

2. Sociales: Toda relación interpersonal afecta. Hay dos extremos, uno consiste en no permitir influencia y el segundo en dejarse influenciar completamente. Ellis advirtió sobre dos absolutos inapropiados: "Deberías" y "Tienes que".

3. Vulnerabilidad a los disturbios: Algunos individuos disfrutan la vida bajo cualquier circunstancia; solos, en grupos, en relaciones íntimas, en el trabajo productivo, en la recreación, etc. Otros individuos son lo opuesto; sus pensamientos son irracionales y le estorban para disfrutar la vida a plenitud.

El ABC de Ellis: A + B = C
A: Acción o adversidad.
B: Creencia sobre la acción.
C: Consecuencia emocional.

Cuatro tipos de pensamientos irracionales:
1. Competencia y éxito.
2. Amor y aprobación.
3. Ser tratado con justicia.
4. Seguridad y confort.

Pensamientos irracionales: Entre los más comunes están los siguientes: "Debo de...", "Debo ser amado por todos", "Debo tener éxito en todo", "Las cosas deben salir como yo quiero", "Debo preocuparme por todo", "Me debo preocupar por los problemas ajenos" y "Debo encontrar la solución a todos mis problemas".

La baja tolerancia: Algunas frases comunes que reflejan baja tolerancia son: "Es muy difícil", "No puedo hacerlo", "Me da miedo", "No me gusta" y "Yo no hago nada desagradable".

Objetivos de la terapia:

Entre los principales están: Reducir los disturbios emocionales, reducir la mentalidad derrotista, desarrollar la confianza en uno mismo, pensar con más claridad, alcanzar mejores metas, elevar la tolerancia y reducir los problemas emocionales.

La fórmula completa: A + B = C + D + E = F
    A: Acciones, todo lo que pasa en nuestro alrededor.
    B: Creencias, lo que creemos de lo que pasa alrededor.
    C: Consecuencias, el resultado de como percibamos el mundo.
    D: Desafiar, hay que desafiar los pensamientos irracionales.
    E: Enmendar, hay que crear nuevos pensamientos.
    F: Felicidad, el resultado será la felicidad.

Terapia Cognoscitiva

Aaron Beck es el fundador de la Terapia Cognitiva:
Los datos biográficos de Aaron Beck fueron tomados de su biografía como aparece en Famouspsychologist.org (2016).

Aaron Beck nace el 18 de julio del año 1921, en Providence, Rhode Island dentro de una familia de emigrantes judíos. En el año 1946, recibe un doctorado en medicina y psiquiatría. En el año 1960, desarrolla la terapia cognitiva. Actualmente continúa las investigaciones relacionadas a las teorías cognitivas, con más de 400 estudios, que han validado la eficacia de este estilo de terapia.

Los principales conceptos de la teoría Cognitiva fueron tomados de la página en internet Net Industries (2016).

El postulado principal de Aaron Beck: Las personas sufren por la interpretación que realizan de los sucesos, y no por los sucesos, en sí mismos. Durante el proceso terapéutico se busca que el paciente flexibilice la adscripción de significados y encuentre interpretaciones más funcionales y adaptativas.

El enfoque cognitivo clásico considera que dentro del proceso de pensamiento se pueden localizar explicaciones sobre la conducta. Desde el enfoque conductual, la explicación de la conducta sólo puede sustentarse en el medio y no en conceptos dentro de la mente.

Esta teoría está basada en la premisa que tanto los aspectos cognitivos, afectivos y conductuales están interrelacionados entre sí. Por esta razón, al alterar uno de estos factores, los otros dos también son afectados.

Beck Utiliza el empirismo colaborativo; que explora sentimientos, significados, deseos y conductas, diseña hipótesis, asigna tareas y las somete a evidencia empírica. Ellis utiliza el diálogo o debate socrático. Con preguntas, crea disonancia cognitiva para guiar al paciente al conocimiento, y así provocar cambios emocionales y de conducta.

La funcionalidad es un concepto más bien cognitivo-conductual, ya que se refiere al análisis funcional de la conducta.

Las distorsiones cognitivas se pueden entender como: Pensamientos disfuncionales, pensamientos negativos automáticos o creencias irracionales.

Desde este enfoque los pensamientos se consideran la causa de las emociones y no a la inversa: "pensamiento-emoción-consecuencia", emula el enfoque conductual "Incidente - respuesta - Repetición".

Si el hombre es un constructor activo de su realidad habría tantas realidades posibles como seres humanos; por lo cual, los pensamientos no serían en sí mismos irracionales o racionales, sino simplemente diferentes de acuerdo a lo importante o irrelevante que se considere cada situación.

La triada cognitiva:

Este modelo consiste en tres patrones principales:
1. Una visión pesimista y negativa sobre sí mismo.
2. Una visión negativa y pesimista sobre sus experiencias.
3. Una visión negativa y pesimista sobre su futuro.

Definición de la triada cognitiva:

1. Visión negativa sobre sí mismo: Tiende a atribuir sus malas experiencias a un defecto de tipo psíquico, moral o físico. El paciente cree que, a causa de estos defectos, es un inútil carente de valor. Piensa que carece de lo esencial para lograr la felicidad.

2. Interpretar las experiencias de manera negativa: El individuo piensa que el mundo le hace demandas exageradas y le presenta obstáculos insuperables para alcanzar sus objetivos. Interpreta sus interacciones con el entorno en términos de derrota o frustración.

3. Visión negativa acerca del futuro: La persona espera penas, frustraciones y privaciones interminables. Cuando piensa en hacerse cargo de una tarea determinada, en un futuro inmediato, sus expectativas son, inevitablemente, de fracaso.

Principios de la terapia cognoscitiva:

Flexibilización: La esencia del tratamiento es la flexibilización y modificación de los pensamientos disfuncionales, para lo cual, el terapeuta se vale de diversas estrategias: El diálogo socrático, el testeo de hipótesis, la exposición, entre otras.

Hay que resolver las distorsiones cognitivas:

Pensamiento blanco o negro: Interpretar los eventos y las personas en términos absolutos, sin tener en cuenta los grados intermedios.

Absolutos: Utilización de términos como "siempre", "nunca", "todos", cuando su uso no está justificado por los acontecimientos propiamente.

Abstracciones selectivas o filtro mental: Enfocarse exclusivamente en ciertos aspectos de un evento, hecho, circunstancia o persona, con exclusión de otras características. Usualmente, son aspectos negativos y que perturban.

Inferencias arbitrarias: Asumir algo negativo cuando no hay pruebas. Se han identificado dos subtipos:
1. Lectura de pensamiento: presuponer o adivinar las intenciones, actitudes o pensamientos de otros.
2. Adivinación: predecir o "profetizar" el resultado de eventos, antes de que sucedan. pensamientos catastróficos: Imaginar, especular y rumiar el peor resultado posible, sin importar lo improbable de su ocurrencia. Pensar que la situación es insoportable o imposible de tolerar, cuando en realidad es algo simple.

Sobre generalizaciones: Tomar casos aislados y generalizar una conclusión válida para todo.

Etiquetado: Asignar etiquetas globales a alguien o a algo, en lugar de describir la conducta observada objetivamente. La etiqueta asignada por lo común es en términos absolutos e inalterables, o bien, con fuertes connotaciones prejuiciosas.

Minimizaciones y magnificaciones: Subestimar y sobreestimar la manera de ser de eventos o personas. Los subtipos identificados son: Visión catastrófica, negación y negativismo.

Personalizaciones: También conocida como falsa atribución. Consiste en asumir que uno mismo, u otros, han causado cosas directamente, cuando posiblemente no sea la realidad. Cuando se aplica a uno mismo puede producir ansiedad y culpa, y aplicado a otros produce enojo exagerado y ansiedad de persecución.

Enfoques sistémicos

Murray Bowen es el fundador de la Terapia de Bowen Uno de los principales exponentes de las teorías que describen a la familia como un sistema.

Los datos biográficos de Murray Bowen fueron tomados del libro Historia de la Terapia Familiar Gradding, (2002).
Bowen nace el 31 de enero del año 1913, en Waverly, Tennessee. En el año 1938, Bowen recibe una licenciatura en ciencia. En el año 1941, Bowen se enlisto en el ejército de EUA. En el año 1946, Bowen termina su servicio militar. En el año 1946, Bowen se dedica a estudiar psiquiatría y en el año 1957, se convierte en profesor de psiquiatría. En el año 1961, recibe el prestigioso reconocimiento como El Hombre de la Medicina. Bowen muere en el año 1990.

Introducción a la Terapia de Bowen:

Los principales conceptos de la teoría de Bowen fueron tomados de Conceptos y Métodos de la Terapia Familiar. Nichols (2001). Otros libros con excelente información sobre estas teorías son: Aplicaciones Clínicas de la Teoría Sistémica sobre la Familia Titelmen (1998). Y de Generación a Generación. Friedman (1985).

La teoría sistémica de Bowen es una teoría sobre el comportamiento humano. Su teoría describe a la familia como una unidad emocional y usa el método sistémico para describir la compleja interacción dentro de esta unidad.

Para Bowen la diferenciación es el Nivel de madurez emocional de cada individuo. Dentro de los miembros de una familia, se producen variaciones que hacen que los individuos lleguen a ser más maduros o menos maduros de una generación a la próxima.

Cuando la diferenciación viene a ser progresivamente baja durante la transición de una generación a otra, se desarrollan síntomas clínicos. La meta de la "terapia del sistema familiar extendido", es incrementar el nivel de diferenciación de los miembros que son emocionalmente más maduros.

Para diferenciarse hay que tener el conocimiento de cómo funciona un sistema emocional. Hay que saber cómo definirse a sí mismo dentro de una relación emocional, biológica y ambiental. La diferenciación sucede dentro de la unidad familiar, mientras el individuo se adapta de una generación a otra.

Conceptos básicos de la Teoría de Bowen

1. Nivel de diferenciación de sí mismo: Familiares y grupos sociales afectan la forma en que la gente piensa siente y actúa. Cada individuo, varia en el nivel de susceptibilidad al "Pensamiento grupal".
También los grupos se diferencian en la cantidad de presión que ejercen sobre los demás para que se ajusten. El individuo menos definido, es víctima de la influencia y control que los demás ejercen sobre su funcionamiento. El individuo menos diferenciado también hace un mayor esfuerzo por controlar a los demás.

2. El núcleo familiar: Dentro de este núcleo, cada familia desarrolla patrones para manejar la ansiedad. Entre estos patrones están los conflictos matrimoniales, la disfunción en uno de los esposos, la disfunción en uno o más de los hijos y la distancia emocional entre otros.

3. El proceso de proyección familiar: Es la forma en que los padres transmiten sus problemas emocionales a sus hijos. Mostrando una dificultad para separarse de ellos o demostrando una elevada necesidad de tener su atención o con expectativas irracionales.
Sus problemas emocionales también se transmiten por medio de la tendencia para culparse a si mismo o a otros; sentirse responsable por la felicidad de otros; actuar en forma impulsiva para dejar escapar la ansiedad, en lugar de retenerla y actuar en forma razonable.

4. Proceso de transmisión de una generación a otra: Una pequeña diferencia en el nivel de diferenciación entre padres e hijos lleva a una marcada diferencia en el nivel de diferenciación en los miembros de una familia a través de varias generaciones.
La forma en que se relacionan los padres con sus hijos crea diferencias que se transmiten de una generación a otra. La formación emocional se deriva de la sensibilidad de cada individuo, la interacción en sus relaciones, y la herencia genética.

5. El orden de nacimiento. La teoría de Bowen incorporó el trabajo de Walter Toman en relación al orden de nacimiento. La investigación de Toman encontró que las combinaciones en el orden de nacimiento aumentan o disminuyen la posibilidad de un divorcio dentro del matrimonio. Las personas que nacieron en el mismo orden tienen características muy parecidas. Por ejemplo, los primogénitos tienden a gravitar en puestos de liderazgo, y los hijos más jóvenes prefieren ser seguidores.

6. Los triángulos: Un triángulo es una relación sistémica de tres personas. El triángulo se considera una molécula dentro de un sistema emocional más amplio debido a que es el más pequeño y estable de los sistemas emocionales.
Un triángulo puede manejar mejor la tensión que una relación entre dos personas porque la tensión se mueve entre los tres.
Los triángulos ejercen control social al poner a uno de los tres fuera del triángulo o traen a uno de afuera cuando la tensión es muy alta entre dos. La terapia matrimonial provee una tercera persona neutral capaz de relacionarse en forma imparcial con los dos lados que están en conflicto.

7. Emocionalmente cortado: Algunas veces los individuos manejan sus asuntos emocionales sin resolver con sus padres, hermanos y otros familiares por medio de una desconexión parcial o total con ellos. Esto no resuelve nada y se ponen en riesgo de darle demasiada importancia a nuevas relaciones.

8. Proceso social emocional: Este concepto describe como un sistema emocional gobierna el comportamiento a un nivel social similar al que funciona dentro de la familia. Este proceso promueve periodos de progreso y de regresión dentro de la sociedad.

La madurez emocional

0 - 25: El nivel más bajo de madurez emocional es el resultado del proceso familiar de varias generaciones. Algunos absorben en forma injusta la ansiedad del resto de la familia. Estos individuos no tienen la capacidad de ser firmes para estar en pie por ellos mismos ante la ansiedad del grupo. Muchas decisiones son hechas como una reacción para acomodarse o para oponerse a los demás. Sentirse confortable es lo que determina el curso de sus vidas.

25 – 50: El individuo puede distinguir entre razón y sentimientos, pero se expresa con intensidad y en forma reactiva. El nivel de ansiedad puede degradar el funcionamiento del individuo al grado de hacer cosas para sentirse mejor. Las personas pueden perder de vista importantes principios que podrían guiar sus decisiones. Cuando todo esta calmado los individuos pueden usar principios y pensar con cuidado sobre relaciones y decisiones importantes. Los principios pueden ayudar a las personas a resistir la presión de las demandas relacionales. La mayoría de las personas funcionan en este nivel.

50 - 60 Esta es el área donde las personas conocen la diferencia entre las emociones y pensamientos. Están claros sobre los principios que ellos han definido como importantes. Las decisiones son meditadas y las relaciones son más calmadas aun en medio de etapas de alta tensión. No se alteran emocionalmente ante la oposición o los ataques. Consideran las consecuencias a largo plazo de cada decisión. Pueden hablar sobre asuntos difíciles en forma razonable. Cuando desarrollan síntomas se recuperan mejor sin quedar atrapados en ciclos emocionales negativos.

60 - 75 Las personas son libres del control emocional del grupo y no necesitan intentar controlar a los demás. Tienen más libertad para ser ellos mismos, y dan más libertad a los demás para que sean ellos mismos. Las decisiones se clarifican y se conectan con sus principios. Pueden expresar sus creencias en forma tranquila. Encuentran satisfacción en estar emocionalmente cerca a otros, pero a la vez pueden mantener su visión orientada hacia sus metas. Son más realistas sobre cómo es la vida que aquellos que viven en un nivel emocional más bajo.

75 - 100 Esta es el área hacia donde los individuos se dirigen. El 100 representa al individuo emocionalmente perfecto. "No ha sido posible revisar la escala en individuos que funcionan a un nivel muy elevado, pero mi impresión es que un 75 es un número muy elevado y los individuos que viven arriba de un 60 son un porcentaje muy reducido de nuestra sociedad".

La identidad emocional

Todos los individuos oscilan entre dos tendencias naturales y biológicas: Una es la tendencia a la individualidad y la otra es la tendencia a relacionarse.

La Tendencia a la Individualidad:
Esta tendencia se origina en una fuerza biológica que empuja al individuo hacia la independencia y la autonomía; a distinguirse de los demás, a seguir su propia dirección y a tener su propia identidad emocional.

El principal riesgo de esta tendencia es que el individuo termine convirtiéndose en un ser egoísta y aislado de los demás.
Para lograr la individualidad es esencial la separación del resto del sistema familiar.

Cada individuo debe tener la capacidad de hablar en forma personal y poder usar frases como: "Yo haré esto" o "yo no haré esto", entre otras.

Cada individuo debe desarrollar la capacidad de hacer afirmaciones como: "Yo siento", "yo quiero", "yo espero" o "yo creo".

Cada ser humano debe dar señales de tener vida propia en lugar de llevar una vida reactiva; girando alrededor de alguien más.

El Intelecto: Es la parte racional del individuo; éste produce acciones razonadas, basadas en principios claramente definidos y con una mínima influencia emocional.

Las Emociones: En su sentido primario, las emociones ayudan al individuo a sobrevivir y lo protegen de peligros. Funcionan en forma automática y hacen al individuo que sea altamente reactivos.

Sus Emociones: La meta de cada individuo es alcanzar un buen grado de conocimiento y manejo de sus emociones. La meta es desarrollar una identidad emocional saludable.

La tendencia a relacionarse
Esta tendencia se origina en una fuerza biológica que empuja al individuo a agruparse; éste siente la necesidad de cercanía y de pertenencia.

El riesgo más grande de esta tendencia es perder la identidad, reducir la resistencia a los disturbios emocionales de los demás, y por último, convertirse en el reflejo de las emociones de esas personas.
Si se deja una caja de crayones en el sol, cada crayón perderá su color y su forma, es decir, perderá su identidad.

Balance entre la individualidad y la relación: Para que un individuo logre una identidad emocional saludable, debe alcanzar un balance entre la tendencia a la individualidad y a la necesidad de relacionarse.

Balance entre la razón y las emociones: Para lograr este balance el individuo permite que su razón esté en control de su funcionamiento; regulan los impulsos emocionales e intencionalmente expresan sus emociones.

Balance de influencia: Cada individuo interactúa emocionalmente con otros individuos, dando y recibiendo influencia. El individuo maduro puede regular la cantidad de influencia que ejerce sobre los demás y la cantidad de influencia que acepta.

Balance de distancia: La distancia entre los miembros de una familia depende de la necesidad de cercanía de cada individuo. La madurez emocional se demuestra manteniendo una distancia apropiada con todos los miembros del sistema familiar.

Balance de identidad: Es tener la capacidad de mantener la identidad propia y permitir al resto del sistema que mantenga la suya.

Balance de reacción: Es tener la habilidad de no ser reactivo, (impulsivo), ante la reactividad de otros.

Balance de ansiedad: Es tener la capacidad de no dejarse influenciar por la ansiedad de otros y regular su propia ansiedad, para no contagiar a los demás.

Balance de integridad: Es llevar una vida basada en principios, sin querer imponer esos principios a los demás.

Balance de principios: Son los valores prácticos que sirven de guía a la conducta de cada persona. El individuo maduro se mantiene fiel a sus principios; no necesita imponerlos a los demás, sin embargo, tiene la flexibilidad de modificarlos cuando sea necesario o apropiado.

Balance en las crisis: El individuo puede soportar el dolor o la incomodidad de una situación con la intención de lograr un crecimiento personal.

Mapa Emocional
Un cuadro representa un varón
Un circulo representa una mujer
Una línea conectándolos representa que son un matrimonio.
Una línea ondulada representa una relación conflictiva
Dos líneas paralelas representan una relación muy apegada
Una línea en puntos representa una relación desconectada.

La necesidad de cercanía
Entre el hombre y la mujer hay una distancia imaginaria que ambos deben llenar en forma más o menos balanceada. La necesidad de cercanía tiene un origen genético y ambiental. Las diferencias en la necesidad de cercanía de cada individuo hacen que las parejas desarrollen diferentes estilos de intimidad.

Frío - Frío

Cuando los cónyuges tienen una necesidad muy baja de cercanía tienden a conformarse con relaciones superficiales, donde los dos se pueden sentir satisfechos con un nivel superficial de intimidad. Si los dos están satisfechos con un nivel bajo de intimidad, no hay problema. Si uno de los dos se siente insatisfecho, va a buscar la cercanía y al hacerlo alterará el estilo de intimidad. Hay que recordar que cada pareja es dueña de su relación y son ellos los que determinan con qué nivel de intimidad se sienten cómodos.

Intenso – Frío

En este estilo de relación, uno tiene una necesidad muy fuerte de cercanía, mientras que el cónyuge la tiene muy baja. Las características del que tiene una necesidad fuerte de cercanía es que se entregará con intensidad a la relación, puede ser posesivo pondrá presión para que el cónyuge responda de igual forma. Por su parte el que tiene una necesidad baja de cercanía se sentirá abrumado por la intensidad de su cónyuge, tratará de alejarse emocionalmente y puede parecer frío e indiferente. En este tipo de relaciones se genera el fenómeno de gato y el ratón. El más intenso es el gato, y el menos intenso es el ratón. Entre más persiga el gato al ratón, este último se alejará con más intensidad. Dentro de esta dinámica, los dos terminan cansados y posiblemente divorciados. Para mejorar este tipo de relaciones ambos deben cooperar, uno, siendo menos intenso y el otro siendo un poco más intenso. Es común que la persona que se siente asfixiada busque escapes, como adicciones o infidelidades.

Intenso - Intenso

Cuando los dos tienen una necesidad muy fuerte de cercanía, desarrollan una relación que se conoce como una relación fundida donde ambos tienden a perder su identidad. Su intensidad les hace tener muchos conflictos los cuales giran alrededor del control. Para reducir los conflictos y mejorar la relación, ambos deben aprender a regular su intensidad y darle más espacio al otro para que tenga su vida propia. Es posible que si uno de los dos reduce la intensidad se produzcan cambios en la relación.

Regulado - regulado

En una relación donde los dos saben regular su necesidad de cercanía, ambos toman suficiente espacio para sentir que tienen vida propia, pero a la misma vez mantienen un buen nivel de cercanía con el cónyuge. Estas parejas logran un balance entre cercanía y libertad, ni se asfixian ni se desconectan. Ambos conservan su identidad y permiten que el otro conserve la suya. Estas parejas resuelven sus conflictos en forma saludable, ambos se dan espacio para hacer cosas separados. Ambos se sienten valorados y apreciados y se siguen deseando sexualmente.

Teoría Estructural

El principal creador de las teorías estructurales es Salvador Minuchin. Salvador Minuchin, nació en Argentina, el año 1921, dentro de una familia de inmigrantes judíos-rusos. En 1946, se graduó de la Facultad de Medicina de la Universidad de Córdova en Argentina. En 1950, se trasladó a los EE.UU. para estudiar psiquiatría. En el año 1974, creó el sistema de terapia conocido como "Terapia Familiar Estructural" Minuchin enseño psiquiatría infantil en la Universidad de Pennsylvania. En 1965, Fue nombrado director de la Clínica de Guía Infantil en Philadelphia. En 1988, fundó en Nueva York el Family Studies Inc., un instituto dedicado a la formación de terapeutas familiares. En el presente Salvador Minuchin debe tener 95 años y hasta hace algunos años se sabía que seguía activo formando nuevos consejeros profesionales.

Introducción a la terapia estructural

Los conceptos principales de la teoría Estructural fueron tomados del libro Historia Teoría y Práctica de la Terapia Familiar. Gladding (2001).

El poder: La idea central de este enfoque es que la estructura de la familia se forma y se sostiene según la distribución del poder. El abuso y la falta de poder causan muchos problemas familiares. Dentro de un sistema las personas con menos poder son las que más sufren y las que más se quejan.

La distribución del poder: En cada familia existen reglas, límites, subsistemas, jerarquías, alianzas, coaliciones. Las disfunciones familiares son el resultado de la falta de balance en alguna de esas áreas. Las familias que están pasando por problemas deben evaluar donde se encuentra el poder acumulado y tratar de balancearlo.

Reglas: Son las interacciones automáticas que adoptan las familias al tratar de balancear el poder; por ejemplo: "En esta casa nadie grita" o "la hora de dormir es a las nueve de la noche".

Estructura: Es el conjunto de reglas que le dan una forma única a cada familia.

Jerarquía: Es la distribución del poder. La persona que tiene más poder es la que tiene el control.

Limites:

Limites rígidos: Son excesivamente restrictivos y no permiten el contacto con otros individuos o subsistemas. Generalmente, los límites rígidos terminan creando desconexión y aislamiento; lo cual, a su vez, limita la comunicación de afecto, calor y apoyo mutuo.

Límites difusos: La unidad sirve como pretexto para sacrificar la independencia y autonomía de todos los miembros de la familia. Los padres con límites difusos forman hijos dependientes. Estos hijos se sienten incómodos estando solos y pueden tener problemas para relacionarse fuera de su familia.

Límites claros: Marcan la cantidad de contacto que quieren tener con otros individuos o subsistemas, pero son flexibles para ajustarse. La familia saludable no es la que tiene menos problemas, sino la que tiene una Estructura firme y flexible para manejarlos.

Otros conceptos de la terapia estructural

Subsistemas: Son las alianzas entre diferentes miembros de la familia. Por ejemplo: Papá y mamá son un subsistema, los hermanos son otro subsistema.

Alianzas: Son uniones entre miembros de la familia; éstos se alían para alcanzar una meta común.

Coaliciones: Son las uniones de miembros de la familia que se forman con el propósito de hacerle la guerra a otros miembros o subsistemas.

Triángulos: Subestructuras creadas para bajar el nivel de ansiedad de una persona al formar una alianza con otra.

Mapa familiar: Es un dibujo hecho con símbolos que representan todas las definiciones que contiene esta teoría.

Desarrollo de la familia:

En su desarrollo, una pareja sufre dos tipos de ajustes: Primero, se tienen que ajustar entre ellos mismos y segundo, se deben de ajustar con sus familiares. Los recién casados tienen que adaptarse y establecer límites entre ellos pues cada uno tenderá a establecer lo que aprendió en su casa, y a resentir lo que el otro haga de manera diferente.

Lo ideal es estar de acuerdo en los asuntos importantes y no prestar atención a los pequeños detalles.

Poco a poco se van estableciendo los límites, estos pueden ser rígidos, difusos o claros. Por lo general, cada individuo se siente más cómodo con su pareja, si desarrolla un nivel de cercanía parecido al que experimentó con su familia de origen.

Los recién casados deben establecer límites con su familia de origen; éstos límites son difíciles de establecer, tanto para los recién casados, como para sus familias.

Con la llegada de los hijos la estructura toma otra forma y surgen los subsistemas. Los hijos producen mucho estrés y el potencial para nuevos conflictos. Otro aspecto del desarrollo es el balance entre pertenencia e individualidad. Por ejemplo: Juan Pérez, su nombre propio lo diferencia del resto porque solo él se llama Juan, pero su apellido Pérez le da el sentido de pertenecer porque es parte de la familia Pérez.

Durante el desarrollo, los individuos tienen diferentes necesidades: Los infantes necesitan alimentación y seguridad. Los adolescentes dirección y límites. Los jóvenes necesitan independencia y responsabilidad.
Todas las familias experimentan dolor en cada etapa de transición, pero éste dolor no debe confundirse con el dolor causado por problemas patológicos.

Desarrollo de desórdenes de conducta:

Es difícil trazar una línea de separación entre una familia saludable y la que tiene problemas patológicos. Sin embargo, hay una diferencia clara: Las familias saludables modifican sus estructuras para ajustarse a los cambios, las patológicas incrementan su rigidez.

Es necesario que las familias se ajusten cada vez que experimentan presiones externas, o cuando alcancen el punto de transición en etapas de crecimiento.
Los desórdenes de conducta suceden cuando aparece un estresante que requiere que todos los miembros hagan ajustes. Si la familia falla en ajustarse al nuevo estresante, uno de sus miembros puede desarrollar algún tipo de síntomas

Las familias desconectadas, con límites rígidos, son lentas para apoyar al que está experimentando estrés. Las familias súper conectadas, con límites difusos, sobre reaccionan a lo que le pasa a uno de sus miembros, limitando así las posibilidades de maduración.

El fenómeno de apego y desapego es recíproco; cuando uno se desapega de algo, se apega a otro objeto. El padre se desapega de la esposa y se apega al deporte. La madre se desapega del esposo para apegarse a los hijos.
Las jerarquías pueden ser débiles e inefectivas o pueden ser rígidas y arbitrarias. Las jerarquías dan forma a la estructura y marcan los subsistemas. Las cualidades más importantes dentro de la estructura son la firmeza y la flexibilidad.

Una de las formas más peligrosas de funcionar es la actitud de "evitar conflictos" para no hacer cambios. La familia desapegada evade los conflictos por medio del aislamiento y no hablando de los problemas. La familia apegada evade los conflictos por medio de las riñas triviales que no solucionan nada.

Algunas familias desvían la atención a otra dirección para evitar enfrentar los conflictos personales. Los padres se enfocan en los problemas de los hijos para evitar solucionar sus propios problemas o desarrollan coaliciones inter- generacionales.

Una deficiencia de muchas familias es que no logran establecer reglas claras y firmes para el buen desarrollo de los hijos.

Condiciones para el cambio:

No se necesitan estructuras nuevas, sino despertar las que están dormidas. Se deben introducir opciones de funcionamiento. Producir estrés para desestabilizar la homeostasis y dar lugar a diferentes formas de relacionarse, es decir, reglas diferentes.
Define el problema en términos de relaciones entre individuos y fuerzas externas. Usa la técnica de re- encuadrar el problema. Esto significa poner el problema dentro de otro contexto y darle otra interpretación.

Usar la actuación familiar delante de quien va a intervenir para hacer interpretaciones de proceso, no de contenido. Reconociendo las secuencias de comportamiento e interpretándolas. Dirigiendo la actuación familiar para hacer cambios.

Después de la Actuación Familiar, se debe explicar lo que salió mal o moverlos para que lo hagan mejor. Ejemplo: "Felicidades por haber ganado la discusión."

El modelo de Gottman

Los principales conceptos de la teoría de Gottman fueron tomados del libro Por qué los Matrimonios fracasan o tienen Éxito. Gottman, (1994).

Una diferencia: La mayoría de fundadores de teorías primero las crearon y luego han tratado de confirmarlas por medio de investigaciones científicas. El Dr. John Gottman, primero ha hecho las investigaciones científicas y después ha desarrollado sus teorías en base a sus observaciones.

La historia de su trabajo: El doctor Gottman tiene su laboratorio con personal y equipo especializado para observar a los pacientes que analizan. Sus investigaciones son principalmente con matrimonios y sus teorías son para ayudarlos a elevar el nivel de satisfacción matrimonial.

Desatar la comunicación: Esta técnica consiste en motivar a la pareja a que dialoguen sin la intervención del consejero. Pero recomendarles que eviten ciertas prácticas destructivas durante la comunicación. Las parejas tienen muchos problemas por la conversación que nunca han tenido.

Las parejas conflictivas: Este estilo de parejas tienden a relacionarse mediante ataques y defensa. Por lo general están cargadas de emociones negativas. Estas emociones infectan todas las áreas de su relación matrimonial.

Parejas emocionalmente distantes: Hay parejas donde cada quien está en su trinchera con su arma cargada para disparar. En este estilo de relaciones no hay ningún tipo de emociones positivas y las que un día hubo están reprimidas. Él gasta, ella ahorra, o a él le gustan los perros, a ella no.

El rol del consejero: Debe de reducir sus intervenciones gradualmente para que la pareja practique en la oficina como debe dialogar en casa. El consejero debe evitar interrumpir a la pareja y evitar ser esencial. Mostrar que las ideas de los pacientes son mejores.

La analogía del boxeo: El ring es la oficina del consejero, la pelea es el diálogo conflictivo, la esquina es el lugar de reflexión y el árbitro es el consejero.

Los 4 caballos de Apocalipsis: Para Gottman las actitudes más destructivas dentro de una relación matrimonial son la crítica, el desprecio, actitudes defensivas, y la distancia emocional. A estas actitudes les llama los cuatro caballos de apocalipsis.

Habilidades sociales: Las habilidades sociales más importantes según Gottman son reemplazar los 4 caballos de Apocalipsis, suavizar los inicios del diálogo, aceptar influencia, regular las emociones, y relajarse, hacer reparaciones emocionales, y la negociación y el compromiso.

Hay que reparar la relación: Para reparar la relación, la pareja tiene que aprender a intentar y responder emocionalmente, desarrollar rituales de conexión significativos, tener actividades para ellos solos y planear para las recaídas.

La espiritualidad: Para desarrollar una relación espiritual, la pareja debe explorar el significado de su relación, explorar la narrativa de su historia, usar fotos para evocar momentos agradables con el propósito de profundizar la intimidad.

El rol del consejero: El consejero establece la confianza con ambos, enfatizar lo positivo de ambos, les da el derecho a quejarse, les ayuda a descubrir emociones en sus diálogos y a moverse del ataque a la colaboración.

Las etapas de la terapia: Durante el tratamiento, la pareja pasa por varias etapas, entre ellas: El desahogo, la liberación de tensión, salir de sus barricadas, aprender a quejarse en lugar de criticar, y aprender a dialogar en lugar de querer resolver.

Los sueños: Los sueños son los anhelos más profundos de cada persona, y hay que aprender a escucharlos, se debe descubrir su posición simbólica y las emociones asociadas al sueño. Cada cónyuge debe aprender a honrar el sueño del otro. En cada matrimonio hay dos realidades subjetivas.

La resistencia: Todo paciente esta propenso a sufrir estados de resistencia. Esta se manifiesta por medio de la distorsión del proceso terapéutico. El consejero debe estar preparado para recibir la resistencia y no tratar de defender sus intervenciones, no esperar reconocimiento y descubrir el "modelo interno".

Aprender a dialogar: Toda pareja tiene un amplio repertorio de problemas crónicos que no tienen solución inmediata. Entre estos problemas se encuentran las diferencias afectivas, las ideas Políticas, los gustos personales, cuantos hijos tendrán y muchos otros. Los matrimonios deben hacer un cambio drástico de paradigmas. En lugar del modelo de ataque y defensa deben reemplazarlo por el de colaboración. En lugar del modelo correcto o incorrecto, se debe desarrollar el modelo de aceptación y aprobación.

Enfoque en Soluciones

Los principales conceptos de la Teoría Enfoque en Soluciones fueron tomados de la página de internet Instituto de Terapia Enfoque en Soluciones (2015).

Las ideas centrales de este enfoque son: Una familia disfuncional se aglutina cuando trata los problemas. La familia tiene recursos y puntos fuertes para resolver todo tipo de problema.

La pregunta milagrosa: Se usa para que el paciente se visualice libre del problema que presenta. "Si esta noche sucediera un milagro y todos tus problemas desaparecieran; mañana al despertar, ¿qué es lo primero que vas a notar como señal que tus problemas ya no existen?"

Las excepciones: Esta técnica se usa para buscar y encontrar los espacios positivos del paciente. Ejemplo: ¿Qué pasa cuando el problema no está aconteciendo?

Las llaves: Esta técnica consiste en encontrar opciones para resolver un problema pero que no están usando y motivarles a que principien a usarlas.

El análisis de escala: Se le explica al paciente que el número 1 representa lo PEOR y el 10 significa LO MEJOR. Luego se le pregunta: ¿En una escala del 1 - 10 ¿cuánto crees que has cambiado en comparación a la sesión pasada?". Luego se le pide que identifique lo que hizo bien para lograr esa diferencia.

Capítulo 7:
El Poder de los Grupos

Introducción

Propósito:
Mostrar las dos formas poderosas en que los grupos pueden ser utilizados. **Primero,** son poderosos para generar crecimiento numérico en las iglesias. **Segundo**, son poderosos para transformar la vida de las personas que los componen.

Su poder para generar crecimiento numérico

El concepto de una célula: El crecimiento se genera porque está basado en el concepto de células. Una célula es el micro organismo vivo más pequeño, pero con el potencial de multiplicarse. Cuando el óvulo de la mujer es insertado por un espermatozoide, forman la primera célula que en un promedio de 9 meses se convertirá en un bebé y después en un adulto.

Desarrollo de una célula: Esa primera célula se parte en dos, multiplicándose por primera vez, convirtiéndose en dos células. Luego se vuelven a multiplicar convirtiéndose en cuatro células y luego en ocho y luego en dieciséis; convirtiéndose en una mórula. Este proceso continúa hasta formar un zigoto, después un feto y finalmente nace convertido en un precioso bebé. El crecimiento y la multiplicación de células no se detiene y el bebé termina convirtiéndose en un adulto.

El desarrollo de todo lo que tiene vida: El mismo fenómeno sucede en el mundo animal y en el mundo vegetal. Dios ha puesto vida en los animales y las plantas con la capacidad de crecer y de reproducirse. Los grupos son poderosos para generar crecimiento porque tienen la vida que Dios puso en ellos.

Los grupos en la biblia: El primer grupo del cual nos habla la escritura lo encontramos en el cielo. Dios dijo: *"Hagamos al hombre conforme a nuestra semejanza"* (Génesis 1:26).

En el libro del Éxodo encontramos la recomendación que Jetro le dio a Moisés su yerno, acerca de cómo administrarse y ser más efectivo. *"Además, escoge tú de entre todo el pueblo varones de virtud, temerosos de Dios, varones de verdad, que aborrezcan la avaricia; y ponlos sobre el pueblo por jefes de millares, de centenas, de cincuenta y de diez. Ellos juzgarán al pueblo en todo tiempo"* (Éxodo 18:21-22).

"Porque donde están dos o tres congregados en mi nombre, allí estoy yo en medio de ellos" (Mateo 18:20).

"Los nombres de los doce apóstoles son estos: primero Simón, llamado Pedro, y Andrés su hermano; Jacobo hijo de Zebedeo, y Juan su hermano; Felipe, Bartolomé, Tomás, Mateo el publicano, Jacobo hijo de Alfeo, Lebeo, por sobrenombre Tadeo, Simón el cananista, y Judas Iscariote, el que también le entregó" (Mateo 10:2-4).

"Seis días después, Jesús tomó a Pedro, a Jacobo y a Juan su hermano, y los llevó aparte a un monte alto; y se transfiguró delante de ellos, y resplandeció su rostro como el sol, y sus vestidos se hicieron blancos como la luz" (Mateo 17:1-2).

"Y todos los días, en el templo y por las casas, no cesaban de enseñar y predicar a Jesucristo" (Hechos 5:42).

"Saludad a Priscila y a Aquila, mis colaboradores en Cristo Jesús. Saludad también a la iglesia de su casa" (Romanos 16:3,5).

"Las iglesias de Asia os saludan. Aquila y Priscila, con la iglesia que está en su casa, os saludan mucho en el Señor" (1 Corintios 16:19).

"Saludad a los hermanos que están en Laodicea, y a Ninfas y a la iglesia que está en su casa" (Colosenses 4:15).

"y a la amada hermana Apia, y a Arquipo nuestro compañero de milicia, y a la iglesia que está en tu casa" (Filemón 2).

"Al otro día, saliendo Pablo y los que con él estábamos, fuimos a Cesarea; y entrando en casa de Felipe el evangelista, que era uno de los siete, posamos con él. Este tenía cuatro hijas doncellas que profetizaban" (Hechos 21:8-9).

Los grupos en casas fueron el principal instrumento del Señor Jesús para formar la Iglesia más grande del mundo. Hay evidencia de que ésta fue la forma en la que la iglesia se reunía durante los primeros 300 años de su historia.

Características de los grupos en casas

Centro de adoración: En estas reuniones se experimenta a plenitud la vida de la iglesia. Se alaba, se adora, se ministra y se estudia la palabra de Dios. Por medio de estos actos se experimenta la presencia de Jesús.

Centro de participación: Los grupos en casas son pequeños y abiertos a cualquier persona. Su tamaño permite la participación de todos los presentes y tienen la meta de multiplicarse.

Centro de transformación: La presencia de Jesús y la forma en que se estudian las sagradas escrituras son los ingredientes fundamentales para transformar la vida de los participantes de estos grupos.

Centro de ministración: Es fácil ministrar las necesidades de los que asisten a grupos pequeños; porque en un ambiente reducido hay más cercanía y se conoce mejor el estado espiritual de los asistentes.

Centro de discipulado: Las reuniones en casas son el lugar donde Dios transforma la vida de las personas y las convierte en verdaderos discípulos. Allí se preparan y se convierten en parte activa del proceso de multiplicación. En cada reunión se hace un compromiso y la pregunta, ¿Cómo te bendijo el Señor esta semana?

Centro de formación de líderes: La formación de líderes tiene cuatro etapas donde el líder dice:
1. "Mírame hacerlo".
2. "Ayúdame a hacerlo".
3. "Hazlo tú y yo te ayudo".
4. "Ahora hazlo tú solo".

Centro de crecimiento: Desde sus inicios, la iglesia ha sido un organismo vivo y en continuo crecimiento. El mandamiento del Señor Jesús fue: *"y me seréis testigos en Jerusalén, en toda Judea, en Samaria, y hasta lo último de la tierra"* (Hechos 1:8).

Beneficios de los grupos en casas

La multiplicación: Cuando una iglesia está compuesta por grupos, muchas cosas se multiplican. Hay más directores de cantos, más oraciones, más estudios de la Palabra de Dios y más personas ministradas en sus necesidades. Todo esto genera crecimiento espiritual y numérico.

Relaciones más profundas: Los grupos pequeños facilitan la cercanía entre unos y otros. Es más fácil para una persona abrir el corazón y mostrar lo que le está pasando. Además, los líderes pueden tener mayor influencia positiva sobre el grupo.

Hay transformación: Las personas que participan en los grupos pequeños tienen mayor potencial de transformar sus vidas. Esto sucede porque son motivados a reflexionar con más profundidad y aplicar la Palabra de Dios en forma personal. Además, son motivados a hacer un compromiso serio con Dios.

La transmisión de valores

El Señor Jesús afirmó: *"Donde esté tu tesoro allí estará también tu corazón"* (Mateo 6.21).

En general, los individuos tenemos dos sistemas de valores: El primer sistema es la máscara que nos ponemos cuando estamos frente a otros; es lo que aparentamos ser o lo que queremos que la gente crea de nosotros. El otro sistema es el verdadero; el que rige nuestras acciones diarias.

Todos nosotros usamos nuestro tiempo, energía y dinero en aquellas cosas que valoramos, y usamos sólo lo esencial en guardar las apariencias.
Jesús dijo que: *"El árbol por su fruto es conocido"*. Eso significa que las acciones del individuo muestran cuál es el sistema de valores que lo rige. Para conocer los valores de un individuo no le preguntes cuáles son, pregúntale qué hizo esta semana.

Es más difícil mantener la apariencia en un grupo pequeño, lo que permite que seamos más genuinos. Si nuestros valores son verdaderamente espirituales y elevados, vamos a poder comunicarlos en forma más efectiva dentro de estos grupos.

Cada cristiano se debe responder la pregunta: ¿Para qué me llamo Dios, para vivir un cristianismo de apariencia o para participar de un cristianismo de acción? Los grupos están orientados a motivar a sus participantes a desarrollar un cristianismo de acción en lugar de conformarse tan sólo con cuidar el aspecto aparente del cristianismo.

Una pregunta que debemos hacernos es: ¿Qué cosas valora Dios? Y después observar nuestra vida para ver si estamos viviendo las cosas que Dios valora. Por lo general, lo que Dios valora son acciones, no credos.

El cristianismo no es un conjunto de ideas sino un conjunto de acciones específicas de adoración al Creador y de servicio hacia los demás.

En un sentido práctico, sólo quien vive sus valores los puede transmitir. Dentro de un grupo pequeño es más fácil observar a los que realmente viven sus valores.

Cambiar nuestros valores es más difícil que preparar reuniones, programas y eventos. Este cambio es posible cuando cada cristiano adopte una actitud responsable ante las cosas espirituales.

Características de los grupos en casas

Se participa de un proceso de crecimiento: Los procesos de crecimiento de cualquier organismo que tiene vida son continuos. En el momento que se detienen dicho organismo empieza a morir.

Estos procesos son silenciosos y nadie los nota porque suceden a niveles microscópicos. De la misma forma sucede con el crecimiento de la iglesia, los procesos que realmente la hacen crecer no están llenos de glamour o de pompa.

Dios ha puesto leyes de crecimiento y reproducción en todos los organismos vivos. Es Dios quien sostiene ese crecimiento. Las iglesias que realmente están vivas lo están porque Dios está trabajando en niveles que no se ven porque no son superficiales.

Este tipo de crecimiento requiere disciplina, constancia y trabajo diario. Sólo lo realizan las personas que realmente tienen la vida de Dios en ellos. Trabajan porque es su naturaleza y no se cansan porque reciben la fortaleza directamente de Dios.

El niño no crece porque le hicieron una gran fiesta de cumpleaños, sino por los procesos de vida que Dios ha puesto en su cuerpo. Hay que celebrar el crecimiento, pero nunca pensar que la celebración es lo que trajo el crecimiento.

Los grupos pequeños son el lugar más apropiado para crear una cultura de cercanía con Dios, así como un crecimiento en calidad y número.

El grupo pequeño ideal: Un grupo pequeño ideal es aquel donde Jesús está en el centro; todos aprenden directamente de Dios, todos participan, las relaciones se fortalecen, los corazones se abren y son ministrados y hay crecimiento numérico. Romperán la costumbre de "ser siempre los mismos", cada quien realizará la parte del trabajo que le toca. Comprobarán que Dios es fiel en dar el crecimiento y todos se sentirán libres para trabajar. Crecerán en calidad a través de la participación y responsabilidad compartida de todos los miembros.

El poder transformador de los grupos en casas

Las reuniones de grupos son muy populares dentro del ambiente religioso, sin embargo, son pocas las reuniones que realmente se enfocan en la modificación del comportamiento.

Estos grupos pueden ser abiertos o cerrados. Si es cerrado, el grupo después de ser formado ya no puede añadir personas. Si se diseña como grupo abierto, habrá entradas y salidas de personas.

Los grupos que realmente funcionan para transformar el comportamiento no son producto de la casualidad, sino de un estricto apego a ciertos principios básicos que vamos a estudiar en esta parte del curso.

En que radica su poder transformador:
Las ideas del poder transformador de los grupos fueron tomadas del libro Teoría y Práctica de la psicoterapia de grupo Irvin D. Yalom (2005).

La forma de leer la escritura: Dentro de un grupo pequeño, cada miembro lee y aplica la escritura a su propia vida; esto favorece su relación con Dios.

Dan esperanza: Dar esperanza es necesario porque cuando las personas están batallando con problemas tienden a pensar que no hay solución. Una forma de inspirar esperanza es la transparencia.

Hay transparencia: Cuando los miembros del grupo son transparentes y con honestidad platican cómo han salido adelante en sus problemas, la persona que va llegando recibe esperanza. Otras formas de inspirar esperanza las veremos a continuación.

Una nueva familia: Los grupos más efectivos llegan a ser tan significantes en la vida de sus miembros que llegan a convertirse en una familia. Cada miembro debe recibir y aceptar a los demás de la forma que le gustaría ser aceptado. El grupo debe reemplazar a la familia que lo rechazó, que abusó de él o que lo abandonó.

Hay apego emocional: Uno de los factores más importantes para que el grupo sea efectivo es el apego emocional. Este apego se va logrando poco a poco y requiere de un conocimiento más Profundo de sí mismo y de los demás, dentro de un ambiente de aceptación mutua.

Para que el apego emocional se logre, todos los miembros tienen que contribuir abriendo su interior y creando un ambiente de aceptación, confianza y respeto a los demás. Esta relación es vital para que exista alguna modificación del comportamiento y debe estar caracterizada por la confianza, la calidez humana, la empatía, el entendimiento y la aceptación.

Todas las corrientes terapéuticas consideran la relación entre el paciente y el terapeuta como algo vital, no como algo opcional. El apego emocional dentro del grupo es semejante en importancia al apego entre el terapeuta y el paciente.

Se libera tensión: Una de las principales funciones del apego emocional es que gobierna la liberación de tensión. En otras palabras, la intensidad del apego es lo que gobierna la cantidad de tensión que los miembros del grupo liberan. En este ambiente, los participantes tienen libertad de expresar lo que realmente les perturba.

Hay aceptación: Uno de los fenómenos más importantes dentro de los grupos es que las personas creen que si abren su corazón ante los demás se arriesgan a ser rechazadas. Sin embargo, el que cree que va a ser rechazado y es aceptado, descubre que sus creencias eran distorsionadas. La aceptación y la pertenencia son indispensables para el desarrollo del ser humano. Por otro lado, la marginación y el rechazo son desastrosos para cualquiera que tenga el anhelo de modificar su comportamiento.

El grupo y los subgrupos: Existe el riesgo de que la segunda tome más importancia que la primera y estorbe al proceso de transformación.

Técnicas de los grupos en casas

Aquí y ahora: Para que el grupo pueda ser afectivo debe funcionar bajo el principio de aquí y ahora. Esto sucede si todos los miembros dialogan, primordialmente, sobre asuntos personales y sobre la forma en que les está afectando en ese momento. El propósito central de este principio es estar atentos a los distintos procesos que se desarrollan dentro del grupo.

Los procesos: En la comunicación de un grupo existe lo que se define como contenido y proceso. El contenido tiene que ver directamente con las palabras que se comunican y el proceso tiene que ver con la forma en que se expresan, esto incluye gestos ademanes y reacciones de los oyentes y conductas repetitivas.

El proceso emocional: Es el proceso más importante dentro de los grupos pequeños y va de la mano con la comunicación, pero es mucho más profundo y complejo y se debe entender por separado. Independientemente de las palabras, gestos y ademanes que se expresan dentro del grupo, hay corrientes emocionales subterráneas que deberían ser exploradas. Un diálogo abierto sobre el proceso emocional descubre lo que está sucediendo en ese nivel.

Ejemplo del proceso emocional: Imaginemos a una persona que generalmente es asertiva y siempre está participando dentro del grupo, pero un día, todos perciben que ha hablado muy poco, sin embargo, pero nadie dice nada. En el grupo hay una sensación tensa debido a esta persona, esta sensación es parte del proceso emocional que se debe tratar.

La confrontación amable: Los procesos emocionales internos del grupo se deben tratar abiertamente para beneficio de todos. Una forma de intervenir, sería preguntando: "¿Desde que iniciamos esta sesión, siento cierta tensión en el grupo y quisiera saber si soy yo o alguien más lo siente? Además, tú no has hablado casi nada, ¿podríamos saber qué te pasa?"

El examen personal

Definición: Es el proceso por medio del cual el individuo logra un conocimiento más amplio sobre su persona y sus relaciones personales; esto es vital en la modificación del comportamiento.

El examen personal abarca el proceso de descubrir algo importante sobre sí mismo, sobre su comportamiento, sus motivaciones, su inconsciente o sus relaciones.

Niveles de examen personal:

Primer Nivel: Hay que tratar de ampliar el concepto de cómo lo ven los demás. Tal vez lo vean tenso, caluroso, frío, déspota, iracundo, seductivo, arrogante, prepotente, generoso, débil, inseguro, etc.

Segundo Nivel: Aquí hay que descubrir patrones de conducta. Por ejemplo: si explota a los demás, si busca admiración, si seduce, si rechaza, si siempre está necesitado de afecto, si se relaciona sólo con hombres o sólo con mujeres, cómo reacciona ante una crisis, sus actitudes ante el poder, etc.

Tercer Nivel: Aquí hay que descubrir qué le motiva a hacer las cosas que hace. Por ejemplo, sus reacciones responden a sus miedos, sus ansiedades, sus angustias. El miedo al rechazo, el miedo al abandono, a la humillación, miedo a perder la identidad etc. Gary van Warmerdam (2016).

La realidad del hombre está en su interior

"Y Jehová respondió a Samuel: No mires a su parecer, ni a lo grande de su estatura, porque yo lo desecho; porque Jehová no mira lo que mira el hombre; pues el hombre mira lo que está delante de sus ojos, pero Jehová mira el corazón" (1 Sam. 16:7).

"Vuestro atavío no sea el externo de peinados ostentosos, de adornos de oro o de vestidos lujosos, sino el interno, el del corazón, en el incorruptible ornato de un espíritu afable y apacible, que es de grande estima delante de Dios" (1 Pedro 3:3-4).

"¿Y por qué miras la paja que está en el ojo de tu hermano, y no echas de ver la viga que está en tu propio ojo? ¿O cómo dirás a tu hermano: Déjame sacar la paja de tu ojo, ¿y he aquí la viga en el ojo tuyo? ¡Hipócrita! saca primero la viga de tu propio ojo, y entonces verás bien para sacar la paja del ojo de tu hermano" (Mat. 7:3-5).

"Seguid la paz con todos, y la santidad, sin la cual nadie verá al Señor. Mirad bien, no sea que alguno deje de alcanzar la gracia de Dios; que, brotando alguna raíz de amargura, os estorbe, y por ella muchos sean contaminados" (Hebreos 12:15).

"para que os dé, conforme a las riquezas de su gloria, el ser fortalecidos con poder en el hombre interior por su Espíritu;" (Efe. 3:16).

"Cuando vio esto el fariseo que le había convidado, dijo para sí: Este, si fuera profeta, conocería quién y qué clase de mujer es la que le toca, que es pecadora" (Lucas 7:39).

"A unos que confiaban en sí mismos como justos, y menospreciaban a los otros, dijo también esta parábola: Dos hombres subieron al templo a orar: uno era fariseo, y el otro publicano" (Lucas 18:9-10).

"Todas las cosas son puras para los puros, más para los corrompidos e incrédulos nada les es puro; pues hasta su mente y su conciencia están corrompidas. Profesan conocer a Dios, pero con los hechos lo niegan, siendo abominables y rebeldes, reprobados en cuanto a toda buena obra" (Tito 1:15).

"¡Ay de vosotros, escribas y fariseos, hipócritas! porque limpiáis lo de fuera del vaso y del plato, pero por dentro estáis llenos de robo y de injusticia. ¡Fariseo ciego! Limpia primero lo de dentro del vaso y del plato, para que también lo de fuera sea limpio" (Mateo 23:25-26).

"¡Ay de vosotros, escribas y fariseos, hipócritas! porque sois semejantes a sepulcros blanqueados, que, por fuera, a la verdad, se muestran hermosos, más por dentro están llenos de huesos de muertos y de toda inmundicia" (Mat. 23:27).

"Pero lo que sale de la boca, del corazón sale; y esto contamina al hombre. Porque del corazón salen los malos pensamientos, los homicidios, los adulterios, las fornicaciones, los hurtos, los falsos testimonios, las blasfemias. Estas cosas son las que contaminan al hombre" (Mat. 15:18-20).

"Escudríñame, oh Jehová, y pruébame; examina mis íntimos pensamientos y mi corazón" (Salmos 26:2).

"Lámpara de Jehová es el espíritu del hombre, La cual escudriña lo más profundo del corazón" (Proverbios 20:27).

"Escudriñemos nuestros caminos, y busquemos, y volvámonos a Jehová" (Lamentaciones 3:40).

"Me volví y fijé mi corazón para saber y examinar e inquirir la sabiduría y la razón, y para conocer la maldad de la insensatez y el desvarío del error" (Eclesiastés 7:25).

"Si, pues, nos examinásemos a nosotros mismos, no seríamos juzgados" (1 Corintios 11:31).

"Examinaos a vosotros mismos si estáis en la fe; probaos a vosotros mismos. ¿O no os conocéis a vosotros mismos, que Jesucristo está en vosotros, a menos que estéis reprobados?" (2 Corintios 13:5).

Capítulo 8:
Problemas Mentales

Introducción

Propósito
Definir la sintomatología de los desórdenes mentales más comunes y su impacto en la vida familiar, con la intención de entender y ayudar a quienes los padecen y a quienes conviven con ellos. Existe una Profunda Necesidad de Comprender Mejor el Comportamiento Humano.

Jesús conocía los corazones a profundidad
"Más él conocía los pensamientos de ellos; y dijo al hombre que tenía la mano seca: Levántate, y ponte en medio. Y él, levantándose, se puso en pie" (Lucas 6:8).

"Pero Jesús mismo no se fiaba de ellos, porque conocía a todos y no tenía necesidad de que nadie le diese testimonio del hombre, pues él sabía lo que había en el hombre" (Juan 2:24).

"Y orando, dijeron: Tú, Señor, que conoces los corazones de todos, muestra cuál de estos dos has escogido" (Hechos 1:24).

La incidencia de problemas mentales
Según la Organización Mundial de la Salud, **una de cada tres** personas va a padecer de algún desorden mental en su vida.

Manual Diagnóstico y Estadístico de los Trastornos Mentales (DSM-IV)
Todas las definiciones de los desórdenes mentales fueron tomadas del Manual Diagnóstico y Estadístico de los Trastornos Mentales (DSM-IV) (1995).

Este manual es donde se encuentran definidos todos los problemas mentales que se han logrado identificar. Este manual contiene cinco grandes divisiones.

Eje I, Trastornos clínicos y otros problemas que pueden ser objeto de atención clínica.
Eje II, Trastornos de la personalidad Retraso mental.
Eje III, Enfermedades médicas.
Eje IV. Problemas psicosociales y ambientales.
Eje V, Evaluación de la actividad global.

Nuevo Manual Diagnóstico y Estadístico de los Trastornos Mentales
En el año 2014 apareció la nueva versión revisada que se llama Manual Diagnóstico y Estadístico de los Trastornos Mentales. (**DSM-V**).

Los desórdenes mentales más comunes:

A. Desórdenes que se diagnostican en la infancia y en la adolescencia: Retraso mental, trastornos de aprendizaje, trastornos de la comunicación, trastornos de déficit de atención con hiperactividad y trastornos de tics entre otros.

B. Desórdenes cognitivos: Tales como delirios, demencia y amnesia, entre otros.

C. Desórdenes mentales asociados a condiciones médicas: Delirio, demencia, amnesia, trastornos del ánimo, de ansiedad, de sueño y problemas sexuales entre otros.

D. Desórdenes relacionados al uso de substancias: Abuso y dependencia de una substancia, desórdenes psicóticos, desórdenes del ánimo, desórdenes de ansiedad, desórdenes psicosomáticos.

E. Trastornos disociativos: Amnesia disociativa, fuga disociativa, trastorno de identidad disociativo antiguamente conocido como personalidad múltiple, trastorno de despersonalización.

F. Desórdenes sexuales: falta de deseo, aversión al sexo, problemas de excitación en la mujer y falta de erección en el hombre, trastorno orgásmico en el hombre y la mujer, eyaculación precoz en el hombre, parafilias, exhibicionismo, fetichismo, pedofilias, voyerismo, masoquismo, sadismo, etc.

G. Desorden de identidad sexual: El trastorno de identidad sexual consiste en un fuerte deseo de pertenecer e identificarse como un individuo del sexo opuesto; hombres que quieren ser mujeres y mujeres que quieren ser hombres.

H. Desórdenes alimenticios: Como anorexia, bulimia, y comedor compulsivo.

I. Desórdenes de sueño: Como apnea de sueño, insomnio, síndrome de piernas inquietas, terrores nocturnos, sonambulismo y narcolepsia entre otros.

J. Desórdenes de control de impulsos: trastorno explosivo intermitente, cleptomanía, piromanía, juego patológico y tricotilomanía.

K. Desórdenes de ajuste: El individuo se tiene que adaptar a enfermedades, pérdidas, cambios, y rupturas de relaciones, entre otras.

L. Desórdenes de personalidad: Personalidad paranoica, esquizoide, esquizo-típico, antisocial, extremista, histriónico, narcisista, evasivo, dependiente y obsesivo-compulsivo.

TDA Trastornos de déficit de atención

Existen dos tipos de déficit de atención: El primero de ellos es déficit de atención sin hiperactividad y el segundo es déficit de atención con hiperactividad, o TDAH.

Criterio para diagnosticar TDA según el DSM IV - TR
Para dar un diagnóstico de TDA la persona debe llenar seis de las siguientes características a un nivel que afecte a otros:
1. No poner atención a los detalles en el trabajo escolar.
2. Dificultad para mantener la atención en una tarea o proyecto.
3. Dar la impresión de no escuchar.
4. No seguir instrucciones y no terminar sus tareas o proyectos.
5. Ser desorganizado.
6. No entregar sus tareas y trabajos escolares a tiempo.
7. Perder cosas como tareas o trabajos, libros, herramientas, etc.
8. Distraerse fácilmente.
9. Olvidarse de sus actividades diarias como cepillarse los dientes, arreglar su cama y su cuarto, hacer la tarea, o hacer trabajos que la familia le ha asignado.

Criterio para diagnosticar TDAH
Para dar un diagnóstico de TDAH la persona debe manifestar como mínimo seis de las siguientes características a un grado tal que afecte a otros:
1. Ser inquieto.
2. No poder permanecer sentado.
3. Correr o treparse en forma excesiva dando la impresión de no cansarse.
4. Tener siempre una respuesta para cada pregunta.
5. Que le sea difícil hacer fila o esperar a otros.
6. Interrumpir frecuentemente a los demás.
7. No poder jugar calladamente.
8. Moverse con frecuencia y caminar de prisa.
9. Hablar demasiado y en forma compulsiva.

Recomendaciones generales:
A. La familia debe tener cuidado cuando un hijo es diagnosticado con TDA; es posible que el diagnóstico sea apropiado, pero siempre es mejor buscar la opinión de un profesional que tenga experiencia en tratar personas con TDA.

B. Si el diagnóstico se confirma, la familia deberá seguir las recomendaciones de un experto en TDA; mantener la casa estructurada con reglas claras y estables, y estar abiertos a la posibilidad de usar medicamento si un buen Psiquiatra lo recomienda.

C. En algunas ciudades existen grupos de apoyo para padres y familiares de personas que han sido diagnosticadas con un problema mental o emocional; participar en estos grupos sería muy beneficioso para la familia. El TDA agrupa una serie de síntomas que pueden ser confundidos con otros factores como defectos en el cerebro, alergias o ser dotado con una inteligencia superior al promedio.

Origen del TDA
A. No se puede asegurar con certeza una causa especifica de TDA, sin embargo, sí se ha descubierto que el TDA tiene un componente genético.

B. Se ha descubierto que algunos químicos tóxicos, como el plomo, pueden causar defectos de nacimiento y daños en el cerebro; entre estos daños se encuentra el TDA.

C. Existen muchas personas diagnosticadas con TDA que no tienen ningún defecto en el cerebro.

D. Los expertos en temperamento y en creatividad han dicho que algunas personas, sin defectos en el cerebro, han sido diagnosticadas con TDA.

E. Las personas con TDA aprenden a compensar su deficiencia de atención y pueden desempeñarse bien en la mayoría de profesiones.

El estrés

Estrés: Es la respuesta del cuerpo ante un evento estresante.
Estresor: Es un evento que despierta una respuesta de estrés.

Diferentes estresores

A. Factores genéticos: Discapacidades, problemas de violencia, adicciones, la depresión y ser emocionalmente inexpresivo.

B. La familia de origen: Cuando hay padres o hermanos divorciados, conflictivos, o metiches. Cuando no tienen una fe saludable. Cuando hay secretos, mitos, tradiciones, y triángulos en la familia.

C. Cuestiones culturales: La degradación del concepto de matrimonio; el incremento de parejas que viven en unión libre, de divorcios y de madres solteras.

D. Factores sociales: La economía, las diversiones, el consumismo, el racismo, el sexismo, y el clasismo.

E. Eventos históricos: Guerras, depresiones económicas, el clima político y los desastres naturales.

F. Compromisos adquiridos: Con familiares, en el trabajo, en la vida social, y con la iglesia.

G. Las situaciones inesperadas: Pérdidas, traumas, accidentes, problemas de salud y problemas financieros.

H. Transiciones de desarrollo: Como estar en búsqueda de pareja, estar recién casados, tener hijos pequeños o adolescentes, cuando los hijos están en proceso de dejar el hogar, cuando la pareja experimenta el nido vacío. Así como aquellas inevitables: La vida adulta y la muerte.

I. **Los sueños:** Son anhelos profundos que tienen un significado muy valioso para cada individuo y tienen un alto contenido emocional. Cuando no se logran, se convierten en estresores muy dolorosos en la vida de un individuo.

Los síntomas del estrés

A. Los síntomas cognitivos: Problemas de memoria, inhabilidad para concentrarse, dificultad para tomar decisiones, ver sólo la parte negativa, pensamientos recurrentes y preocupación constante.

B. Síntomas emocionales: Estar agitado, tener mal humor, irritabilidad, reaccionar en forma impulsiva, inhabilidad para relajarse, sentirse sobre cargado, sentirse solo y aislado, sentirse deprimido e infeliz.

C. Los síntomas físicos: Dolor de cabeza, náuseas y mareos, resfriados frecuentes, diarrea o estreñimiento, dolor de pecho o agruras, pérdida del deseo sexual, dolor de cuerpo y estómago.

D. Síntomas en la conducta: Desórdenes alimenticios, desórdenes de sueño, aislarse de los demás, dejar todo para después, olvidarse de las responsabilidades, depender del alcohol o las drogas para relajarse, comerse las uñas o jalarse el cabello.

Principios para el manejo del estrés

A. No te afanes: Jesús dijo que la preocupación no resuelve nada.
"No os afanéis por vuestra comida o por vuestro vestuario" (Mateo 6:31-33).

B. Aprende a despojarte: El escritor a los Hebreos enseña este principio.
"Despojaos de todo peso y del pecado que nos asedia" (Hebreos 12:1-4).

C. Descansa en Jesús: Este consejo lo dio el apóstol Pedro.
"Echando todas vuestras ansiedades sobre él " (1 Pedro 5:7).

D. Mirar la vida como un largo viaje: El vivir es como viajar en un autobús donde hay que transbordar (estas son las etapas estresantes en la vida) Sin embargo, el viajero se puede preparar para cuando llegue el transborde. Una vez que llega a su nuevo asiento el pasajero se acomoda y continúa disfrutando del viaje.

E. Adoptar un sistema de valores: y vivir de acuerdo a él, ayuda a reducir el estrés. Ese sistema de valores se debe reflejar en prioridades y las prioridades se deben convertir en una agenda que le dé estructura a la vida. Hay que respetar la agenda, y algunas veces hay que decir que no a algunas cosas.

F. Vivir en forma ordenada: ayuda a reducir el estrés, no hay porque vivir a la carrera, hay que tomar tiempo para pensar, para planear, y para reflexionar sobre lo que se ha hecho y tomar el tiempo para hacer ajustes.

G. Aprender a regular el impacto del medio ambiente: Nadie tiene control sobre lo que pasa alrededor, pero si se puede tener control sobre la propia vida. Cada individuo debe aprender a no sobre reaccionar con lo que pasa a su alrededor y no desquitarse con los que viven cerca de él.

H. Cuidar de sí mismo: debe cuidar su cuerpo y su salud, debe tomar tiempo para descansar y hacerlo profundamente. Debe aprender a relajarse por medio del ejercicio físico o por medio de ejercicios de relajación y la respiración profunda. Más información sobre el Estrés se puede encontrar en la Biblioteca Nacional de Medicina de los EE. UU.

La depresión

Definición de depresión:

A. Definición del DSM IV: La depresión es un trastorno del ánimo. Medicamente la depresión es una enfermedad que un médico o un profesional de la salud mental pueden diagnosticar.

B. Niveles de intensidad: Una depresión puede ser ligera, mediana o severa. También puede traer acompañantes psicóticos.

C. Niveles de recuperación: Un paciente deprimido puede estar en recuperación parcial o en recuperación total.

D. Número de episodios: El paciente puede experimentar un episodio aislado de depresión o episodios múltiples.

Tipos de depresión:

Existen al menos cuatro tipos de depresión identificados en el manual de desórdenes y estadísticas. 1. La depresión mayor, 2. La depresión crónica, 3. La depresión bipolar y 4. La depresión de ajuste.

A. La depresión mayor: Este tipo de depresión tiene síntomas que son muy severos que reducen el funcionamiento del individuo a niveles muy bajos. Los síntomas pueden durar un promedio de 30 días y puede ser un episodio singular o episodios recurrentes.

B. La depresión crónica: Esta depresión tiene síntomas que son menos severos, pero más prolongados que los de una depresión mayor. Para diagnosticarla el paciente debe padecer los síntomas por más de 2 años, teniendo más días con depresión que días normales.

C. La depresión bipolar: Se manifiesta en dos polos opuestos. Por un lado están los episodios depresivos con todos los síntomas de una depresión mayor y en el extremo opuesto episodios maniacos caracterizados por pensamientos de grandiosidad y una energía exagerada. A este desorden se le conocía como maníaco-depresivo.

D. La depresión de ajuste: Esta depresión es causada por factores que se pueden identificar tales como pérdidas, enfermedades, cambios, divorcios, etc. Los síntomas duran sólo mientras la persona se ajusta o se acostumbra a su nueva realidad. Esta es la depresión más benigna de todas y no debe durar más de 2 años.

Criterio para diagnosticar una depresión

1. Experimentar un sentimiento de tristeza la mayor parte del día. En el caso de los jóvenes, puede ser irritabilidad.
2. La pérdida de interés en actividades que normalmente causan placer.
3. Pérdida de peso significativo, (más del 5% en un mes).
4. Insomnio o exceso de sueño.
5. Las actividades motoras se van a los extremos de lentitud o agitación.
6. Pérdida de energía o cansancio diario.
7. Pérdida excesiva de la autoestima mezclada con sentimientos de culpa.
8. Pérdida de la concentración y de la capacidad para pensar.
9. Pensamientos suicidas recurrentes.
10. Los síntomas afectan la capacidad para funcionar socialmente.
11. Existen dos excepciones en un diagnóstico de depresión clínica:
    a. No se pueden incluir los síntomas causados por el uso de alcohol o drogas.
    b. Tampoco se pueden incluir los síntomas causados por duelo.

SIDRA:
En este acróstico se encuentran cinco principios para reducir el impacto de una depresión.
>   **S**aludable
>   **I**ntegrado
>   **D**urmiendo bien
>   **R**educiendo el estrés
>   **A**ctivo

La Depresión en la biblia

"El ánimo del hombre soportará su enfermedad; pero ¿quién soportará el ánimo angustiado?" (Prov. 18:14).

"Dad la sidra al desfallecido, y el vino a los de amargado ánimo" (Prov. 31:6-7).

"También os rogamos, hermanos, que amonestéis a los ociosos, que alentéis a los de poco ánimo, que sostengáis a los débiles, que seáis pacientes para con todos" (1 Tes. 5:14).

El caso de Elías
"Y él se fue por el desierto un día de camino, y vino y se sentó debajo de un enebro; y deseando morirse, dijo: ¡Basta ya!, oh Jehová, quítame la vida, pues no soy yo mejor que mis padres" (1 Reyes 19:4).

"Y echándose debajo del enebro, se quedó dormido; y he aquí luego un ángel le tocó, y le dijo: Levántate, come y comió y bebió, y volvió a dormirse" (1 Reyes 19:5-6).

"Y volviendo el ángel de Jehová la segunda vez, lo tocó, diciendo: Levántate y come, porque largo camino te resta" (1 Reyes 19:7).

"caminó cuarenta días y cuarenta noches hasta Horeb, el monte de Dios. Y allí se metió en una cueva, donde pasó la noche. Y vino a él palabra de Jehová, el cual le dijo: ¿Qué haces aquí, Elías?" (1 Reyes 19:8-9).

"El respondió: He sentido un vivo celo por Jehová Dios de los ejércitos; porque los hijos de Israel han dejado tu pacto, han derribado tus altares, y han matado a espada a tus profetas; y sólo yo he quedado, y me buscan para quitarme la vida" (1 Reyes 19:10).

"Y le dijo Jehová: Ve, vuélvete por tu camino, por el desierto de Damasco; y llegarás, y ungirás a Hazael por rey de Siria. A Jehú hijo de Nimsi ungirás por rey sobre Israel; y a Eliseo hijo de Safat, de Abel-mehola, ungirás para que sea profeta en tu lugar" (1 Reyes 19:15-16).

El caso de Jeremías (Jeremías 20:14-18)
"Maldito el día en que nací; el día en que mi madre me dio a luz no sea bendito. Maldito el hombre que dio nuevas a mi padre, diciendo: Hijo varón te ha nacido, haciéndole alegrarse así mucho. Y sea el tal hombre como las ciudades que asoló Jehová, y no se arrepintió;"

"oiga gritos de mañana, y voces a mediodía, porque no me mató en el vientre, y mi madre me hubiera sido mi sepulcro, y su vientre embarazado para siempre. ¿Para qué salí del vientre?, ¿Para ver trabajo y dolor, y que mis días se gastasen en afrenta?" (Jeremías. 20:14-18).

El caso de Jesús

Y saliendo, se fue, como solía, al monte de los Olivos; y sus discípulos también le siguieron. Cuando llegó a aquel lugar, les dijo: Orad que no entréis en tentación. Y él se apartó de ellos a distancia como de un tiro de piedra; y puesto de rodillas oró, diciendo: Padre, si quieres, pasa de mí esta copa; pero no se haga mi voluntad, sino la tuya. "Y se le apareció un ángel del cielo para fortalecerle. Y estando en agonía, oraba más intensamente; y era su sudor como grandes gotas de sangre que caían hasta la tierra. Cuando se levantó de la oración, y vino a sus discípulos, los halló durmiendo a causa de la tristeza;" (Lucas. 22:39-45).

Hay que ministrar a los quebrantados de corazón:

"El Espíritu del Señor está sobre mí, Por cuanto me ha ungido para dar buenas nuevas a los pobres; Me ha enviado a sanar a los quebrantados de corazón. A predicar el año agradable del Señor" (Lucas 4:18-19).

Nuestro Señor Jesucristo libera a los hombres de los sentimientos de culpa por medio del perdón, ayuda al hombre a elevar su vista por encima de los problemas, le llena de poder para levantarse de una depresión y le rodea de amigos saludables que le apoyen.

La ansiedad

Definiendo ansiedad

A. Sentimiento natural: Todos los seres humanos experimentan ansiedad en algún momento en su vida. Este sentimiento de nerviosismo se experimenta cuando enfrentan un problema en el trabajo, antes de tomar un examen, o al hacer una decisión importante.

B. Desorden de ansiedad: Este es un problema diferente a la ansiedad común que todos experimentan. El desorden de ansiedad es una condición mental muy seria, donde las preocupaciones y los miedos son constantes y abrumadores, capaces de paralizar al individuo.

C. Consecuencias del desorden de ansiedad: Los desórdenes de ansiedad pueden causar angustia y reducir la habilidad de llevar una vida normal.

D. Cuando aparece: Los desórdenes de ansiedad inician en la infancia y adolescencia, o temprano en la vida de adulto, son un poco más comunes en las mujeres que en los hombres, pero no hay diferencia entre razas.

Estadísticas:
19 millones de estadounidenses adultos sufren de algún tipo de ansiedad.

Criterio para diagnosticar un problema de ansiedad:

1. Sentir pánico, miedo e inquietud, tener pensamientos obsesivos incontrolables.
2. Pensamientos recurrentes o regresiones de eventos traumáticos.
3. Comportamiento ritualista como lavarse las manos repetidas veces.
4. Problemas de sueño, pesadillas.
5. Sudores fríos de los pies o las manos.
6. Palpitaciones desordenadas del corazón.
7. Inhabilidad de estar tranquilo o calmado.
8. Náuseas, mareos, boca seca, ardor y adormecimiento en las manos y en los pies.
9. Tensión muscular.
10. Temblar o estremecerse.

11. Sensación de desconexión de la realidad.
12. Sensación de falta de oxígeno, o dificultad para respirar.
13. Sensación de estarse ahogando.
14. Dolor del pecho o molestia en el pecho.
15. Sentimiento de mareo, o de desmayo.
16. Adormecimiento del cuerpo y hormigueo.
17. Sensación de ataques de frio, o de calor.
18. Miedo a perder el control o a volverse loco.
19. Miedo a morirse.

Problemas asociados a la ansiedad:

Los diferentes desordenes de ansiedad que existen y que vamos a tratar en este curso son: Ataque de pánico, agorafobia, conducta compulsiva obsesiva, estrés post traumático, ansiedad social, ansiedad generalizada y diferentes fobias.

Ataque de pánico:

A. Síntomas: Personas durante un ataque de pánico pueden tener síntomas similares a un ataque de corazón. Pueden sentir terror inesperado, sentir que se están ahogando, sudores, y dolor de pecho. Incluso pueden llegar a pensar que se están volviendo locos.

B. Con agorafobia: Un ataque de pánico puede venir acompañado de agorafobia. Por eso el diagnostico puede ser:
1. Ataque de pánico con agorafobia.
2. Ataque de pánico sin agorafobia.

Las fobias

A. Definición de agorafobia: La agorafobia es una sensación de ansiedad en lugares o situaciones en las cuales no hay escape o que son embarazosas en caso de tener un ataque de pánico.

B. Síntomas de la agorafobia: Este desorden envuelve grupos de características que son comunes, por ejemplo, salir sólo fuera de la casa, estar en medio de un gentío, hacer línea, cruzar un puente o subir a un edificio de varios pisos.

C. Hay Fobia específica: Si la fobia es sólo a un lugar específico o a unas pocas situaciones el diagnóstico será fobia específica.

D. Le afecta su vida diaria: El desorden se diagnostica si la persona evita situaciones o lugares, o si experimenta mucha ansiedad mientras está en ellos por miedo a un ataque de pánico.

E. Excepciones: Los síntomas no deben ser el resultado de otro problema como fobia social, desorden de compulsión y obsesión, ansiedad a la separación o estar relacionada a algún estresante severo.

Desorden de ansiedad compulsiva

A. Características: Personas con este desorden son inundadas de pensamientos constantes y miedos que obligan a la persona a desarrollar ciertos ritos o rutinas.

B. Definiciones: Los pensamientos perturbadores son llamados obsesiones y las conductas ritualistas son llamadas compulsiones. Un ejemplo es la persona que por miedo irracional a los gérmenes se lava las manos constantemente.

Desorden de ansiedad postraumático

A. Como se desarrolla este desorden: Es una condición que se desarrolla después de un evento traumático de vida o muerte como un abuso sexual, abuso físico, una muerte inesperada de un ser amado, un desastre natural.

B. Definición de este desorden: Personas con PTSD frecuentemente tienen pensamientos y memorias del evento que les producen mucho miedo y tienden a estar emocionalmente enajenados.

C. Peligro de muerte: Para ser diagnosticado con PTSD la persona debe haber experimentado un peligro de muerte y deben haber pasado 30 días después del incidente.

D. Se debe buscar ayuda: Es importante buscar ayuda profesional después de un evento traumático, sobre todo si la persona estuvo expuesta a un peligro de muerte.

La fobia social

A. Síntomas: La fobia social es un desorden que envuelve preocupación abrumadora sobre situaciones sociales diarias.
B. Miedo a ser juzgado: La preocupación está centrada en el miedo de ser juzgada por otros en una forma que le hagan sentir vergüenza o lo ridiculicen.

Las fobias específicas

A. Definición: Una fobia específica es un intenso miedo a un objeto o una situación específica como víboras, la altura, volar en avión.

B. Afecta el funcionamiento: El nivel de miedo esta fuera de proporción. A la situación y le puede causar que evite situaciones diarias comunes.
Este desorden envuelve excesiva e irracional preocupación y tensión, aunque no exista ningún factor que provoque la ansiedad.

Origen de la ansiedad

A. Lo que se sabe sobre las causas: La ansiedad no tiene una causa clara, pero se sabe que no es causada por el tipo de educación que el individuo recibió, ni que el individuo sea débil o que tenga un carácter defectuoso.

B. Diferentes factores: La ansiedad es el resultado de una combinación de factores como cambios en el cerebro y estrés ambiental. También puede ser causada por un desbalance de químicos en el cuerpo.

C. El estrés: Hay evidencias que estar expuesto a estrés prolongado puede cambiar el balance de químicos que controlan los estados de ánimo en el cerebro.

D. Consecuencias: Otros estudios han demostrado que personas con problemas de ansiedad modifican la estructura del cerebro que controla la memoria y los estados de ánimo.

E. La Herencia: También existen evidencias que la ansiedad es un problema hereditario y algunos factores ambientales pueden activarla.

¿Quién puede diagnosticar la ansiedad?

A. Por un médico: Personas con ansiedad acuden al médico en busca de ayuda. El médico les hace estudios y al no encontrar ningún problema físico los refiere a un psiquiatra o a un psicólogo.

B. Por un psicólogo: El psicólogo le hace algunas evaluaciones para determinar qué tipo de desorden de ansiedad está padeciendo.

C. Se analiza la actitud del paciente: El psicólogo explora la intensidad y la duración de los síntomas, los efectos de los síntomas en el estilo de vida del paciente y sobre todo la actitud del paciente ante sus síntomas.

¿Cómo se trata la Ansiedad?

A. Existen diferentes tratamientos: Cada tratamiento depende del tipo de desorden de ansiedad que está experimentando el paciente. Hay medicamentos llamados ansiolíticos que pueden ayudar a reducir o a eliminar los síntomas.

B. Se trata con terapia: La terapia es otra opción para los que están sufriendo de algún desorden de ansiedad. El psicoterapeuta explora la respuesta emocional del individuo ante los síntomas y le enseña técnicas para entender sus síntomas y aprender a manejarlos.

C. La terapia cognoscitiva y de comportamiento: Esta modalidad explora patrones de pensamientos obsesivos y ayuda al paciente a reducirlos o modificarlos.

D. Ejercicios de relajación: Otra alternativa para reducir la ansiedad son los ejercicios de relajación. El terapeuta enseña en su oficina al paciente a usarlos y le asigna la tarea de practicarlos en casa. Entre más los use el paciente, obtiene mejores resultados.

E. Modificar los hábitos alimenticios: El paciente también debe modificar sus hábitos alimenticios y sus estilos de vida ya que existen alimentos como las sodas, el café y las bebidas energéticas que aumentan los síntomas de ansiedad.

F. Recibir asesoría médica: El paciente debe preguntar a su médico si hay algún medicamento o producto natural que está usando que puede estar aumentando los síntomas de ansiedad.

EMDR

A. Definición de EMDR: Existe un tratamiento que se llama EMDR que significa, Desensibilización por medio de una Reprogramación a través del Movimiento de los Ojos. Este tratamiento es algo parecido al hipnotismo.

B. Es un tratamiento de 8 etapas: Las etapas de este tratamiento van desde la recolección del historial del paciente hasta la revisión final del progreso.

C. Las 8 etapas de un tratamiento con EMDR:
Etapa 1: Se junta la información
Etapa 2: Se instruye al paciente
Etapas 3-6 Se da el tratamiento
Etapa 7: Prepara el fin de la terapia
Etapa 8: Se hace la revisión final

D. El tratamiento: Durante las etapas del 3-6 se identifica el trauma, se identifica un pensamiento inapropiado relacionado al trauma y se identifican sensaciones del cuerpo.

E. El proceso: Durante la terapia se le pide al paciente que respire profundo para que se relaje, luego se le pide que evoque el objeto que le causa la ansiedad en forma detallada luego que ponga su mente en blanco.

F. Mover la mirada: El terapeuta mueve un objeto frente a los ojos del paciente y le pide que lo siga con la mirada; de esta forma el paciente conecta sus dos hemisferios de su cerebro para que el trauma se reduzca.

G. Identificar estados de ansiedad: Además, se le pide al paciente que identifique el momento donde la ansiedad ha llegado al punto más alto, allí se detiene y trata de poner su mente en blanco. Todo esto sucede sin dejar de mover los ojos dirigidos por el objeto que se mueve delante de él.

H. Pequeños recesos: También se le pide al paciente que haga pequeños recesos y trate de relajarse para que su ansiedad se reduzca. Después de las 8 etapas los síntomas del trauma deben haber reducido. EMDRIA (2016).

Problemas Psicóticos

Definiciones:

A. Definición del término "psicótico": Este término se usa para referirse a los problemas de delirios y alucinaciones donde el individuo no está consciente de la naturaleza patológica de los síntomas.

B. Delirio: El termino delirio originalmente significaba "salirse del surco". Hoy describe una creencia que es falsa, extravagante o derivada de un engaño. Los delirios más comunes son erotomanías, delirios persecutorios, o de grandeza, delirios somáticos, celo-típicos y delirios revueltos.

C. Una alucinación: Es una percepción que no corresponde a ningún estímulo físico externo. Las más comunes son modalidad sensorial - visual, auditiva, olfativa, gustativa, táctil, propioceptiva, equilibrioceptiva, nociceptiva, termoceptiva o alucinaciones mezcladas.

Esquizofrenia

A. Definición de esquizofrenia: Es un desorden cognitivo donde el individuo se desconecta de la realidad y experimenta una serie de síntomas como delirios y alucinaciones, entre otros.

B. Criterio para diagnosticar la esquizofrenia: La persona debe estar experimentando delirios, alucinaciones, hablar en forma desorganizada o incoherente, tener un comportamiento extraño, catatónico o rígido y mostrar una conducta negativa como falta de expresiones emocionales.

C. Debe tener efectos adversos: El desorden debe estar afectando el funcionamiento del individuo en áreas como el trabajo, relaciones interpersonales y el cuidado personal.

D. Tener delirios: Además el individuo debe estar experimentando delirios por al menos un mes y otros síntomas por al menos 6 meses.

E. Excepciones: Finalmente los síntomas no deben ser causados por un problema emocional como una depresión mayor, por algún medicamento o abuso de drogas o alcohol o por alguna condición médica.

Paranoia

A. Definición: La paranoia es un desorden psicótico dentro del esquema de síntomas esquizofrénicos.

B. Características principales: En este desorden predominan los delirios y las alucinaciones, pero el individuo mantiene sus funciones cognitivas.

C. Tipos de delirios: Los delirios tienden a ser principalmente persecutorios o de grandiosidad, pero pueden ocurrir delirios religiosos, celos o problemas de tipo somático.

D. Problemas que acompañan la paranoia: Los individuos que sufren de paranoia pueden experimentar otros problemas como ansiedad, agresividad y volverse argumentativos.

Tratamiento para Problemas Psicóticos

A. Tratamiento combinado: Lo más efectivo para problemas psicóticos es una combinación de medicamento y terapia.

B. El trabajo del terapeuta: El terapeuta educa al paciente sobre su desorden y supervisa el uso del medicamento.

C. El medicamento: Ayuda al paciente a reducir los síntomas sobre los delirios y las alucinaciones.

Desórdenes Alimenticios

La anorexia nerviosa

A. Definición: El termino describe la falta de apetito que puede ocurrir en circunstancias muy diversas, tales como estados febriles, enfermedades generales y digestivas o simplemente en situaciones transitorias de la vida cotidiana. Anorexia es un síntoma y no una enfermedad.

B. Definición: Es una enfermedad caracterizada por una pérdida auto inducida de peso acompañada por una distorsión de la imagen corporal, cuya presencia es indicativa de un estado patológico del individuo, que puede tener consecuencias muy graves para la salud de quien la sufre.

C. Tipos de Anorexia nerviosa:
Existen dos tipos de anorexia, uno es el restrictivo que se caracteriza por dieta y ejercicio. El otro es alimentación compulsiva donde además de ejercicio y dieta se acompaña con vómito y medicamentos que inducen la pérdida de peso.

D. Causas familiares de la Anorexia nerviosa: Se ha encontrado una relación entre los pacientes de anorexia nerviosa y una mala relación con la familia, en particular la madre. Otros factores son, tener un alcohólico en casa, o una persona con problemas mentales, sobre todo, conducta compulsiva.

E. Causas sociales de la Anorexia nerviosa: Existe una relación entre la anorexia nerviosa y familias donde es difícil expresarse emocionalmente. En estos casos la anorexia cumple la función de comunicar. Otros factores son sentirse sin poder dentro de su familia.

F. Tratamiento para la Anorexia nerviosa: Uno de los tratamientos ha sido con medicamentos psicóticos y para depresión. Esta enfermedad también se trata con terapia individual y terapia de familia. Esta última tiene buenos resultados.

La bulimia nerviosa

A. Definición: El individuo consume comida en exceso en periodos de tiempo muy cortos, también llamados "atracones", seguido de un periodo de arrepentimiento, el cual puede llevar al sujeto a eliminar el exceso de Alimento a través de vómitos o laxantes.

B. Temor a engordar: Este sentimiento afecta directamente el estado anímico del paciente, lo que lo puede llevar en poco tiempo a problemas depresivos.

C. Atracón: La ingestión de alimento en un corto tiempo, en cantidad superior a la que la mayoría de las personas ingerirían en un período de tiempo similar y en las mismas circunstancias.

D. Pérdida del control: sensación de pérdida de control sobre la ingesta del alimento. Es la sensación de no poder parar de comer o no poder controlar el tipo o la cantidad de comida que se está ingiriendo.

E. Conductas compensatorias e inapropiadas: El enfermo desarrolla estas conductas de manera repetida, con el fin de no ganar peso, como son provocación del vómito; uso excesivo de laxantes, diuréticos, enemas u otros fármacos; ayuno, y ejercicio excesivo.

F. Frecuencia de síntomas: Los atracones y las conductas compensatorias inapropiadas tienen lugar, como promedio, al menos dos veces a la semana durante un período de 3 meses.

G. Se distorsiona la percepción sobre sí mismo: La autoevaluación está exageradamente influida por el peso y la silueta corporal.

H. Tipo purgativo: Cuando se utiliza como conducta compensatoria el vómito, los laxantes, los diuréticos, enemas, y otros remedios para eliminar lo más pronto posible el alimento del organismo.

I. Tipo no purgativo: Entre el 6% y el 8% de los casos de bulimia se llevan a cabo otros tipos de conductas compensatorias, como el ejercicio físico intenso, o ayunar mucho; estos son métodos menos efectivos para contrarrestar y deshacerse de las calorías.

J. Tratamientos: La forma más común de tratamiento actualmente incluye terapia de grupo, psicoterapia o terapia cognitivo-conductual. Estas formas de terapia se centran tanto en los síntomas que llevan al individuo a presentar estos comportamientos, como en los síntomas relacionados con la alimentación.

K. Medicamento: Los psiquiatras suelen recetar antidepresivos o antipsicóticos. Los antidepresivos se presentan en diferentes formas, y el que ha mostrado resultados más prometedores es la fluoxetina.

L. Hospitalización: Varios centros de tratamiento en instituciones (internamiento) ofrecen apoyo a largo plazo, consejería e interrupción de los síntomas.

M. Tratamiento dual: Las personas con anorexia o con bulimia suelen recibir el mismo tipo de tratamiento y formar parte de los mismos grupos de tratamiento. Esto se debe a que, en muchos casos, los pacientes padecen de ambas enfermedades de manera simultánea. Este fenómeno se conoce como "intercambio de síntomas".

Diferencias entre la anorexia y la bulimia

En la pérdida de peso:
La Anorexia: El peso se mantiene bajo de manera consistente, inferior a lo normal.
La bulimia: El peso se mantiene sobre la norma, no se notan diferencias significativas.

En su aparición:
La anorexia: Se produce en la primera juventud de la persona.
La bulimia: Aparece en la edad adulta.

En la búsqueda de ayuda:
La anorexia: La persona enferma casi nunca pide ayuda.
La bulimia: Muy frecuentemente la persona pide ser ayudada.

En la asociación a la menstruación:
La anorexia: A veces, la causa está relacionada con la anticipación de sangrado.
La bulimia: No tiene ninguna relación con el sangrado.

Entre el hombre y la mujer:
La anorexia: Aunque la incidencia sea mucho menor, la enfermedad también afecta a los hombres.
La bulimia: La incidencia es casi exclusivamente femenina.

En su progreso:
La anorexia: Puede ser aguda o crónica, pero no cambia en el transcurso.
La bulimia: Resulta ser una especie de fluctuación.

En su origen:
La anorexia: La enfermedad es de origen primitivo (no deriva de ninguna otra).
La bulimia: Inicia con un episodio de anorexia nerviosa deviniendo en una posible evolución.

En los estados de ánimo:
La anorexia: es por un estado de ansiedad.
La bulimia: tiene la intención de hacer daño.

El divorcio y sus consecuencias emocionales negativas en la vida de los hijos

Los siguientes conceptos fueron tomados del programa "En Beneficio de los Niños" un programa dedicado a ayudar a padres que están pasando por el problema del divorcio.

Jehová aborrece el divorcio
"Porque Jehová Dios de Israel ha dicho que Él aborrece el repudio, y al que cubre de iniquidad su vestido, dijo Jehová de los ejércitos. Guardaos, pues, en vuestro espíritu, y no seáis desleales" (Malaquías 2:16).

"Y yo os digo que cualquiera que repudia a su mujer, salvo por causa de fornicación, y se casa con otra, adultera; y el que se casa con la repudiada, adultera" (Mateo 19:9).

Consecuencias emocionales de un divorcio

A. El divorcio es una dolorosa experiencia: que causa confusión a niños de todas las edades sin importar las circunstancias. Para los hijos, ajustarse a un divorcio es una experiencia de toda la vida.

B. Produce otros problemas: El divorcio aumenta el riesgo de problemas emocionales y de conducta, en niños y niñas.

C. Produce depresión: El divorcio aumenta el riesgo de depresión en los niños debido a que el padre abandona el hogar.

D. Produce baja estima: Hijos de padres divorciados tienden a tener más baja estima y bajo desempeño académico que los hijos de familias intactas.

E. Pocos se recuperan saludablemente: Un porcentaje reducido de hijos de padres divorciados desarrollan fortaleza emocional como resultado del divorcio.

F. El resultado de una buena relación con sus padres: Los hijos que mantienen una buena relación con los dos padres después del divorcio y se envuelven en sus vidas crecen más saludablemente.

G. Estilos apropiados de disciplina: Padres con estilos apropiados de disciplina reducen el riesgo de que sus hijos desarrollen problemas emocionales después del divorcio.

H. Ajustarse al divorcio: Hay una estrecha relación entre el ajuste de los padres al divorcio y el ajuste de los hijos.

I. Trabajando en equipo: La habilidad de ambos padres para trabajar en cooperación en su función como padres determina los efectos y la severidad que el divorcio tendrá en los hijos.

J. La salud emocional es más importante que la forma de estructura: Todas las familias pueden promover el desarrollo saludable de sus hijos independientemente de la forma en que estén estructuradas.

K. Sentimientos de soledad: 44 % de hijos de padres divorciados han expresado sentirse muy solos, mientras que sólo un 14 % de hijos de familias intactas dijeron sentirse muy solos en su desarrollo.

L. Porcentaje de hijos que buscan ayuda con sus padres: Sólo un 33 % de hijos de divorciados buscaron ayuda con sus padres en situaciones de crisis, mientras que hasta un 69 % de hijos de familias intactas sintieron confianza para buscar ayuda en sus padres.

M. Donde buscan ayuda los hijos de padres divorciados: Es más común que hijos de divorciados pidan ayuda a amigos, hermanos o resuelven sus problemas ellos solos antes de pedir ayuda a sus padres.

N. El respeto a sus padres: 26 % dijeron amar a sus padres, pero no respetarlos, mientras que sólo el 7 % de hijos de familias intactas dijeron lo mismo.

O. Estrés en la infancia: 64% de hijos de divorciados dijeron haber experimentado mucho estrés en la infancia en comparación a un 25% de hijos de familias intactas.

P. Factores positivos: La estabilidad de la casa donde reside el hijo, la reducción de estrés en la vida del niño fuera de la casa y un círculo social de apoyo que sea saludable.

Q. Mas factores positivos: Otros de los factores positivos que ayudan a los hijos son la cooperación entre los padres, tener una buena relación con ambos padres, que los padres tengan estilos efectivos de disciplina.
Source Between Two Worlds by Elizabeth Marquar.

Después del Divorcio

A. Hay que pensar en la recuperación: Una vez que el divorcio se concluye, cada uno debe aceptar que el matrimonio se terminó, y que hay que seguir adelante con la mente abierta a nuevas oportunidades y desafíos. Para los hijos también es esencial prepararse para iniciar una nueva etapa en su vida.

B. La vida sigue: Cada padre debe tomar el compromiso de reconstruir su propia vida y velar por el bienestar de los hijos. Tampoco los hijos deben quedarse atorados por asuntos del divorcio, la vida sigue y hay que adaptarse a los cambios.

C. Redefinir su identidad: Cuando un padre pasa por un divorcio, debe hacer ajustes a su identidad; se debe preguntar ¿Quién es ahora que esta fuera de esta relación? Además, debe asegurarse que su autoestima mantiene un nivel saludable.

D. Tiempo de espera: Cada padre debe envolverse en un círculo social saludable y esperar al menos dos años antes de iniciar una nueva relación afectiva.

Efectos de un divorcio según la edad del niño

A. En los infantes: Un divorcio le produce miedo al abandono, llanto constante, irritabilidad, trastornos alimenticios, problemas de sueño y regresiones.

B. A los infantes se les puede ayudar: Hay que proveerles estabilidad y rutinas de cuidado, darles mucho cariño, tiempo familiar diurno en lugares familiares y asegurarse que el niño tenga objetos familiares disponibles como juguetes, cobijas, y sonajas entre otros.

C. Los niños preescolares: Estos niños desarrollan miedos extremos, inseguridades, desorientación, confusión, llanto, irritabilidad, problemas de sueño, miedo al abandono, miedo a estar solos y la necesidad de ser cargados.

D. A los niños preescolares se les puede ayudar: Por medio de afirmaciones positivas, ser paciente con sus demandas, no avergonzarlos, dar permiso de amar al otro padre, y quien no tiene la custodia debe ver al hijo al menos una vez por semana, y llamarle con frecuencia.

E. Los hijos de entre 5 a 8 años: Después del divorcio de sus padres desarrollan sentimientos intensos de pérdida, de rechazo, soledad, tristeza, y mala conducta; se vuelven argumentativos, agresivos, no se concentran en la escuela, pelean con sus hermanos y compañeros y tienen conflictos de lealtad.

F. Para ayudar a estos niños: Los padres deben reafirmarles que ambos los aman y que los van a proteger, deben evitar confrontaciones frente a los hijos, visitarlos con frecuencia y llamarles por teléfono. En esta edad hay que tener cuidado con la madurez aparente del hijo.

G. Los jóvenes de entre 9 - 12 años: Después del divorcio de sus padres sufren de inseguridad, se sienten responsables de resolver los conflictos de los padres, se enojan con ambos padres, o se asocian con uno de los dos, además se sienten responsables de la felicidad de los padres y sus hermanos menores.

H. Los padres pueden ayudar a estos jovencitos: Por medio de diálogos abiertos y frecuentes sobre cómo se sienten, escuchar sus preocupaciones, no lastimar al cónyuge frente a los hijos, no hacer partido con los hijos, visitarlos regularmente y envolverse en sus actividades escolares.

I. Los jóvenes de entre 13 a 18 años: Cuando sus padres se divorcian desarrollan enojo, resentimiento, tristeza profunda, sentimientos de abandono, preocupación de su futuro, se desquitan con los padres, desarrollan comportamientos riesgosos y agresivos o se hacen excesivamente responsables.

J. Para ayudarlos: Los padres deben tener una comunicación abierta y honesta con ellos, no hacer partido con los hijos, mantener limites saludables y envolverse en la vida de los hijos. Ser flexibles con el calendario de actividades familiares y presentar un frente unido con su ex cónyuge.

Proceso de una pérdida:
Negación
Enojo
Negociación
Depresión
Aceptación

Estilos de padres divorciados:
12% - "Amigos"
38% - "Colegas cooperadores"
25% - "Socios airados"
25% - "Fieros enemigos"
"Parejas disueltas" (Sin contacto)
Ahrons, 1994, The Good Divorce.

Síntomas emocionales:

A. La intensidad y duración: Los padres deben estar atentos para intervenir cuando vean alguna señal de alerta en sus hijos. Estas señales de alerta no necesariamente indican problemas. Son la intensidad y la duración de las señales los factores que hay que evaluar antes de buscar ayuda profesional.

B. Algunas de las señales de alerta son las siguientes:
1. No mostrar dolor o emociones.
2. Sentimientos de culpa exagerados.

3. Síntomas exagerados de ansiedad.
4. Ser agresivo o destructivo.
5. Depresión y pensamientos suicidas.
6. Negarse a hablar del divorcio o de la ausencia de los padres.
7. Disfunción académica prolongada.
8. Estar asumiendo la función de adulto protector.
9. Pretender ser el niño perfecto.
10. Un incremento de accidentes.
11. Roba o comete otros actos ilegales.
12. Señales de un comportamiento adictivo.

Conductas dañinas de los padres en proceso de divorcio:
Entre estas conductas dañinas se encuentran, sabotear al otro padre en lo que quiere hacer, usar a los hijos de mensajeros, criticar al ex cónyuge, e informar a los hijos sobre la vida del ex cónyuge. Usar a los hijos para resolver asuntos de dinero, ser inconsistentes en la disciplina, y usar a los hijos para satisfacer necesidades emocionales.

Áreas conflictivas:
Algunas de las áreas más conflictivas dentro de las parejas divorciadas son las guías de visitación, los días festivos y eventos especiales, la familia extendida, volver a enamorarse, o volverse a casar.

El suicidio

Parte de la información sobre el suicidio fue tomada de la página de internet Central Psíquico (2015). *"Si estás pensando en suicidarte lee esto primero".*

Más información sobre el suicidio se encuentra en Datos Generales (2016). Otro buen recurso para personas y familiares de quienes están pensando hacerse daño es la página de Concientización Prevención y Apoyo para personas que están pensando suicidarse. Kevin Caruso (2016).

Estadísticas sobre el suicidio

A. Suicidios en el 2013: A nivel mundial hubo 842,000 suicidios.
En este mismo año hubo entre 10 - 20 millones de intentos de suicidio.
En Estados Unidos hubo 36,000 suicidios en ese mismo año.
B. El suicidio a nivel mundial: China y Corea del Sur tienen la tasa más alta de suicidios.

C. Diferencia entre el hombre y la mujer: Las mujeres intentan con más frecuencia hacerse daño, pero los hombres se suicidan con más frecuencia que las mujeres.

Factores de riesgo de un suicidio:

A. La predisposición: Los factores más comunes que predisponen a un individuo a hacerse daño son los siguientes. Enfermedades mentales, abusar de alcohol o drogas, la ludopatía o sea ser un jugador compulsivo.

B. Otros de los factores de riesgo: Sufrir de alguna condición médica dolorosa o terminal, estados psicológicos vulnerables, la propaganda de los medios de comunicación y la promoción del suicidio racional o asistido.

Factores que aumentan las posibilidades de un suicidio:
Factores de riesgo: ¿Cómo saber si la persona está en riesgo de hacerse daño o no?

Los siguientes factores aumentan el riesgo de quitarse la vida:
1. Intentos previos de hacerse daño.
2. Amenazas de hacerse daño o hacerles daño a otros.
3. Buscar formas para hacerse daño.
4. Hablar sobre morirse o suicidarse.
5. Incremento en el uso de substancias químicas.
6. No tener una razón para vivir.
7. Sentirse atrapado y sin esperanza.
8. Sentirse aislado de familiares y amigos.
9. Mostrar mucho coraje.
10. Envolverse en actividades de riesgo.
11. Cambios dramáticos en los estados de ánimo.
12. Tener familiares que se han suicidado.
13. Tener los medios para hacerse daño.
14. Tener historial de ser impulsivo.
15. Ser poco sociable.

Hay una marcada diferencia entre los deseos de morirse y los deseos de hacerse daño. Desear morirse puede ser válido, pero desear hacerse daño no es apropiado.

Factores de prevención de un suicidio:

A. La participación activa del paciente: El paciente debe participar en la elaboración del plan haciendo una lista de situaciones, pensamientos o sentimientos que lo pueden llevar a hacerse daño.

B. La participación de familiares: Se debe trabajar con miembros de la familia que sean confiables para crear un plan de seguridad. Es necesario involucrar personas importantes en la vida del paciente para garantizar su seguridad.

C. Habilidades para calmarse: Hay que identificar las habilidades del paciente para calmarse y sentirse mejor. Hay que enlistar esas habilidades para que el paciente no las olvide.

D. Razones para seguir viviendo: Hay que hacer una lista de razones por las cual el paciente debe seguir vivo para que las recuerde cada que tenga pensamientos suicidas.

E. Una lista de personas de confianza: Para que el paciente les llame en caso de que este teniendo pensamientos suicidas. La lista debe incluir teléfonos y formas de contactarlos. Estas personas pueden ser familiares, amigos y profesionales de la salud.

F. Crear un ambiente seguro: Hay que descubrir los lugares y horarios donde el paciente piensa en hacerse daño. Se deben remover las armas, medicamento o todo lo que pueda ser utilizado para hacerse daño. Se debe evitar todo lo que puede hacer sentir peor al paciente.

G. Compromiso de respetar el plan de seguridad: El paciente debe hacer un compromiso consigo mismo de respetar el plan de seguridad. El compromiso debe ser hecho en presencia de familiares, amigos o un profesional.

Dar motivos para seguir vivo:
A. Hay que Reafirmar su Valor.
B. Hablar de las Maravillas de Dios.
C. Hablar de lo Maravilloso del Amor.
D. Hablar de las Virtudes Humanas.

Desordenes de personalidad

Definición de personalidad:

A. Captura la esencia de la persona: El término personalidad busca capturar la esencia de la persona identificando características individuales que son consistentes en el individuo y le garantizan su continuidad.

B. Componentes de la definición: La personalidad es una organización dinámica e interna de sistemas físico psicológico que crean patrones de pensamientos, sentimientos y comportamientos que son únicos en cada individuo.

C. Organización: Eso significa que la personalidad está compuesta por muchas partes que están organizadas de tal forma que le dan consistencia a su forma de ser.

D. Dinámica: Eso significa que la personalidad esta en continua interacción con su medio ambiente accionando y reaccionando de forma predecible.

E. Psicológica: Porque se origina en el interior del individuo obedeciendo a patrones mentales y emocionales que se manifiestan en el exterior.

F. Física: Es en el cuerpo donde se manifiesta todo lo que el hombre es a nivel psicológico.

G. Patrones: La personalidad toma su forma por medio de patrones de conducta que son repetitivos y predecibles y que le garantizan continuidad.

H. Única: Aunque posea muchos rasgos que son parecidos con otros individuos, el producto final es único en cada persona.

Origen de la Personalidad

A. Predisposición genética: En cada individuo existe una disposición genética y biológica que lo predispone a tener características únicas. Esa predisposición es influenciada por el sistema nervioso y las hormonas.

B. La influencia psicológica: Esta área desempeña una función importante en la formación de la personalidad. Para el psicoanalista el hombre es el resultado de fuerzas internas que están en continua lucha y que algunas veces lo empujan al bien y otras al mal.

C. Es aprendida: Para los que abrazan la teoría del aprendizaje, los individuos cuando llegan a este mundo son como un papel en blanco. Para ellos el hombre es el resultado de lo que aprende del medio ambiente donde creció. También creen que el individuo esta en continuo cambio debido a las experiencias diarias.

D. Es Cognitivo: De acuerdo a la perspectiva cognoscitiva, la personalidad se forma debido a procesos mentales. Para ellos la mente esta en total control del cuerpo. El individuo se regula a sí mismo y se evalúa continuamente.

E. Es fenomenológica: Según esta perspectiva, las experiencias subjetivas de cada individuo son importantes, significativas, valiosas y únicas. Creen que todos los individuos se mueven continuamente hacia la perfección. Para ellos el hombre es lo que decide ser con su libre albedrío.

F. Enfoque multidisciplinario: No se puede afirmar que exista una perspectiva mejor que la otra, pero si es cierto que cada individuo que estudia la personalidad tiene sus preferencias por una perspectiva. Lo mejor es comprender todas las perspectivas y utilizar lo mejor de cada una de ellas.

G. Beneficios de un Enfoque multidisciplinario: Un enfoque completo considera todas las perspectivas existentes y trata de extraer algo de cada una de ellas. Cada perspectiva le da luz a una parte de la personalidad del individuo.

Desordenes de Personalidad

A. Aclaración: Los problemas mentales y emocionales son diferentes a los desórdenes de personalidad. En la mayoría de problemas mentales o emocionales la persona se siente enferma; por el contrario, el que padece un desorden de personalidad se siente normal.

B. Enfermedad mental: Un desorden de personalidad es un tipo de enfermedad mental donde el individuo tiene problemas para percibir y relacionarse con ciertas personas o en ciertas situaciones.

C. Es una condición limitante: Un desorden de personalidad se muestra en un patrón rígido y enfermizo de pensamientos y conductas. Esta condición es limitante y causa problemas significativos en diferentes circunstancias tales como relaciones sociales, laborales o escolares.

D. Es a un nivel inconsciente: Generalmente los individuos con desordenes de personalidad no están conscientes de su problema porque sus pensamientos y su conducta les parecen naturales. Siempre culpan a los demás por las dificultades que enfrentan.

Hay tres categorías: Existen varios tipos específicos de desórdenes de personalidad los cuales se pueden agrupar en tres categorías:
    En el grupo A están los "Extraños"
    En el grupo B están los "Dramáticos"
    En el grupo C están los "Temerosos"

Grupo A: En este grupo están los desórdenes que se consideran Extraños". Estos desordenes se caracterizan por una conducta y una forma de pensar extraña y excéntrica.

Grupo B: En este grupo están los "Dramáticos", Estos desordenes se caracterizan por una conducta y una forma de pensar dramática y muy emocional.

Grupo C: En este grupo están los "Temerosos". Estos desordenes se caracterizan por una conducta y una forma de pensar ansiosa y temerosa.

Grupo A "Extraños"

A. La personalidad paranoica: Este es el primer desorden de personalidad en el grupo de los "extraños". Estos individuos son desconfiados y sospechan de otros, creen que otros los quieren dañar, son emocionalmente distantes y además son hostiles.

B. La personalidad esquizoide Este desorden también es parte del grupo de los "extraños". Estas personas se caracterizan por tener falta de interés en relaciones sociales, son inexpresivos, no tienen sentido común y dan la impresión de ser indiferentes a otros.

C. La personalidad esquizo-típico: Estas personas se caracterizan por una conducta, vestuario, forma de pensar, y creencias muy peculiares. Se sienten incómodos en relaciones íntimas y son indiferentes a los demás. son inexpresivos y sus respuestas emocionales son inapropiadas. Tienen "Pensamientos Mágicos".

Grupo B "Dramáticos"

A. La personalidad antisocial: Estas personas son sociópatas, no toman en cuenta a los demás, mienten o roban continuamente y tienen dificultades con la ley. Los individuos con personalidad antisocial continuamente violan los derechos de los demás, tienen una conducta agresiva y no toman en cuenta su seguridad ni la de otros.

B. La personalidad extremista: Estos individuos se caracterizan por una conducta riesgosa e impulsiva, sus relaciones son volátiles y tienen un estado de ánimo inestable, les da miedo estar solos y con frecuencia tienen una conducta suicida.

C. Personalidad histriónica: Buscan continuamente la atención de los demás. Son excesivamente emocionales y extremadamente sensitivos a la aprobación de los demás. Tienen un estado de ánimo inestable y una preocupación extrema por su apariencia física.

D. La personalidad narcisista: Estos individuos se creen mejor que los demás, fantasean sobre el poder, el éxito y su atractivo físico. Exageran sus logros y talentos y siempre están buscando
admiración. Además, ignoran los sentimientos de los demás.

Grupo C "Temerosos"

A. La personalidad evasiva: Estos individuos son muy sensitivos a la crítica y al rechazo, y sufren de sentimientos de ser inadecuados. Se aíslan socialmente, son cohibidos en situaciones sociales y además son tímidos.

B. La personalidad dependiente: Estos individuos se caracterizan por una necesidad excesiva de depender y de someterse a otros. Necesitan ser cuidados y toleran el trato abusivo. Cuando terminan una relación, tienen una necesidad urgente de iniciar otra nueva.

C. La personalidad obsesiva - compulsiva: Estos individuos tienen una obsesión por el orden y las reglas y son perfeccionistas extremos. Necesitan estar en control y les cuesta mucho tirar objetos rotos o que ya no sirven, además son inflexibles.

Tratamientos:

A. Nadie busca ayuda para su desorden de personalidad: Por lo general ningún individuo que sufre de un desorden de personalidad va a buscar ayuda para resolver su desorden. Lo más común es que estas personas tengan problemas relacionales o legales y eso les obligue a buscar ayuda.

B. Enfoque multidisciplinario: Los tratamientos dependen del tipo y severidad del desorden que está sufriendo la persona. Lo más recomendable es un enfoque que incluya varias modalidades para que todas sus necesidades, tanto psiquiátricas, médicas y sociales, sean satisfechas.

C. Los tratamientos son largos: Debido a que los problemas de personalidad son crónicos lo más recomendable es que el paciente reciba tratamiento por un largo tiempo.

D. Quienes deben estar involucrados en un tratamiento: Un tratamiento con un enfoque completo va a incluir a un doctor general, un psiquiatra, un psicoterapeuta, un trabajador social y miembros de la familia del paciente. Cada profesional contribuirá a mejorar un área de la vida del paciente.

A. Todos los enfoques buscan ayudar al paciente: Cada modalidad de psicoterapia tiene un enfoque diferente, pero todas tienen la intención de ayudar al paciente a mejorar su funcionamiento.

B. La psicoterapia: Esta es la principal forma de tratar problemas de personalidad. El psicoterapeuta educa al paciente para incrementar su entendimiento sobre su desorden. El conocimiento que el paciente adquiera sobre su condición le ayudará a encontrar formas de manejarla.

C. La terapia cognoscitiva y de conducta: Esta modalidad ayuda al individuo a descubrir pensamientos, creencias y comportamientos disfuncionales para reemplazarlos por unos más saludables.

D. La terapia de conducta dialéctica: Esta terapia es cognoscitiva y de conducta. Enseña habilidades de conducta que le ayudan a tolerar estrés, a regular sus emociones y a mejorar sus relaciones con otros.

E. La terapia psicodinámica: Con esta modalidad el paciente aumenta el conocimiento sobre sus fenómenos inconscientes y le ayuda a comprender mejor su conducta, mejorará la forma de resolver conflictos, y mejorará la calidad de vida del individuo.

F. La educación psicológica: Aquí se enseña al paciente, a su familia y amigos sobre su condición, su tratamiento, estrategias para manejar sus síntomas, y como mejorar su habilidad para resolver conflictos. La educación se puede dar en forma individual o en grupos.

Medicamento psicotrópico:

A. Sólo se tratan los síntomas: No existe un medicamento que sea aprobado por la administración de drogas y alimento para tratar desordenes de personalidad. Lo que sí existe son medicamentos que pueden ayudar a reducir algunos síntomas asociados a los desórdenes de personalidad.

B. Medicamentos que ayudan a estabilizar los estados de ánimo: Este medicamento ayuda a reducir los cambios de ánimo bruscos, a reducir la irritabilidad, la impulsividad y la agresividad.

C. Medicamento para la ansiedad: Este medicamento tiene beneficios para reducir su ansiedad, su agitación, y su insomnio, aunque en algunos casos puede incrementar la conducta impulsiva.

D. Medicamentos anti psicóticos: Estos medicamentos son también conocidos como neurolépticos. Pueden ser útiles si el desorden incluye desconexión de la realidad (Psicosis), o en algunos casos de ansiedad, o problemas de enojo.

A. Hospitalización: Cuando el desorden de personalidad es tan severo, se requiere hospitalización psiquiátrica. La hospitalización puede ser por un día, por varios días, o puede ser permanente. Es recomendable cuando el individuo ya no puede cuidarse a sí mismo o representa un riesgo para sí mismo o para otros.

A. Su participación es necesaria: Cada paciente debe participar en su propio tratamiento. Debe trabajar junto al médico, el psiquiatra y el terapista para determinar cuál es el mejor tratamiento para él.

B. El derecho a estar en control de su tratamiento se puede perder: Solo en ocasiones cuando el desorden es muy severo, un médico o un ser querido deben tomar control del tratamiento del paciente hasta que esté en condiciones de estar en control de sí mismo.

Capítulo 9:

Adicciones

Introducción

Propósito:
Entender la predisposición psicológica y las dinámicas del ambiente donde viven los individuos que son víctimas de diferentes adicciones para así poder entenderlos y ayudarlos.

El peor problema de una adicción es la esclavitud del adicto. *"Así que, si el Hijo os libertare, seréis verdaderamente libres"* (Juan 8:36).

Según el manual de desórdenes y estadísticas mentales existen dos definiciones de una adicción.

A. La dependencia: Una adicción es la dependencia a una substancia o a un comportamiento. El individuo no es capaz de resistir el impulso que lo arrastra a su adicción.

B. El abuso: Es el uso excesivo de substancias o actividades que producen placer. El individuo lo hace buscando resolver conflictos internos, presiones o estrés. Estas actividades afectan su calidad de vida.

Hay dos tipos de adicciones:

Además, este mismo manual hace una distinción entre las adicciones a substancias y las adicciones a comportamientos.

1. A substancias: Los adictos a substancias dependen de la descarga de dopamina, la cual causa euforia y lo predispone a futuras adicciones.

2. A comportamientos: Esta adicción es la repetición de una conducta. Los individuos son más vulnerables a este tipo de adicciones durante algunos estados mentales, como la ansiedad.

La personalidad adictiva:

Información sobre la personalidad adictiva se puede encontrar en Treatment4addiction.com

Según Alan R Lang, profesor de la Universidad Estatal de la Florida, si existe suficiente evidencia que demuestra que la personalidad adictiva existe. A continuación, señalo algunos de los rasgos de la personalidad adictiva.

A. La personalidad adictiva es una deficiencia psicológica que predispone al individuo a caer en una adicción. Pero, el que el individuo esté propenso a las adicciones no significa que esté condenado a ser un adicto.

B. Existe un planteamiento que sugiere que los individuos con diferentes adicciones tienen características en común.

C. Existen las adicciones múltiples. Las personas adictas al alcohol son propensas a otro tipo de adicciones como el tabaco, las drogas, los juegos de azar, la pornografía, la comida, el ejercicio, el trabajo, la codependencia y el enojo.

D. Entender las características comunes de los individuos con adicciones es un beneficio que nos ayuda a entenderlos y a tratarlos mejor.
"Alan R. Lang De la Universidad estatal de Florida".

La predisposición a las adicciones

A. La predisposición genética: Según estudios hechos entre gemelos se ha logrado establecer, que, si uno de ellos padece una adicción, la probabilidad de que el otro la desarrolle es del 50 - 70 %. Esta relación señala a la influencia que los genes tienen en la conducta adictiva. Lo único que no se ha podido establecer es si está predispuesto a una adicción en específico o a cualquier otra. Minnesota Center for twin and family research (2016).

A. Los Neurológicos: El desbalance de los neurotransmisores, como la reducción de la dopamina, lleva a los individuos a realizar actividades que les produzcan una descarga de esta substancia.

B. El ser extrovertido: Este tipo de personas son más propensas a buscar sensaciones externas, por ejemplo, las que producen el alcohol, las drogas o el buscar la aprobación de los demás.

C. Los psicológicos: No existe una característica definitiva que determine una adicción, pero sí características personales significativas, como la baja tolerancia al estrés y el no tener las habilidades para enfrentarlo. Otra característica psicológica es el ser impulsivo.

D. La dificultad para adaptarse: La falta de compromiso a los estándares sociales, el sentimiento de no encajar socialmente y la intolerancia a lo tradicional.

E. El sistema de creencias adictivas: Pensamientos tales como "Soy un bueno para nada" o "Nada de lo que hago tiene valor" son creencias que deprimen y están asociadas con personas que dependen de los demás para valorarse. Este tipo de personas tienen mayor riesgo de crear adicciones.

F. Los ambientales: Hay experiencias traumáticas que son estresores del ambiente, tales como los abusos sexuales o físicos, sobre todo en la niñez, o el tener padres impredecibles e inestables. Bryce Nelson (1983).

La interacción de factores:

A. Entre rasgos psicológicos y los neurotransmisores: Los rasgos psicológicos incluyen depresión, falta de autocontrol y comportamiento compulsivo, los cuales están asociados con la deficiencia de neurotransmisores.

B. Entre genes y el medio ambiente: Los genes están asociados con el medio ambiente; una personalidad con genes adictivos está más propensa a relacionarse con personas y lugares que le faciliten el desarrollo de su adicción.

Síntomas de la Personalidad Adictiva

1. La persona adictiva pasa mucho tiempo en algo, no por recreación sino porque lo necesita.
2. Se considera adicción cuando afecta alguna área de su vida.
3. Estas personas se esconden de los demás para cubrir su adicción.
4. Actúan por impulso y buscan la gratificación inmediata.
5. Creen que no son aceptados socialmente.
6. No son capaces de manejar situaciones estresantes.
7. No toleran las situaciones frustrantes.
8. Tienen baja autoestima y son impulsivos.
9. El uso de una substancia les produce la sensación de que pueden "tener el control" de algo.
10. Ser extrovertido. Estos individuos tratan de amoldarse a las expectativas ajenas y son fáciles de influenciar. Desarrollan adicciones para ser aceptados.
11. No son capaces de lograr metas a largo plazo, por no saber manejar el estrés. Prefieren abandonar la tarea para buscar gratificación inmediata.
12. Les es difícil establecer relaciones personales porque no cumplen con sus compromisos.
13. Busca constantemente la aprobación de los demás y al no sentirse complacido en todo, se refugia en la adicción.
14. Las personas con depresión, ansiedad o problemas de enojo son más propensas a caer en adicciones.
16. Un adicto es un individuo que sufre de una enfermedad que está enraizada en su cerebro y en su cuerpo.

Las Adicciones más comunes

La adicción a las apuestas:

Las personas que caen en la adicción al juego o a las apuestas normalmente pasan por tres etapas:
1. El Ganador
2. El Perdedor
3. El Desesperado

1. El Ganador: La mayoría de adictos al juego tuvieron una experiencia al inicio de su adicción donde ganaron. En esta etapa el individuo aún puede controlar su comportamiento.

2. El Perdedor: El promedio de personas que ganan en los juegos es menor al de los que pierden. El adicto pierde de vista esta realidad y pierde el control, juega solo, pide prestado y acumula deudas que sabe que no puede pagar.

3. El Desesperado: En esta etapa el adicto ya perdió el control sobre el juego y empieza a desarrollar conductas peligrosas; se involucra en asuntos ilegales, se deprime y se quiere morir. Helpguide.org (2016).

Comprador compulsivo

A. El placer de comprar: Esta es una adicción que se desarrolla porque al comprar se experimenta placer. El adicto compra cosas en forma compulsiva que nunca usa, sólo para sentir ese placer. Como consecuencia, adquiere deudas, problemas económicos y con sus familiares. La experiencia de comprar se convierte en una droga.

B. Es un problema cíclico: Al comprar, el adicto siente un placer equivalente al que produce una droga. Después, lo invaden sentimientos de culpa y termina deprimido, pero razona que comprar le puede ayudar a sentirse mejor y se va de compras de nuevo.

C. Sufren de otras adicciones: Por ejemplo, al alcohol, las drogas o el comer en forma compulsiva. Recibir educación financiera a temprana edad reduce la posibilidad de ser adicto a comprar. Addiction.com (2016).

El bronceado:

A. Esta adicción es parecida a otras adicciones porque también produce placer, pero puede ser dañina. La persona que es adicta al bronceado lo sigue practicando a pesar de estar plenamente consciente de las consecuencias.

B. Las personas que practican el bronceado se curan la depresión de temporada yendo a salones de bronceado cuando no hay sol. Alice G Walton (2016).

El ejercicio:

A. Cuando se hace ejercicio en forma extrema el cerebro tiene una descarga de endorfina, una hormona que está asociada al aumento del placer.

B. El ejercicio viene a ser lo que identifica al individuo.

C. El ejercicio se glorifica por encima de otros aspectos de la vida.

D. El ejercicio se practica a pesar de estar enfermo o en dolor.

E. La persona adicta a este comportamiento se deprime cuando no puede hacer ejercicio. El ejercicio es bueno, pero no debe ser la parte central en la vida de un individuo.

F. La persona adicta al ejercicio tiene una imagen distorsionada de sí mismo muy similar al de la persona con desórdenes alimenticios.

G. Los adictos al ejercicio desarrollan una mentalidad de todo o nada, donde nada es más importante que el ejercicio.

H. El adicto se castiga a si mismo por haber perdido un ejercicio
Anna Fleet (2016).

La adicción al alcohol

Definición: Esta adicción consiste en un abrumador esfuerzo por consumir o comprar el alcohol. La dependencia es más mental que física.

Diferencia entre abuso y dependencia:
Abuso: Cuando la bebida causa problemas al individuo.
Adicción: Cuando la persona continúa bebiendo a pesar de los problemas que le causa.

Definición de adicción al alcohol
1. La persona ha sido afectada, por el uso del alcohol, física, legal, social, laboral, familiar, emocional y cognitivamente.
2. Ha tratado de dejarlo y no ha podido.
3. Ha tenido lapsos de pérdida de memoria.
4. Necesita más alcohol para sentirse tomada.
5. Se siente enferma si no toma alcohol.
6. Ha desarrollado enfermedades asociadas al alcohol, como la cirrosis hepática.
7. Se vuelve violenta cuando toma.
8. Toma sola y niega que ha bebido.
9. No le gusta tocar el tema del alcoholismo.
10. Busca excusas para no ir a trabajar.
11. Ha bajado su nivel de productividad en el trabajo.
12. Desatiende responsabilidades y actividades familiares.
13. Necesita beber alcohol para poder pasar el día.
14. Descuida su alimentación y aseo personal.
15. Le tiembla el cuerpo por la mañana o cuando no toma alcohol.

Factores de riesgo:
1. Tener familiares con antecedentes de alcoholismo.
2. Tener influencia del medio ambiente.
3. Los jóvenes son más susceptibles a la presión de los grupos.
4. Padecer de depresión o ansiedad.
5. La cantidad de alcohol que se consume. Para un hombre, 15 bebidas por semana o 5 por día, son muchas; para una mujer, 12 por semana.
6. Tener baja autoestima.
7. Tener problemas para relacionarse.
8. Llevar una vida muy estresada.

9. Vivir en un ambiente donde el alcohol es aceptado como algo normal.
10. Tener fácil acceso al alcohol.

Preguntas para evaluar la dependencia al alcohol:
1. ¿Has manejado bajo la influencia del alcohol?
2. ¿Necesitas más alcohol que antes?
3. ¿Sientes que deberías tomar menos alcohol?
4. ¿Has tenido bloqueos mentales después de tomar?
5. ¿Has perdido el trabajo por causa del alcohol?
6. ¿Hay algún familiar preocupado por tu forma de tomar?
7. ¿Has tenido problemas legales por ejercer violencia doméstica, abuso y negligencia infantil, abusos sexuales, asalto, robo o manejar intoxicado?
A.D.A.M. Medical Encyclopedia (2016).

La adicción a sustancias

La Dependencia: Es el uso inapropiado de una sustancia que reduce el funcionamiento del individuo y le produce ansiedad. Cuando un individuo presenta tres o más de las siguientes características, Durante 12 meses, se considera un adicto.

Criterio para evaluar la adicción a substancias:
1. Tolerancia, el individuo desarrolla la necesidad de aumentar el uso de una sustancia.
2. La sustancia es usada en cantidades excesivas.
3. Deseo continuo de controlar el uso de la sustancia, sin lograrlo.
4. Asociación delictiva para poder conseguir la sustancia.
5. El individuo descuida las actividades sociales, de trabajo o de recreación familiar.
6. El individuo continúa usando la sustancia, aunque sepa que le está creando problemas físicos o psicológicos.
7. El individuo deja de cumplir con sus obligaciones en el trabajo, la escuela o el hogar.
8. Usa la sustancia en situaciones que son físicamente peligrosas como conducir, manejar maquinaria pesada, etc.
9. La usa a pesar de que ya ha tenido problemas legales.
10. La usa a pesar de que le ha causado problemas sociales o personales.
A.D.A.M. Medical Encyclopedia.

Tipos y efectos de las adicciones

Adicciones Comunes
1. Cannabis
2. Sedantes
3. Anestésicos Disociados
4. Alucinógenos
5. Opios y Morfina
6. Estimulantes
7. Otros Componentes

Cannabis
Marihuana: Uno de los tipos más conocidos de la Cannabis.
Efectos que causa en la persona: Se manifiesta con alegría, lentitud para pensar, confusión, tos, pánico, ansiedad, infecciones en los pulmones, impide el aprendizaje y la memorización.

Sedantes
Hay diferentes tipos:
A. Barbitúricos
B. Benzodiacepinas
C. Flunitrazepam
D. GHB: Gamma-Hidroxybutyrate
E. Methaqualone

A. Barbitúricos: Son utilizados para reducir el dolor y la ansiedad.
Efectos: Respiración lenta, pulso lento, baja la presión arterial, reduce la concentración, produce confusión, fatiga, falta de coordinación, pérdida de la memoria, juicios pobres, mareos y adormecimiento.

B. Benzodiacepinas: Se usan para reducir el dolor y la ansiedad.
Efectos: Producen una respiración lenta, pulso lento, baja presión arterial, baja concentración, produce confusión, fatiga, falta de coordinación, pérdida de la memoria, juicios pobres, mareos, y adormecimiento.

C. Flunitrazepam
Efectos: Causa inconciencia y pérdida de memoria. Además, causa problemas gastrointestinales y visuales. Su uso se asocia con violaciones sexuales.

D. GHB: Gamma-Hidroxybutyrate Efectos: Causa euforia y aumenta los deseos sexuales, puede producir inconciencia. Además, causa nausea, mareos, vómito, dolor de cabeza y estados comatosos. Esta droga es muy usada para las violaciones sexuales.

E. Methaqualone: Se conoce como Mandrax.
Efectos: Es depresivo, reduce la capacidad para pensar y provoca hablar en forma defectuosa.

A. Ketamine: Es de uso común en la medicina, aunque también se usa con fines recreativos.
Efectos: Acelera el ritmo cardíaco, aumenta la presión arterial, produce pérdida de memoria, náusea y vómito.

B. PCP: Phencyclidine Efectos: Causa alucinaciones, euforia, y paranoia. Además, produce pánico, agresividad, depresión y pérdida de apetito.

LSD: Dietilamida de ácido lisérgico Efectos: Produce una percepción irreal de fenómenos que se experimentan con los ojos abiertos o cerrados. No produce adicción y se ha usado con fines recreacionales y terapéuticos.

Mezcalina: Esta droga es producida por una planta llamada Peyote. Actualmente se están investigando sus propiedades médicas y sus posibles usos terapéuticos. Además, ha sido utilizada para comprender mejor algunos problemas psicóticos como la esquizofrenia.

Psilocibina: Se encuentra en algunos hongos; comúnmente conocidos como "hongos alucinógenos". Esta droga tiene usos recreacionales, pero también ha sido usada en ceremonias religiosas.

Papaver Somniferum: Esta planta se conoce también como "La Dormidera". De esta familia de plantas se producen varias drogas como:
    a. Opio
    b. Fentanilo
    c. Morfina
    a. Heroína

Opio: Esta droga es una mezcla compleja de sustancias que se extraen de las cápsulas verdes de la adormidera. Efectos: Sedación, pérdida del sentido, alegría, náusea y confusión.

Fentanillo: Es un narcótico sintético, opioide, utilizado como analgésico y como anestésico. Es más potente que la morfina; aproximadamente, de 77 a 100 veces.

Morfina: Su nombre se deriva de Morfeo, el dios griego de los sueños. Es una potente droga opiácea usada frecuentemente como analgésico.
Efectos: Reducción del dolor y un sueño profundo.

Heroína: Es una droga derivada de la morfina, la cual se deriva también de la planta adormidera. Efectos: Somnolencia, apatía y disminución de la actividad física. Es muy adictiva y se requiere de un tratamiento médico para desintoxicar al adicto.

Estimulantes:
A. Anfetamina
B. Metanfetamina
C. Cocaína
D. MDMA
E. MFD
F. Nicotina

Anfetamina: Aumenta los niveles de alerta y favorece las funciones cognitivas básicas como la atención y la memoria. Aumenta el nivel de actividad motriz y la resistencia a la fatiga.
Efecto: Quita el sueño, por eso algunas personas la usan inapropiadamente para no dormir.

Metanfetamina: Es un estimulante muy potente que incrementa la actividad física, reduce el apetito y produce una sensación de bienestar.
Efectos: Produce euforia, alivia la fatiga y mejora el rendimiento en tareas simples. También puede causar agresividad, pérdida de memoria y conducta psicótica.

Cocaína: Esta droga se extrae de la hoja de coca; es muy potente y adictiva.
Efectos: Elevación de la autoestima, la confianza en sí mismo, una gran excitación que se puede transformar en irritabilidad extrema. Su efecto es inmediato y dura de 30 a 60 minutos.

MDMA: Metilendioximetanfetamina: También conocida como Éxtasis, Rola, Adam y la droga del Amor.
Efectos: Sustancias que producen principalmente una sensación de euforia. Además, produce alucinaciones, sensibilidad, sentimientos empáticos, pérdida de memoria y dificultad para aprender.

MFD: Metilfenidato: Es ampliamente usado con muy buenos resultados para tratar el trastorno por déficit de atención con hiperactividad. Ningún paciente de TDAH que ha sido tratado con MFD ha desarrollado adicción. Además, se han encontrado efectos protectores en el MFD contra diferentes adicciones.

Nicotina: Es un compuesto orgánico encontrado principalmente en la planta del tabaco.

Efectos: Es adictiva y tiene consecuencias negativas para la salud tales como embarazos defectuosos, enfermedades pulmonares y cáncer.
Inhalantes: Son sustancias como la gasolina, el thinner, los aerosoles y la tinta fuerte para lustrar calzado. Estas adicciones se desarrollan porque son más baratas y accesibles. Muchas veces se utilizan como suplemento cuando no se puede conseguir una droga más cara.

La Infidelidad

Introducción:
La infidelidad es un problema real con consecuencias desastrosas para la relación matrimonial, los hijos, los familiares, la iglesia y la sociedad en general. Este problema causa mucho dolor a la víctima y a sus familiares.

Estadísticas de infidelidad
Según ActitudFem, un 60% de hombres y un 40% de mujeres han sido infieles al menos una vez en la vida. http://www.actitudfem.com/
Según el BlogEllas, un 90% de hombres y un 60% de mujeres han sido infieles. http://www.blogellas.com/
Según JardinNoticias, en México, el 57% de profesionales han sido infieles. http://www.jardimnoticias.com.br/oficial.php

Las Sagradas Escrituras y el Adulterio
"Para que te guarden de la mala mujer, de la blandura de la lengua de la mujer extraña. No codicies su hermosura en tu corazón, ni ella te prenda con sus ojos".
"Porque a causa de la mujer ramera el hombre es reducido a un bocado de pan; y la mujer caza la preciosa alma del varón".
"¿Tomará el hombre fuego en su seno sin que sus vestidos ardan? ¿Andará el hombre sobre brasas sin que sus pies se quemen? Así es el que se llega a la mujer de su prójimo; no quedará impune ninguno que la tocare".
"No tienen en poco al ladrón si hurta para saciar su apetito cuando tiene hambre; pero si es sorprendido, pagará siete veces; entregará todo el haber de su casa".
"Más el que comete adulterio es falto de entendimiento; corrompe su alma el que tal hace. Heridas y vergüenza hallará y su afrenta nunca será borrada".
"Porque los celos son el furor del hombre y no perdonará en el día de la venganza. No aceptará ningún rescate, ni querrá perdonar, aunque multipliques los dones" (Proverbios 6:24-35).

Como proteger el matrimonio de una infidelidad
1. Crear conciencia del dolor que causa una infidelidad.
2. Cerrar las tres puertas que te pueden llevar a una infidelidad.
3. Usar tres llaves para protegerte de una infidelidad.

El dolor causado por una infidelidad

Los sufrimientos de la víctima:

La víctima principia a sufrir desde que empieza a sospechar que la están engañando. No puede explicar qué pasa, pero "siente algo raro". Siente que su cónyuge ya no es igual de afectuoso que antes. Es común que la víctima se torture pensando que es injusto sospechar de su cónyuge.

El momento más doloroso es cuando la víctima confirma sus sospechas del engaño. Su reacción es de ira, vergüenza y culpa. Desarrolla pensamientos obsesivos sobre la infidelidad y sobre lo que hace su cónyuge. Además, experimenta todos los síntomas de una depresión.

La victima sufre varias pérdidas entre ellas:
Deja de sentirse especial: "Pensé que valía algo para ti".
Pierde el respeto por sí misma: "Hago lo que sea para que no me dejes".
Pierde la fuerza para poner límites: "¿Por qué acepto vivir con alguien que me engaña?"
Pierde el control sobre sí misma: "¿Por qué no puedo dejar de espiarlo?"
Pierde el sentido de justicia: "Este mundo ya no tiene sentido".
Pierde la fe en Dios: "¿Por qué Dios lo permitió?"
Pierde su identidad: "Ya no sé ni quién soy".
Pierde la relación con otros: "No tengo a nadie que me apoye".
Pierde el deseo de vivir: "Mi vida ya no tiene sentido, me quiero morir".
Paul Simpson (2012).

Otras consecuencias de una infidelidad:
Cuando el esposo es la víctima sufre el estigma público del "engañado". Este estigma se refleja en los nombres despectivos con los que se califica a un hombre que es engañado. Otros riesgos son las enfermedades de transmisión sexual.

Otros riesgos son los posibles embarazos. Para un hijo, es muy triste e injusto ser el producto de una infidelidad. Por ejemplo, cuando el esposo es infiel y deja embarazada a otra mujer o cuando la esposa fue infiel y queda embarazada de otro hombre.

El dolor de la víctima puede ser aún mayor cuando la tercera persona es la vecina, el vecino o un compañero de trabajo a quienes hay que seguir viendo. Pero lo peor es cuando el engaño sucede con un familiar cercano.

Las consecuencias en la relación

Las sospechas son como fantasmas que no los dejan tranquilos. La víctima acosa con preguntas al cónyuge y eso es muy desgastante. Tener que estar dando explicaciones incómodas y que no convencen es algo muy estresante. Además, la frialdad que vive la pareja es incómoda para ambos.

Cuando la víctima confirma el engaño, la pareja pasa por días muy dolorosos. La pareja tiene frecuentes confrontaciones acaloradas y el infiel tiene que lidiar con una persona devastada, herida y furiosa.

La víctima pierde la confianza en su cónyuge y este se siente acosado y vigilado. Algunas veces, los familiares de la víctima intervienen con amenazas y aun con violencia, todo esto complica la relación de pareja. Además, puede provocar problemas en el trabajo.

Los sufrimientos del infiel

La persona que es infiel a su pareja también sufre consecuencias. Se va a sentir vigilada y tiene que dar explicaciones a las sospechas del cónyuge. Tiene que responder a las quejas de falta de atención y soportar el acoso del cónyuge que insiste en saber la verdad.

Cuando la verdad sale a la luz, la víctima reacciona con dolor y coraje, esto es muy desagradable para el infiel. Este tiene que dar explicaciones, enfrentar sus miedos a ser lastimado, a ser abandonado y a perderlo todo.

Puertas que conducen a una infidelidad

Puerta 1: Los propios deseos

La Primera puerta que lleva a algunos individuos a la infidelidad son sus propios deseos. Algunos sufren de adicción al sexo y una necesidad extrema de reafirmar su identidad, si son varones quieren reafirmar su virilidad y si son mujeres quieren reafirmar su femineidad.

Otros, son simplemente descuidados y no se dan cuenta de que están siendo seducidos por alguien del sexo opuesto. Tal vez están heridos y necesitan a alguien que les sane emocionalmente y creen que una relación fuera del matrimonio les puede ayudar.

Algunas personas viven bajo mucho estrés y eso les hace buscar relaciones fuera de su matrimonio que les ayuden a relajarse. Otros tienen necesidades afectivas que su pareja no está llenando y eso les orilla a buscar alguien más con el deseo de que esa persona sí les satisfaga.

En las sagradas escrituras se menciona la historia del rey David. Este rey vio a su vecina Betsabé que se estaba bañando y no aguantó la tentación de tenerla y mandó por ella para hacerla su mujer.

"Y sucedió un día, al caer la tarde, que se levantó David de su lecho y se paseaba sobre el terrado de la casa real; y vio desde el terrado a una mujer que se estaba bañando, la cual era muy hermosa. Envió David a preguntar por aquella mujer, y le dijeron: Aquella es Betsabé hija de Eliam, mujer de Urías heteo. Y envió David mensajeros, y la tomó; y vino a él, y él durmió con ella. Luego ella se purificó de su inmundicia, y se volvió a su casa" (2 Samuel 11:2-4).

Siete motivos del sexo destructivo

1. La excitación: Durante un estado de excitación, los niveles de adrenalina se elevan y, en este estado, al hombre y a la mujer les es más difícil poner freno a sus deseos sexuales. Esta es la causa de algunas infidelidades, estaban solos, se excitaron y a la cama.

2. El descanso: Durante y después de una relación sexual el cuerpo recibe una descarga de oxitocina, la cual lo relaja y le da una sensación de paz muy agradable. Cada vez que el individuo se encuentra tenso o bajo mucha presión, siente que necesita tener sexo para relajarse.

3. Un escape: Vivimos en un tiempo con una agenda muy ocupada. Eso ha creado una necesidad de pequeños escapes como el famoso "Tiempo Miller" del comercial. Para algunos el sexo es una forma de escape a la presión y a las responsabilidades.

4. La necesidad de afirmación: Hay individuos que sufren de inseguridad en cuanto a su valor y usan el sexo para reafirmar que son importantes. Estos individuos van de conquista en conquista reafirmando su valor, pero nunca quedan curados, porque después de cada conquista siguen igual que antes de vacíos.

5. La necesidad de poder: Hay individuos que se sienten poderosos después de una conquista porque ejercen dominio sobre la persona con la que tienen sexo. Cuando la relación se termina, se lanzan en busca de otra víctima para volver a sentir esa sensación de tener el control.

6. Por venganza: Hay individuos que han sido heridos en relaciones anteriores y cargan mucho rencor y resentimiento. Estos individuos usan el sexo para vengarse y lo hacen humillando, burlándose o engañando a la persona con la que se relacionan sexualmente.

7. Por desesperanza: Hay individuos que jamás logran dominar sus instintos y razonan: "Es que así soy yo". De esta forma, justifican su comportamiento y continúan teniendo sexo con cuanta persona se los permita. Paul Simpson (2012).

Puerta 2: Problemas Matrimoniales

Las parejas se casan enamoradas, pero con el paso del tiempo se descuidan, pierden el amor que los unió y terminan decepcionados de la persona con quien se casaron. Los continuos problemas los frustran y terminan alejados emocionalmente uno del otro. Esto los hace vulnerables a una infidelidad.

Muchas veces, los matrimonios se lastiman y no se esfuerzan por sanar emocionalmente. Viven con necesidades que no están siendo satisfechas y esto también los hace vulnerables a una infidelidad.

Otro factor que lleva a algunos matrimonios a la infidelidad es sentirse emocionalmente abrumado. Esto sucede cuando uno de los dos es muy intenso y con mucha insistencia busca la cercanía emocional, el otro termina sintiéndose abrumado y ese sentimiento lo orilla a buscar un escape, o sea, una infidelidad.

Puerta 3: Las Oportunidades

Algunas infidelidades suceden porque se presentó la oportunidad. Aunque son pocos quienes se acuestan con una persona que acaban de conocer. Las oportunidades se presentan en el trabajo, en el internet y en los lugares de recreación como parques, clubes y restaurantes.

También existen hombres y mujeres que siempre están en busca de oportunidades: Cuando la mujer es guapa y se arregla bien, atraerá a galanes que la quieran conquistar. Al hombre que tiene dinero o está en posición de poder, también se le presentarán oportunidades de ser infiel.
Existe un índice elevado de infidelidades entre pastores. Los que han sido infieles es porque se aislaron de la comunidad de creyentes, no pasaban tiempo con Dios, y además pasaron mucho tiempo con alguien que no era su esposa.

Tres llaves protectoras

Llave 1: La Intimidad Consigo Mismo

A los seres humanos les cuesta mucho trabajo analizarse a sí mismos, por eso pasan mucho tiempo analizando a los demás. Esta actitud es la que lleva a muchos a cometer errores, como la infidelidad.

En el área ciega están las conductas que otros pueden observar en nosotros, sin embargo, nosotros mismos no estamos conscientes de ellas. Jesús habló del área ciega cuando dijo: *"¿Y por qué miras la paja que está en el ojo de tu hermano?"* (Mateo 7:3). Estas palabras son una poderosa recomendación a estar atentos a los propios deseos y fenómenos internos para responder en forma apropiada a cada uno de ellos.

"Bienaventurado el varón que soporta la tentación; porque cuando haya resistido la prueba, recibirá la corona de vida, que Dios ha prometido a los que le aman. Cuando alguno es tentado, no diga que es tentado de parte de Dios; porque Dios no puede ser tentado por el mal, ni él tienta a nadie; sino que cada uno es tentado, cuando de su propia concupiscencia es atraído y seducido. Entonces la concupiscencia, después que ha concebido, da a luz el pecado; y el pecado, siendo consumado, da a luz la muerte" (Santiago 1:13-15).

Cada individuo debe conocer bien sus necesidades, sus emociones, sus fantasías y sus diálogos internos. Cada individuo es responsable de estar en contacto consigo mismo para cuidarse de no ser arrastrado a una infidelidad.

Llave 2: La Intimidad Conyugal

La intimidad consiste en tomar el compromiso de amarse únicamente entre ellos y aceptarse sin condiciones. Para desarrollar una relación cálida, cercana y que les produzca un profundo sentimiento de satisfacción, deben entregarse física, emocional y espiritualmente.

A. El compromiso: Es decir, el ser fieles y ayudarse mutuamente en las diferentes necesidades de la vida.

B. La aceptación: Es decir, el no hacer intentos por cambiar la conducta del cónyuge, evitar criticarle y no recriminarle cosas del pasado.

C. La entrega: Esto sucede en tres niveles; físico, emocional y espiritual.

D. Hay emoción: Es difícil describir este tipo de relación, pero la pareja que ha logrado la intimidad es muy feliz porque hace que los cónyuges se sientan muy cerca uno del otro.

E. Hay Satisfacción: La pareja tal vez no pueda explicar lo que siente, pero de una cosa están bien seguros y es de que son profundamente felices.

La intimidad es esencial para cualquier individuo, pero cada uno la valora en forma diferente. Para la mayoría de hombres, la intimidad está asociada principalmente con el sexo. Para la mujer, la intimidad está asociada con el sentirse amada, el diálogo, la comprensión y la cercanía.

Llave 3: La Intimidad con Dios

Tener una relación íntima con Dios puede rescatar y proteger a todo individuo que batalle con la tendencia a ser infiel. La relación con Dios principia cuando el hombre decide hacerlo Señor de su vida; a partir de ese día, vivirá consciente de que Dios está presente en su vida y que ve todo lo que él hace.

El hombre que tiene una relación con Dios permite que Él lo vaya transformando a su imagen y semejanza. Poco a poco, el hombre va conociendo la naturaleza de Dios y la va haciendo parte de su propio carácter. Esta transformación lo libera y lo aleja de cualquier vicio, como el de la infidelidad.

Cuando el hombre descubre que su vida tiene un propósito mucho más elevado que satisfacer sus deseos egoístas, deja de vivir en forma desordenada y concentra toda su energía en lo que es realmente importante.

El hombre debe buscar una comunidad de creyentes que tengan una fe saludable para que le ayuden, le fortalezcan, le nutran y le protejan. Debe ocupar su tiempo en servir y ayudar a otros que tal vez están batallando con lo mismo. Es más fácil que un hombre ocioso caiga en una infidelidad, que uno que está ocupado.

"Guarda, hijo mío, el mandamiento de tu padre, y no dejes la enseñanza de tu madre; átalos siempre en tu corazón, enlázalos a tu cuello. Te guiarán cuando andes; cuando duermas te guardarán; hablarán contigo cuando despiertes. Porque el mandamiento es lámpara, y la enseñanza es luz, Y camino de vida las represiones que te instruyen" (Proverbios 6:20-23).

Los escalones de la restauración:

Escalón 1: Hacer el compromiso de restaurar la relación

La pareja debe responder a la pregunta: ¿Queremos continuar juntos después de la infidelidad o nos vamos a separar? Es normal que ambos estén confundidos en cuanto al futuro de su relación, pero esa confusión se resuelve haciendo el compromiso de seguir juntos y restaurar su relación matrimonial.

El compromiso de seguir juntos y restaurar la relación lo deben hacer los dos. No se puede restaurar una relación mientras no se haya tomado esta decisión. El compromiso debe ser definitivo y por eso no se debe hacer en forma apresurada. Tampoco se debe presionar a la víctima a perdonar y a hacer este compromiso.

Como parte del compromiso de restaurar la relación, la persona que cometió la infidelidad debe terminarla. Una infidelidad es como un ratón muerto en la azotea, no se ve, pero apesta. Hasta que ese mal olor no desaparezca, la relación no podrá ser transformada.

La persona infiel debe aceptar que es la única responsable del dolor que causó a la víctima y a la relación. No debe negarlo o minimizarlo, mucho menos presionar al cónyuge para que sane. Además, debe ofrecer su ayuda para sanar el dolor que ha causado.

La persona que fue infiel debe hacer el compromiso de descubrir los motivos que lo llevaron a ser infiel. Debe buscar respuestas dentro de sí misma y evitar culpar al cónyuge. Debe preguntarse si tiene dificultades para controlar sus deseos sexuales, si estaba insatisfecha en su matrimonio o si fue una oportunidad que no pudo resistir.

Escalón 2: Restaurar lo dañado

Después de haber hecho el compromiso de restaurar la relación, la pareja debe trabajar arduamente para lograrlo. El infiel debe ayudar a que su cónyuge recupere lo que perdió para que sane las heridas que le causó, debe recuperar la confianza de su cónyuge, y también debe lograr su perdón.

Para que la víctima confíe una vez más en su cónyuge, éste debe hacer lo que la víctima necesite para que pueda volver a confiar. Tal vez deba cambiarse de trabajo, cambiarse de casa o de ciudad, aceptar que su cónyuge le revise el celular y la cuenta de correos, su Facebook, etc.

Estas acciones son como una penitencia, pero son acciones que le ayudan a la víctima del engaño a recuperar la confianza. La actitud del infiel debe ser: Pídeme algo que te ayude a recuperar la confianza en mí y yo con gusto lo hago, aunque me cueste. Recordemos que los hechos hablan más que las palabras.

El infiel debe crear conciencia sobre lo profundo de las heridas que causa una infidelidad. Debe aceptar el dolor de la víctima sin presionarla a que lo esconda o deje de sentirlo. Mientras exista dolor, la pareja no podrá ser verdaderamente feliz.

La sanidad emocional de la víctima es una responsabilidad de los dos. La víctima debe querer sanar, y el ofensor o la ofensora deben usar sus palabras, sus acciones y su cercanía para ayudar a que el cónyuge herido se recupere.

Señales de recuperación de la víctima

La víctima debe recuperar el sentido de ser especial para su cónyuge: Esto significa que el infiel se lo va a demostrar con hechos. El razonamiento de la víctima será: "Todo lo que mi cónyuge ha hecho me demuestra que soy muy valiosa para él".

La víctima debe recuperar el respeto por su persona: esto significa que ya no tendrá que hacer nada, ni tolerar nada que sea una falta de respeto hacia su persona. Su razonamiento será: "Está conmigo por amor, no porque yo tolero que me humille".

La víctima debe recuperar los límites: Esto significa que no está dispuesta a tolerar un engaño más y ni siquiera va a tolerar sospechas. Su razonamiento será: "Cero tolerancias".

La víctima debe recuperar el control de sus impulsos. Ya no sentirá la necesidad de vigilarlo o de cuestionarlo. No tendrá miedo a perderlo ni sentirá la necesidad de humillarse para retenerlo a su lado. Su razonamiento será: "No lo perseguiré más".

La víctima debe recuperar el sentido de justicia. Cuando vea el cambio en su cónyuge y en su relación matrimonial, volverá a creer que este mundo tiene sentido. Su razonamiento será: "Existe justicia en este mundo". la víctima debe recuperar su fe en Dios. Al ver la transformación en su cónyuge llegará a la conclusión de que Dios sigue teniendo el control y que está al pendiente de las necesidades de quienes confían en Él. Su razonamiento será: "Ahora siento que Dios está conmigo".

La víctima debe recuperar su identidad y su valor. La confusión creada por la infidelidad acerca de su vida y de su futuro desaparecerá; recuperará la confianza en quién es como individuo y como parte de una familia. Su razonamiento será: "Ahora sé que soy alguien".

La víctima debe recuperar las conexiones con otras personas. Esto significa que todas las relaciones que se rompieron por causa de la infidelidad serán restauradas. También, desaparecerá el sentimiento de soledad. Su razonamiento será: "No estoy sola, tengo apoyo".

La víctima debe recuperar sus deseos de vivir. La necesidad de escapar por la puerta falsa desaparece, porque el dolor y la amargura de la infidelidad han desaparecido. Su razonamiento será: "Ahora quiero vivir porque tengo por qué vivir y por quién vivir".

El perdón es un elemento esencial en la recuperación de un matrimonio donde hubo una infidelidad. La sanidad de la víctima es un proceso que debe concluir con un perdón absoluto. El perdón no es un favor que se le hace al ofensor; es un favor que la víctima se hace a sí misma. Cuidado con el perdón barato.

Escalón 3: Hacer cambios profundos

La mitad de las parejas que pasan por una infidelidad se separan. Otra parte siguen casados, pero cargando el fantasma de la infidelidad y con muchos problemas. Sólo una parte muy reducida de parejas logran trasformar su matrimonio y elevar el nivel de satisfacción a uno mejor que el que tenían antes de la infidelidad.

La pareja debe resolver los problemas que tenían antes de la infidelidad. Esto es difícil para la víctima, porque para él, o para ella, el único culpable de todos los problemas que ya tenían es el infiel. Al explorar los problemas anteriores, la víctima se expone a parecer como culpable de la infidelidad.

Pero si la pareja no resuelve los problemas que ya tenían antes de la infidelidad, las posibilidades de otra infidelidad siguen latentes. Para asegurar un matrimonio sólido a prueba de infidelidades, no sólo deben resolver los problemas del pasado, sino que deben trabajar para enriquecer su relación matrimonial.

La pareja debe lograr una intimidad profunda. Debe tener una vida sexual satisfactoria y desarrollar una buena relación con Dios. Estos cambios garantizan la transformación total, la permanencia en un estado de felicidad y el estar protegidos contra una infidelidad.

La violencia doméstica

Introducción:

La violencia doméstica es un problema que nos afecta a todos. Algunas de sus consecuencias son profundas e inmediatas, otras son a largo plazo. Debemos participar en la concientización global sobre este flagelo teniendo la confianza de que podemos hacer la diferencia en algunas familias.

Propósito de esta clase:

Que las familias desarrollen una conciencia más amplia en cuanto al tema de la violencia doméstica.

Proveer herramientas valiosas para reducir o eliminar la violencia familiar.

Ayudar a la persona violenta a que aprenda a manejar la ira.

Ayudar a las víctimas de violencia doméstica a escapar de relaciones abusivas.

En general, cualquier familia podrá mejorar su calidad de vida con este material.

Manifestaciones de Violencia

En los niños y adolescentes:

En los niños se manifiesta por medio de abusos verbales o físicos en contra de otros niños.

Esta es la edad en que algunos niños o niñas se convierten en ´bullies´, Esta palabra proviene del término ´bully´ en inglés; que significa tirano, intimidador o peleonero en español.

En ambos, la violencia se manifiesta por medio del vandalismo o la crueldad hacia los animales.

En los jóvenes:
1. Tipo Reactivo: son jóvenes extremadamente sensibles a todo lo que parezca una provocación.
2. Tipo Agresivo: son jóvenes agresivos sin motivo; mejor conocidos como 'bullies'.
National Criminal justice Reference Services (2012).

En los adultos:
La violencia entre los adultos se manifiesta por medio de un comportamiento agresivo hacia las personas, animales o propiedades. Su agresividad puede ser verbal, psicológica, física o sexual.

El Dr. John Gottman habla de dos tipos de violencia en los adultos, el tipo Pitt Bull y el tipo Cobra.

El Pitt Bull: Gottman afirma que el 80% de todas las personas violentas son del tipo Pitbull. Estas personas son altamente reactivas y dan la impresión de que pierden el control. Ellos enfocan su violencia sobre todo en contra de su propia familia.

El tipo Cobra: Constituye el otro 20% de individuos violentos. Estos individuos son sociópatas; carentes de sentimientos, sus ataques son fulminantes, su violencia es generalizada, es decir, no únicamente en contra de su familia. Gottman (2010).

Existen dos tipos de relaciones donde se manifiesta la violencia doméstica:
    1. El tipo de relaciones conflictivas.
    2. El tipo de relaciones abusivas.

Relaciones conflictivas:

Cuando la pareja tiene una relación conflictiva, la violencia más común entre ellos es la verbal. La violencia física o psicológica es más común en relaciones abusivas.

En este tipo de relaciones, las parejas se atacan y se defienden más o menos al mismo nivel. Ninguno ejerce control absoluto sobre su cónyuge.

En las parejas conflictivas la violencia no se usa para ejercer coerción. La violencia sucede cuando la pareja trata de resolver diferencias. Ninguno la usa para someter al cónyuge o para obligarlo a hacer cosas en contra de su voluntad.

Las parejas conflictivas usan la violencia porque carecen de dominio propio, pero ninguno trata de infundir miedo en su cónyuge y ninguno siente miedo de su pareja.

Relaciones abusivas:

En las relaciones abusivas la violencia es progresiva; una vez que aparece ya no desaparece, sino que progresa. La violencia en el noviazgo equivale a violencia en el matrimonio. Además, entre más intensa es la violencia es más difícil que desaparezca.

La violencia es cíclica
La explosión
El arrepentimiento
La luna de miel
La acumulación de tensión

La violencia es selectiva
En las relaciones abusivas la violencia es selectiva; eso significa que los gritos, insultos, amenazas y golpes son selectivos. El abusivo selecciona el método que mejor le funciona para dominar a su víctima.

La violencia es unilateral
Los abusos son unilaterales; esto significa que en la relación hay un abusivo y una víctima. En cada episodio de violencia el patrón no cambia, el abusador abusa de su víctima. Los abusos tienen diferentes formas: pueden ser físicos, verbales, emocionales o sexuales.

La violencia es para ejercer coerción
En estas relaciones, el abusador ejerce coerción sobe su víctima; ignora sus derechos y le impone deberes y prohibiciones, obligándole con violencia a que los cumpla.

La violencia infunde miedo
Tal vez la señal más clara de una relación abusiva es el miedo. La víctima siente miedo de su abusador y el abusador quiere provocar miedo en su víctima.

La violencia es un crimen
Cualquier tipo de abuso es un crimen y puede tener consecuencias legales. Tanto la víctima como el abusivo deben estar plenamente conscientes de que el abuso es un crimen y quien lo comete puede terminar en la cárcel.

Origen de la violencia:

Se origina en la ira:
La violencia se origina en un sentimiento natural del individuo que se llama ira. El individuo primero siente la ira y después actúa con ira. La expresión inapropiada de la ira se llama violencia.

La violencia tiene un origen espiritual:
El apóstol Juan la relaciona con el maligno: "No como Caín, que era del maligno y mató a su hermano" (1 Juan. 3:12).

Santiago la relaciona con conflictos emocionales internos: "¿De dónde vienen las guerras y los pleitos entre vosotros? ¿No es de vuestras pasiones, las cuales combaten en vuestros miembros?" (Santiago 4:1).

Cristo la relaciona con el corazón: "Porque del corazón salen los malos pensamientos, los homicidios, los adulterios, las fornicaciones, los hurtos, los falsos testimonios, las blasfemias" (Mat. 15:19).

La violencia se origina en los instintos:
Freud creía que el individuo era gobernado por dos instintos muy fuertes: El sexo (Eros) que se manifiesta en la libido y la agresión (Thanatos) dirigida hacia sí mismo y hacia otros. Cuando el individuo se siente amenazado puede reaccionar con violencia en forma instintiva. Alexandra K. Smith (2008).

La violencia se origina en el temperamento:
Los siguientes factores están relacionados al temperamento del individuo y lo predisponen a ser violento: La hiperactividad, la impulsividad, la

deficiencia de atención, un bajo IQ, baja empatía, dificultad para posponer la gratificación y demostrar un comportamiento riesgoso. Amber Erickson Gabbey and Tim Jewell (2016).

La violencia tiene un origen social:
Los siguientes factores sociales predisponen al individuo a ser violento: Tener padres o hermanos criminales, vivir en áreas con índices elevados de crimen y la excesiva exposición a la violencia en la TV.

La violencia tiene un origen familiar:
Los siguientes factores dentro de una familia contribuyen a que los individuos se hagan violentos: Las agresiones dirigidas al niño, la ausencia de la madre, una disciplina dura y errática, falta de calor paterno, la negligencia hacia el infante, poca supervisión y el divorcio de los padres.

La violencia se origina en sus experiencias escolares:
Algunas experiencias del niño en la escuela contribuyen a hacerlo violento: Los fracasos escolares, experiencias que involucran agresión, sentir rechazo de sus compañeros y las diferencias de tipo económicas. Anna Hodgekiss (2014).

La violencia tiene un origen genético:
Los siguientes datos sugieren que la violencia tiene un componente genético: Los hombres cometen 10 veces más actos de violencia que las mujeres, hay actos violentos que son exclusivos del hombre, la relación entre el varón y el chimpancé macho.

Los hijos biológicos de padres violentos y que son adoptados tienen más alto porcentaje de ser violentos que los que vienen de padres que no son violentos.

La violencia tiene un origen neurológico:
La serotonina es un neurotransmisor relacionado al control de la violencia. Este neurotransmisor tiene muchas funciones en el sistema nervioso y el proceso psicológico.

De acuerdo con Grilly (2002). La serotonina está relacionada con la actividad sexual, los estados de ánimo, la sensibilidad al dolor, la agresión, desórdenes mentales y del sueño.

En los humanos, el nivel bajo de serotonina está relacionado con el incremento de violencia e impulsividad. Los efectos de la serotonina en el sistema nervioso son primordialmente inhibitorios.

La serotonina es esencial para mantener el control. Los niveles bajos de serotonina no son los que causan la violencia, pero eliminan virtualmente la capacidad del cerebro para controlarla cuando ésta ocurre. Es como quitarle los frenos a un carro.

Manifestaciones de violencia:

1. Violencia verbal
2. Violencia psicológica
3. Violencia física
4. Violencia sexual

Ejemplos de violencia verbal: Ser sarcástico, gritarle, insultarle, decirle estúpido, acusarle de ser infiel, amenazarle de muerte, amenazarle con lastimarle, llamarle con nombres obscenos, criticar su apariencia o su vestuario, decirle resbalosa o mujerzuela, amenazarle con lastimar a los niños, acusarle de tener un amante y avergonzarle en público.

Ejemplos de violencia psicológica: Manipularle con mentiras, evitar tener sexo con la pareja, usar el dinero en drogas o alcohol, asustarle con la forma de manejar, llegar a la casa tomado o drogado, usar tarjetas de crédito sin permiso, amenazar con suicidarse o divorciarse, abandonar el trabajo, controlar el uso del dinero. Decir que nadie más le va a querer, seguirle o espiarle, querer estar al tanto de todo, no permitirle tener dinero, abusar de los hijos, ser celoso, negar la paternidad, prohibirle ver a su familia, prohibirle trabajar o estudiar, prohibirle el uso del teléfono, insultar o ignorar a sus amigos.

Ejemplos de violencia física: Romperle la ropa, patearle, retenerle a la fuerza, sofocarle, impedirle hacer llamadas por teléfono, quitarle las llaves del carro, empujarle, quebrarle la ventana del auto, morderle, arrojarle objetos, abofetearle, tirar la comida, atropellarle, golpear la pared, darle una nalgada, sentarse arriba de alguien, empujarle hacia fuera del auto, bloquear una puerta para evitar que salga, jalarle el cabello, escupirle, atacarle con cualquier objeto, quebrarle artículos personales, golpear la puerta, sostenerle a la fuerza, atacarle con un arma y quemarle.

Ejemplos de violencia sexual: Todo acto sexual forzado, el matrimonio o cohabitación forzados, el intento de consumar un acto sexual forzado, los comentarios o insinuaciones sexuales no deseados, la comercialización de la sexualidad forzada de una persona, negar el derecho a protegerse contra enfermedades venéreas, el matrimonio forzado de menores, el aborto forzado, la prostitución forzada y la comercialización de mujeres, el acoso sexual, la humillación sexual, las inspecciones para comprobar la virginidad, negar el derecho a usar anticonceptivos y la mutilación genital femenina. OMS (2002).

Perfil de un individuo violento

Hay factores que predicen si un individuo tiene el potencial de abandonar el problema de la violencia. A continuación, les menciono algunos de estos factores:

La edad: Los jóvenes pueden modificar su conducta más fácilmente, pero les falta la motivación. Los adultos han sido violentos por más tiempo y han pagado las consecuencias de su conducta. Esas experiencias los preparan para una transformación.

La satisfacción matrimonial: Las personas que tienen un nivel más elevado de satisfacción matrimonial pueden reducir la violencia con más facilidad. Esto sucede cuando el matrimonio tiene etapas donde disfrutan mucho su relación, pero en algunas ocasiones se ve empañado por un incidente de violencia.

La baja intensidad: Los que se exaltan menos durante un incidente violento disminuyen la violencia más fácilmente. Es la baja intensidad lo que predice si la violencia puede reducirse, no el número de incidentes violentos.

El fracasar cuando trata de dominar al cónyuge: Los individuos menos dominantes disminuyen la violencia más fácilmente. El hombre que falla en dominar a la esposa tiene más posibilidades de abandonar la violencia.

Cero tolerancias de la esposa: Esta actitud de la esposa es un factor que predice el fin de la violencia. La esposa no es responsable de reducir la violencia de su esposo, pero es responsable de no tolerarla. El abusivo es responsable de su conducta, el existe con o sin una víctima.

La ausencia de alcohol o drogas: Cuando el abusivo no usa alcohol o drogas, o las usa en niveles muy bajos, las posibilidades de que abandone la violencia son más altas. El alcohol desinhibe el cerebro y reduce la capacidad de regular la violencia.

La responsabilidad personal: Las posibilidades de abandonar la violencia aumentan cuando el abusador busca ayuda para reducir su agresividad, cuando no culpa a la víctima, experimenta sentimientos genuinos de culpa, vergüenza y muestra un arrepentimiento genuino.

Si recibe consejería individual: La violencia es un problema personal y el abusador debe aceptar someterse a un tratamiento en forma individual. No es recomendable incluir a la víctima en éstas sesiones de terapia porque corre el riesgo de que el abusador la culpe, la manipule o siga abusando de ella.

Crear consciencia que el abuso es un crimen: Tanto el abusador como la victima deben estar conscientes que todo abuso a otra persona es un crimen y que el abusador no sólo necesita un consejero, también debe enfrentar el sistema judicial y aceptar la responsabilidad de su crimen. Las personas que experimentan las consecuencias legales tienen más posibilidades de reducir su violencia. Gottman (2010).

La motivación para dejar de ser violentos

A. La palabra de Dios: *"vosotros también, poniendo toda diligencia por esto mismo, añadid a vuestra fe virtud; a la virtud, conocimiento; al conocimiento, dominio propio; al dominio propio, paciencia; a la paciencia, piedad; a la piedad, afecto fraternal; y al afecto fraternal, amor"* (2 Pedro 1:5-7). Esta escritura da esperanza a los individuos violentos, porque explica que cada individuo tiene la opción de añadir virtudes a su carácter como el dominio propio.

B. La vergüenza: Hay personas que pierden el control en público, delante de los hijos y delante de los familiares. Esto les genera un sentimiento de vergüenza y culpa que, en algunos, puede ser la motivación para buscar ayuda.

C. Problemas legales: Ejemplo: Un padre le pega a su hijo y le deja marcas en las piernas. En la escuela notan las marcas y llaman a las autoridades de protección al menor. La autoridad hace cargos judiciales al padre y le pide que salga del hogar. El juez le ordena que vaya a terapia y a clases de padres como requisito para dejarlo regresar a casa.

D. Problemas relacionales: Un matrimonio tiene muchos problemas y la esposa le suplica al marido que busquen ayuda, pero el esposo se niega. Un día el esposo le da una cachetada. Al siguiente día él se va al trabajo y cuando regresa a casa su esposa ya no está. A este individuo le nació la motivación por buscar ayuda.

Hay que alimentar la mente:

A. La violencia es un comportamiento aprendido: *"No te entremetas con el iracundo, Ni te acompañes con el hombre de enojos, No sea que aprendas sus maneras, Y tomes lazo para tu alma"* (Proverbios 22:24-25).

B. La diferencia entre sentir enojo y actuar con enojo: Todos sentimos enojo muchas veces, pero no todos actuamos con enojo.

C. Estar atento a los síntomas de la ira: Hay más posibilidades de regular el enojo cuando está en la etapa de inicio que cuando ya está muy elevado. Para poder actuar a tiempo, hay que estar atento a los primeros síntomas que indican que el coraje se está produciendo.

Disciplinas para manejar el enojo:

A. Toma responsabilidad: Todo individuo debe ser dueño de sus emociones, sobre todo de su enojo.

B. Deben prepararse mentalmente para no reaccionar: *"El necio al punto da a conocer su ira; mas el que no hace caso de la injuria es prudente"* (Proverbios 12:16).

C. Usar el entendimiento para retardar la ira: *"El que tarda en airarse es grande de entendimiento"* (Proverbios 14:29).

D. Ser sabios para regular el enojo: *"El necio da rienda suelta a toda su ira, más el sabio al fin la sosiega"* (Proverbios 29:11).

E. Hay que actuar a tiempo: El individuo que quiera manejar su enojo debe actuar cuando el enojo está en estado latente o cuando empieza a elevarse. Si se espera a que el enojo llegue a un estado activo, ya es poco lo que puede hacer. A continuación, les muestro los cuatro niveles por los que pasa la ira para convertirse en violencia.
    Nivel 1: Latente
    Nivel 2: Activa
    Nivel 3: Intensa
    Nivel 4: Violencia

F. Prepárate para cuando te digan que no: El cónyuge y otras personas no siempre van a poder decir que sí a lo que se les pide, por eso cada cónyuge debe estar preparado a no reaccionar negativamente cuando le digan que no en algo.

G. Disfruta el poder que hay en ser tranquilo: *"Mas el que tarda en airarse apacigua la rencilla"* (Proverbios 15:18).

H. Has feliz a las personas que te rodean: Las personas que viven con un individuo violento sufren mucho. Cuando el individuo resuelve el problema que tiene de agresividad, todos a su alrededor serán más felices.

I. Recibe un mejor trato de quienes le rodean: Las personas que son víctimas de violencia, de alguna forma se desquitan de la persona violenta, esto hace que el abusivo tampoco sea feliz. En el momento que el abusivo elimine su agresividad, todos a su alrededor lo trataran mejor.

Midiendo los recursos de una victima

Prepararse para una batalla prolongada: En promedio, personas abusivas siguen abusando de su víctima dos años después del divorcio. Para que una persona que es víctima de la violencia doméstica pueda escapar de esa situación, debe contar con los recursos necesarios. Estos recursos son primeramente emocionales, después económicos, legales, espirituales y familiares.

Recursos emocionales: Creo que este es el recurso más importante de todos. Sin este, es poco lo que la persona podrá hacer para librarse de una relación abusiva. Esto consiste en tener una identidad emocional saludable, no sufrir de dependencia, saber establecer límites saludables y no adoptar el rol de víctima.

Recursos financieros: Para poder liberarse, la persona debe estar segura de que podrá ser autosuficiente desde el punto de vista económico. Debe también tener algún tipo de educación, dinero ahorrado, saber manejar, etc., entre otros.

Recursos familiares: Una familia saludable brinda la seguridad a la víctima de que ésta cuenta con su apoyo. Esa seguridad le ayudará a la hora de tomar decisiones difíciles. No debe interferir nunca en la relación matrimonial, pero si apoyar las decisiones que la víctima tome.

Recursos espirituales: Una iglesia saludable comprende el dolor de la víctima y le apoya, nunca se pone de parte del abusador. Tampoco tiene ideas radicales que contribuyan a la continuidad del abuso. Las iglesias deben brindar un amor incondicional a las víctimas de violencia doméstica y crear programas de apoyo.

Recursos legales: En la mayoría de ciudades existen muchos recursos legales para ayudar a las víctimas de violencia. Hay refugios donde puede acudir, puede llamar a la policía, hay abogados que ofrecen su tiempo pro bono y jueces que pueden decretar una orden de restricción hacia el abusador.

En Estados Unidos existe una agencia llamada: Respuesta Coordinada de la Comunidad. Esta agencia cuenta con servicios como grupos educativos para abusadores, grupos de apoyo a las víctimas, fiscales, abogados y jueces. Todos trabajan en favor de la víctima. Aquí en Estados Unidos hay una línea directa para recibir ayuda es 1(800) 799-7233. Hay una sala virtual para ayudar a jóvenes víctimas de abusos. www.loveisrespect.org. Cada líder religioso debe tener una lista de recursos a disposición de las víctimas de violencia, en casos de emergencia.

La historia de una víctima:

"Entonces Abram dijo a Lot: No haya ahora altercado entre nosotros dos, entre mis pastores y los tuyos, porque somos hermanos. ¿No está toda la tierra delante de ti? Yo te ruego que te apartes de mí. Si fueres a la mano izquierda, yo iré a la derecha; y si tú a la derecha, yo iré a la izquierda. Y alzó Lot sus ojos, y vio toda la llanura del Jordán, que toda ella era de riego, como el huerto de Jehová, como la tierra de Egipto en la dirección de Zoar, antes que destruyese Jehová a Sodoma y a Gomorra. Entonces Lot escogió para sí toda la llanura del Jordán; y se fue Lot hacia el oriente, y se apartaron el uno del otro" (Génesis 13:8-11).

"Y al rayar el alba, los ángeles daban prisa a Lot, diciendo: Levántate, toma tu mujer, y tus dos hijas que se hallan aquí, para que no perezcas en el castigo de la ciudad. Y deteniéndose él, los varones asieron de su mano, y de la mano de su mujer y de las manos de sus dos hijas, según la misericordia de Jehová para con él; y lo sacaron y lo pusieron fuera de la ciudad. Y cuando los hubieron llevado fuera, dijeron: Escapa por tu vida; no mires tras ti, ni pares en toda esta llanura; escapa al monte, no sea que perezcas" (Génesis 19:15-17).

Llegar a ser víctima es un proceso:

El proceso por medio del cual una persona llega a ser víctima de violencia doméstica es un proceso muy parecido a la historia de Lot. El alzó sus ojos y vio las tierras cercanas a Sodoma y Gomorra, fue poniendo sus tiendas cerca a esas ciudades y terminó morando entre ellos.

La víctima siente una atracción muy fuerte hacia el abusador; poco a poco se va acercando hacia él, hasta terminar morando con él, pero, en una relación abusiva.

La esclavitud de la violencia:

Sentirse abrumado no es suficiente: Dice la escritura que Lot se sentía *"Abrumado por la nefasta conducta de los malvados"* y que *"afligía cada día su alma justa viendo y oyendo las obras inicuas de ellos"* (2 Pedro 2:7-8). Sin embargo, no vemos que estuviera haciendo el intento de escapar.

El lado bueno de lo malo: Podemos especular que le estaba yendo bien desde el punto de vista económico y ése es un motivo poderoso para quedarse. Tal vez se acostumbró a ese estilo de vida esperando que la gente cambiara, o simplemente dejó para después la decisión de escapar. Como en el caso de Lot, las víctimas se quedan porque aún hay cosas buenas en esa relación. Tal vez son sólo migajas, pero suficientes para esclavizar a la víctima, sobre todo si tiene la esperanza de que el abusador cambie.

El conformismo: Otras personas se quedan en ese tipo de relaciones por costumbre, se adaptan y lo único que hacen es estar listas para defenderse cuando llegue el abuso. Tal vez por miedo o por sentirse impotentes siguen posponiendo la decisión de escapar.

Dejar todo para después: Dejamos todo para después. Ignoramos el sonido raro del carro, la pequeña gotera en el techo, el dolor del cuerpo hasta que ya es muy tarde. Hay evidencias de que las parejas esperan 6 años teniendo problemas serios antes de buscar ayuda. Lo mismo sucede con el problema de la violencia.

Distorsiones de la realidad: Existen distorsiones de la realidad que mantienen a las víctimas en relaciones abusivas: "Todas las parejas tienen problemas", "Lo que pasa es que ella está histérica", "Ella me atacó, tuve que defenderme", "Si no me desahogo me salen úlceras".

La violencia se minimiza: "Solo fue un aventón", "Ella se cayó sola" y "Hay otros que están peor". La promesa falsa de que "Esta vez sí voy a cambiar". Es otro factor que esclaviza a algunas víctimas.

¿Cómo Escapar de la violencia?

Se necesitan ángeles:
En el caso de Lot, fue necesario que vinieran ángeles a sacarlo. Eso significa que, si la víctima no puede escapar por sí sola, va a necesitar de la ayuda de ángeles. Los ángeles pueden venir en forma de un ministro, un consejero, los padres, los hijos, un amigo, etc.

Se necesita voluntad:
La víctima de violencia doméstica necesita tener la voluntad para escapar. De nada sirven los remedios, seminarios, terapia o los buenos consejos si no se tiene la voluntad de escapar. La buena noticia es que la voluntad se ejercita y se fortalece. Mi abuelo tenía un remedio para dejar la bebida y se aplica a todo.

Se necesita un motivo:
Para que las víctimas de violencia escapen necesitan encontrar un motivo suficientemente grande que les de la motivación de escapar. A Lot le dijeron los ángeles que debería escapar *"por su vida"*. La vida y los hijos son buenos motivos para escapar.

La fórmula de Lot:
A Lot le dieron una fórmula para que escapara. Los ángeles le dijeron: *"Escapa al monte"*, *"No mires atrás"* y *"No te detengas"*. Las víctimas de violencia tienen que seguir estos tres consejos.

La pornografía

Introducción:

La palabra pornografía se deriva de dos palabras griegas: PORNO que significa prostituta y GRAFIA que significa escritura. Originalmente, se refería a los libros o las pinturas relacionadas con la vida de las prostitutas. Actualmente, la palabra pornografía se refiere a todo material sexualmente explícito, ya sea en forma de libros, pinturas, fotografías, esculturas, o videos que intenten excitar sexualmente al observador.

Hay evidencias de que la pornografía ha existido desde épocas muy remotas. Se han encontrado indicios en templos de la India que datan 2500 años A.C.; en la dinastía Chin, en Grecia y en Italia.

La proliferación de la pornografía se ha visto influenciada por los inventos y avances en la tecnología, a través de la historia. Primeramente, con el surgimiento de la fotografía en 1890, en Inglaterra, después surge el cine, se da la revolución sexual de los años 60, y más recientemente la creación del VHS, el DVD y la Internet. Psychology Today (2016).

Niveles de adicción a la pornografía:

Nivel Suave: (Softcore) Es el género pornográfico, tanto masculino como femenino, donde los modelos sólo posan con una parte de su cuerpo desnuda. En el caso de las mujeres suele ser completo, menos la vagina. Este nivel lo vemos en publicidad y en muchas películas que no son consideradas pornografía.

Nivel Convencional: (Mediumcore) Es aquel donde los modelos enseñan la totalidad del cuerpo en posturas más o menos provocativas. Este nivel es el que aparece en revistas como Playboy y Pent-house, entre otras.

Nivel Fuerte: (Hardcore) Este es el género pornográfico más extremo; muestra explícitamente el acto sexual; ya sea vaginal, anal u oral; al natural o con cualquier otro tipo de utensilios. Puede ser heterosexual, homosexual, o transexual. Incluye además la zoofilia, (actos sexuales con animales).

BDSM: Este es el tipo de pornografía más extremo, por sus siglas en inglés: Este tipo incluye Vendaje, Dominio-sumisión, Sadismo y Masoquismo.

Aspectos generales de la pornografía:

La situación legal de la pornografía depende de cada país y del tipo de pornografía. Todos los actores que participen en películas pornográficas deben ser mayores de 18 años. Para aumentar la excitación, algunos productores contratan jóvenes con rostro y cuerpo de niñas.

La pornografía infantil está prohibida en todos los países, Muchas legislaciones restringen la pornografía que muestra actos violentos en contra de animales. En la mayoría de países islámicos, todo tipo de pornografía es ilegal.

La capital del porno es el Valle de San Fernando en Los Ángeles. En el año 2005 la industria porno produjo más dinero que el cine convencional. Una de las películas porno más famosas ha sido Garganta Profunda.

Los defensores de la pornografía:
Existen defensores de la pornografía que argumentan que ésta debe ser permitida y protegida por las leyes de libertad de expresión. Argumentan que la libre expresión de la pornografía es señal de libertad, ya que son los regímenes dictatoriales quienes la prohíben.

Los detractores de la pornografía:
La pornografía también tiene detractores, éstos afirman que esta actividad puede convertirse en un vicio adictivo, pernicioso para el individuo. Consideran que es inmoral y degradante para la mujer, y algo que corrompe a la juventud. Afirman que el principal objetivo de esta industria son sus ganancias.

El movimiento feminista desaprueba la pornografía por ser degradante para la mujer y convertirla en un objeto sexual para el hombre; ya que, en la pornografía, la mujer está a disposición del hombre para satisfacerlo.

El movimiento feminista desaprueba el hecho de que la pornografía esté dirigida a un público masculino pues ofrece una visión unilateral de la sexualidad, mostrando al hombre siempre en un papel dominante.

Disminuye la satisfacción sexual de la pareja, la valoración de la fidelidad y aumenta el valor del sexo sin un compromiso convirtiéndolo en un acto puramente físico.

La pornografía deja la impresión en los espectadores de que el sexo no tiene relación con la intimidad.

Comunica la idea de que el sexo no está relacionado con el amor, el compromiso o el matrimonio. Que ciertas formas extrañas de sexo dan mayor satisfacción. Que el sexo irresponsable no tiene consecuencias adversas. Se trivializa el crimen de la violación. Aumenta la insensibilidad hacia la sexualidad femenina.

El ciclo de la adicción

Etapa 1, Dolor: La adicción se origina cuando el individuo experimenta dolor, estrés, necesidad de conexión, inconformidad, y conflictos internos.

Etapa 2, Des asociación: este fenómeno sucede cuando el individuo empieza a desconectarse de la realidad y sumergirse en un mundo de fantasías donde la realidad se distorsiona. El individuo se desconecta de quien es, a quien sirve, y de las posibles consecuencias, de su adicción.

Etapa 3, Racionalización: este fenómeno consiste en buscar una justificación para su adicción. Puede llegar a pensar que habrá algún beneficio para él o para su familia. Por ejemplo, el infiel se convence a si mismo que su infidelidad le ayudará a mejorar su matrimonio.

Etapa 4, Búsqueda Intensa: En esta etapa el mundo del individuo se ha reducido a una sola cosa, obtener lo que desea intensamente. Todo lo demás ha dejado de existir y el individuo entra en un estado de trance donde lo único que importa es obtener la satisfacción que el objeto deseado le va a producir.

Etapa 5, Consumación: En esta etapa el individuo obtiene lo que desea, ya sea el alcohol, la droga, la pornografía, o una infidelidad. El problema es que después de consumar su adicción el individuo experimenta sentimientos de culpa, vergüenza y arrepentimiento. Estos sentimientos lo regresan a la etapa donde principo y de esta forma da inicio a un nuevo ciclo de adicción. GEORGE COLLINS (2016).

Esfuerzos por reducir los deseos sexuales:

A través del tiempo han existido movimientos religiosos y filosóficos que han intentado dominar los deseos del cuerpo. Tal vez, el movimiento filosófico más antiguo sea el de los Ascéticos. Este grupo consideraba las necesidades básicas y los placeres como inferiores y se privaba de ellos para purificar el espíritu.

El apóstol Pablo hace referencia a estas prácticas y las considera inútiles. *"tales como: No manejes, ni gustes, ni aun toques. Tales cosas tienen a la verdad cierta reputación de sabiduría en culto voluntario, en humildad y en duro trato del cuerpo; pero no tienen valor alguno contra los apetitos de la carne"* (Colosenses 2:19-23).

Remedios para curar los deseos sexuales:

Casarse: *"pero a causa de las fornicaciones, cada uno tenga su propia mujer, y cada una tenga su propio marido.... No os neguéis el uno al otro, a no ser por algún tiempo de mutuo consentimiento, para ocuparos sosegadamente en la oración; y volved a juntaros en uno, para que no os tiente Satanás"* (1 Corintios 7:2, 5).

Invocar a Jesús: Los apetitos de la carne tienen un origen maligno, por eso podemos invocar la presencia de Jesús: *"Este, al ver a Jesús, lanzó un gran grito, y postrándose a sus pies exclamó a gran voz: ¿Qué tienes conmigo, Jesús, Hijo del Dios Altísimo? Te ruego que no me atormentes"* (Lucas 8:28-29).

Ocupándose: *"Por tanto, amados míos, como siempre habéis obedecido, no como en mi presencia solamente, sino mucho más ahora en mi ausencia, ocupaos en vuestra salvación con temor y temblor, porque Dios es el que en vosotros produce así el querer como el hacer, por su buena voluntad"* (Filipenses 2:12-13).

Hay que aceptar la tentación: *"Sino que cada uno es tentado, cuando de su propia concupiscencia es atraído y seducido. Entonces la concupiscencia, después que ha concebido, da a luz el pecado; y el pecado, siendo consumado, da a luz la muerte"* (Santiago 1: 14-15).

Estar atento a las tentaciones: Hay que estar atentos a los impulsos para detenerlos cuando aparezcan, pues éstos se convierten en deseos. Hay que evitar todo lo que despierta la tentación; pueden ser lugares, personas, canciones, películas, conversaciones, internet, etc.

Adicciones Modernas

Las 10 Adicciones modernas

Algunas de las adicciones modernas más comunes son: el café, el chocolate, el Facebook, los productos de belleza, revisar las cuentas de banco, la comida chatarra, los chismes de la farándula, el ejercicio y los Apps de los teléfonos.

Según toptenz, las diez adicciones modernas son el trabajo excesivo, el amor obsesivo, la televisión, blanquear los dientes, el ejercicio, ir de compras, el bronceado, el sexo, internet y las cirugías plásticas. Toptenz (2010).

Las diez Aplicaciones más Populares

1 Candy Crush: Debido a sus múltiples rompecabezas y a la cantidad de niveles que hay que ascender, es un juego muy competitivo y uno de los más adictivos.

2 Snapchat: Esta aplicación consiste en videos que desaparecen en determinado tiempo, se ha hecho tan popular que grandes corporaciones como McDonald la están tratando de utilizar en sus comerciales.

3 Flappy bird: Fue uno de los juegos más adictivos y frustrantes hasta que fue sacado del mercado. El juego consistía en un pájaro que trataba de volar entre tubos sin tocarlos.

4 Instagram: Es una red social donde los usuarios comparten mensaje, fotos o videos con otros usuarios, ya sea poniéndolos en una plataforma publica o enviándolos en forma privada.

5 Angry bird: Estos pájaros son como armas del jugador para matar cochinitos dentro de diferentes estructuras. Hay diferentes paquetes con diferentes niveles.

6 Doodle Jump: Durante el juego, la caricatura trata de avanzar evitando que lo derriben objetos que caen o lo secuestre un OVNI.

7 Facebook and twitter: Es un servicio social en red por medio de internet. Sus miembros publican aspectos de sus vidas o mensajes de interés social positivos, y algunos no muy positivos. **Twitter**: Es una red social de mensajes que están abiertos al público. Sólo los miembros de Twitter pueden publicar mensajes y leerlos.

8 Temple run: Un explorador se roba un tesoro y trata de escapar de unos changuitos endemoniados que se lo quieren comer.

9 WhatsApp: Es un servicio de mensajes por medio de internet donde se pueden enviar mensajes fotos, videos y audios.

10 Fruit Ninja: En este juego, hay que partir las frutas que aparecen en la pantalla en dos partes moviendo el dedo o los dedos sobre la pantalla justo cuando aparecen. Si se pasan tres frutas sin ser cortadas, se pierde el juego. Chris Kyriacou (2016).

Otras aplicaciones que también han sido muy adictivas:

Dibuja algo: Es una aplicación para dos jugadores: uno dibuja una figura y el otro trata de adivinar qué figura es, lo hace llenando los espacios en blanco que el juego le ofrece. El que trata de adivinar tiene a disposición bombas para cambiar las letras.

Tirando papel: Se trata de poner el papel en el bote de la basura sin fallar; hay un abanico que dificulta el juego y hay diferentes áreas de juego con diferentes niveles.

Crucigramas: El juego consiste en un crucigrama donde se acomodan palabras en diferentes direcciones.

Pégale a la rana: Un juego de video donde una ranita trata de avanzar saltando a lugares seguros.

Aspectos financieros de los juegos de videos:

Chris Kyriacou, en el artículo de las 10 aplicaciones más adictivas menciona que de acuerdo a la firma de análisis de mercadeo Gartner, en el año 2013 se bajaron 102 billones de aplicaciones a tabletas o celulares. Esto generó un ingreso de 10 billones de euros en la Unión Europea sólo en este año. En EU, las aplicaciones de video han creado 529,000 empleos y una ganancia de 26 billones de dólares. Chris Kyriacou (2016).

Los Peligros de los Juegos de Video

Juego   **Pokeman go**
Lugar: Tokushima Japón
Incidente: Un hombre iba manejando y jugando pokeman go y accidentalmente atropelló a dos mujeres y una de ellas falleció. El autor de este accidente fue puesto en la cárcel.

Juego: **World Warcraft**
Lugar: Asia
Incidente: Zhang Xiaoyi joven asiático jugó sin descansar por 36 horas, y después se lanzó de un edificio de 24 pisos, pero dejó una nota a sus padres donde les decía que se suicidaba para unirse a los dioses del juego. En su carta escribió "He sido envenado por el juego y no puedo controlarme a mí mismo".

Juego: **Start craft**
Lugar: Corea del Sur
Incidente: Lee paso más de 50 horas jugando video juegos, aunque fue trasladado a un hospital, finalmente murió de un ataque al corazón.

Juego: **Everquest**
Lugar: Estados Unidos
Incidente: Shawn woolley de 21 años pasaba más de 12 horas jugando al día esto hizo que perdiera su empleo y su familia, Se quitó la vida de un disparo en la cabeza mientras jugaba Everquest.

Juego: **Prius online**
Lugar: Corea del Sur

Incidente: Una pareja se olvidó de su hija de tres meses por pasar más de 12 horas en un ciber café jugando Prius online. La niña murió de hambre, mientras que ellos cuidaban en su juego a una niña virtual. Cuando llegaron a casa encontraron a su hija real muerta de hambre.

En noviembre del 2005, Gregg J Kleinmark de 24 años de edad, dejó a sus hijos gemelos en la bañera y se fue a jugar 30 minutos a otro cuarto Gameboy advance, los dos gemelos se ahogaron. Gregg fue condenado a 10 años de prisión por asesinato involuntario.

En Estados Unidos, Daniel Patric mato a su madre de un disparo en la cabeza, e hirió gravemente a su padre por qué no lo dejaban jugar Hollow 3. Daniel fue sentenciado a 23 años de cárcel por homicidio. Top Ranking - Documental en Youtube (2016).

El 23 de noviembre del 2015, en la ciudad de Torreón, México, un niño de 8 años se ahorcó frente a su hermano menor después de que su papá le quitara el teléfono celular. El padre le había quitado el teléfono como castigo por su mal comportamiento.

En el año 2009 en Chihuahua, México, Eduardo Alfonso Sánchez Félix de sólo 13 años de edad, se colgó de una ventana porque le quitaron un juego de San Andrés. De acuerdo con sus vecinos, era hijo único y cursaba el segundo grado en la escuela secundaria técnica número 74, de la colonia Vida Digna.

Porque son peligrosas estas adicciones:

Proveen comodidad a los padres: Parecen inofensivas y los adictos no se dan cuenta cuando pasan de una diversión a una adicción. Los síntomas de estas adicciones no son muy notorios y los familiares no se dan cuenta del problema, hasta que ya es muy tarde.

Es fácil ignorar el problema: aunque está delante de sus ojos. Muchos padres no tienen las herramientas para responder cuando descubren que su hijo es adicto. Hay más peligro de caer en una adicción cuando la familia no tiene una estructura.

Criterios para definir una adicción a los juegos de video

La Asociación Americana de Psicología (APA), ha desarrollado 9 criterios que caracterizan el desorden de adicción a los juegos por internet.

La Pre-ocupación: Es el tiempo que se invierte pensando en el juego, ya sea cuando no se está jugando o cuando se está planeando cuándo volver a jugarlo.

La Cruda: La persona se siente cansada, irritable, enojada o triste cuando tiene que dejar de jugar, cuando tiene que reducir el tiempo de juego o cuando no puede jugar.

La Tolerancia: La necesidad de jugar se va incrementando con el tiempo. Además, la persona siente la necesidad de jugar juegos más excitantes para poder sentir el mismo placer.

El no poder parar: La persona siente la necesidad de dejar de jugar, pero no cuenta con la fuerza de voluntad para hacerlo. Ni siquiera puede reducir el tiempo que pasa jugando.

El abandonar otras actividades: El individuo pierde el interés por participar de otras actividades, por ejemplo, la recreación al aire libre, el salir con amigos o el hacer ejercicio, porque no quiere dejar de jugar.

El continuar a pesar de los problemas: La persona sigue jugando a pesar de estar experimentando consecuencias adversas debido a su adicción, como no dormir lo suficiente, llegar tarde a la escuela o el trabajo, entre otras.

El tratar de esconder su adicción: Estos individuos le mienten a su familia o a sus amigos sobre la verdadera cantidad de tiempo que pasan jugando.

El escape a emociones adversas: El juego no es sólo una distracción, sino que se convierte en una actividad que se usa para escapar de los problemas personales o para aliviar sentimientos de culpa, ansiedad, depresión o desesperación.

Afectar sus relaciones personales: La persona pone en riesgo sus relaciones existentes o pierde oportunidades de crear nuevas por estar ocupada en el juego. APA (2016).

Ayuda para quienes sufren de una adicción

Enfoque cognoscitivo: Siguiendo este enfoque lo que se busca es cambiar pensamientos irracionales: "Yo debo de jugar siempre", "No puedo dejar de jugar", "No hay nada de malo" y "Lo importante es que no me descubran".

Cambiar pensamientos irracionales en los padres: "Yo debo controlar la conducta de mi hijo", y "No hay nada que yo pueda hacer para ayudar a mi hijo".

Enfoque conductual: Cuando un niño juega más de lo debido o acordado debe pagar las consecuencias por no haber obedecido, por ejemplo, tener una hora menos de juego para el próximo día. En su intento de evitar las consecuencias, el niño se puede volver más responsable con el uso del juego.

El joven se debe poner metas a corto plazo, y hay que premiarlo cuando alcance esas metas.

El joven debe incrementar su tiempo libre poco a poco, y el padre debe seguir premiando el progreso de auto control, (voluntad), de su hijo.

Es necesario estructurar la vida familiar: ¿qué lugar tienen los juegos de video, la tableta, el celular, la computadora o el X Box? Los niños se ganan el derecho a tener un juego o lo reciben sin habérselo ganado. Finalmente, Hay que predicar con el ejemplo.

La Codependencia

Definición:

La codependencia se desarrolla cuando un esposo, padre, hermano o compañero de trabajo permite que el comportamiento adictivo, o disfuncional de otra persona controle sus pensamientos, sentimientos y acciones.

Quien sufre de codependencia tiende a vivir en respuesta o reacción al comportamiento o actitudes disfuncionales del otro. Estos individuos no tienen vida propia y son incapaces de relacionarse con otros en una forma saludable, pero, no saben por qué lo hacen.

Desarrollo de la codependencia:

Las acciones de una persona adictiva pueden ser muy impredecibles y mantienen a las personas cercanas en un tenso estado de alerta. Si las personas que rodean a un adicto no se regulan a sí mismas, pueden terminar desarrollando codependencia.

La primera reacción de una persona ante la adicción de un ser amado es de enojo, vergüenza y resentimiento. Después, empieza a cuidarlo y a ayudarle a esconder su adicción.

Toda la casa puede ser afectada negativamente al vivir con una persona adicta o disfuncional. Para poder sobrevivir, los miembros de la familia tratan de controlar a la persona adictiva o tratan de esconder el problema, para protegerlo.

El comportamiento de la persona con codependencia tiene efectos adversos a los que intenta lograr. Evita que la persona adicta experimente las consecuencias de su conducta, pero, al no sufrir las consecuencias, el adicto menos busca ayuda.

La persona que sufre de codependencia queda atrapada en un estilo de vida totalmente dependiente de lo que hace, o no hace, la persona adicta.

Consecuencias de una adicción:
La relación entre el adicto y la persona que sufre de codependencia puede afectar seriamente a los niños de esa familia. Los niños adoptarán ciertos comportamientos para defenderse, los cuales no serán saludables. Por ejemplo, reaccionarán siendo rebeldes, payasos y desconectados de la familia.

La codependencia puede llevar a la persona que la sufre a un estado de baja autoestima permanente y a tener un sentimiento de fracaso. Se sentirá deprimida, desesperada y sin esperanza. Tal vez desarrolle problemas de salud como dolores de cabeza, úlceras o alta presión.
Las personas que sufren de codependencia a menudo se dan cuenta de que no pueden confiar, ni ser honestos y abiertos cuando se relacionan con gente fuera de casa, y eso les causa más dolor.

Formas para resolver la codependencia:
Hay esperanza para las personas que sufren de codependencia. Pueden recobrar el control de sus vidas y aprender a relacionarse en forma saludable. Pueden lograrlo aprendiendo a actuar y no sólo a reaccionar. Toma tiempo, esfuerzo y determinación para tomar el camino hacia la recuperación, pero vale la pena.
El primer paso es admitir que han sido afectadas en forma negativa por vivir con una persona disfuncional y que les cuesta trabajo manejar su propia vida.

El segundo paso es buscar ayuda para la recuperación. Se puede buscar algún grupo de apoyo que tal vez exista en su área. Si no hay un grupo de apoyo, se puede buscar un consejero que tratan este tipo de desórdenes. La recuperación vale la pena, el costo no debería ser un obstáculo.

Deben comenzar a pensar en sus propias necesidades. Esto no es fácil cuando han vivido siempre pensando en las necesidades de la persona adicta. Deben ser pacientes consigo mismas, toma tiempo aprender a vivir en forma saludable. Dar pasos pequeños es mejor que no dar ningún paso.
La persona debe aceptar sus limitaciones y descubrir que no puede arreglar las adicciones o disfunciones del ser que ama. Sólo es responsable de su propia recuperación, y no de la recuperación de la otra persona.

La persona debe creer que es alguien muy especial para Dios y ha sido creada para algo más, no simplemente para sostener el comportamiento disfuncional de un adicto. A veces, el acto más amoroso es permitir que las personas sufran las consecuencias de sus acciones, esto puede empujarles a buscar ayuda para ellos mismos. Saúl Alvarado (2016).

Formas para tratar adicciones

Descubriendo como se forma un Hábito

Aspectos neurológicos: Las conductas auto destructivas se originan en la separación de los impulsos en nuestro interior: Hay un impulso que es espontáneo, automático y muy rápido. El otro impulso es racionalizado, pero es lento.

Los impulsos: Nuestro razonamiento y nuestras decisiones están fuertemente influenciadas por los impulsos que se originan en el inconsciente. Estos impulsos son los que nos meten en problemas con más frecuencia.

Es más fácil y más cómodo permitir que un impulso automático se convierta en una conducta. Cada que nos involucramos en una mala conducta, las posibilidades de repetirla aumentan. Así es como se construyen los hábitos.

La razón: La razón controla nuestra conducta sólo cuando tomamos el tiempo para pensar en cuál es la mejor opción. La razón tiene mucho menos control de lo que tradicionalmente hemos creído.

El placer: En nuestro cerebro se forman células nuevas continuamente. Esto se da durante el proceso de aprendizaje de cosas nuevas, las células forman redes que crecen constantemente. Cuando las nuevas experiencias causan placer se produce un disparo de neuronas. Las neuronas que disparan juntas se quedan juntas, es decir, forman equipos. Las neuronas exigen repetir la experiencia que les causó placer. Fresh Air (2012).

Las investigaciones de Álvaro Pascual: Álvaro Pascual-Leone hizo una investigación en la Universidad de Harvard: Seleccionó un grupo de individuos para que practicaran piano con una sola mano por 2 horas al día, por cinco días. El área del cerebro que controla los dedos creció y se fortaleció. Después dividió a los participantes en tres grupos:
Grupo 1: Siguió con la misma rutina durante un mes.
Grupo 2: Abandonó el ejercicio.
Grupo 3: Solo practicó mentalmente.

Resultados:
Grupo 1: Los cambios en su cerebro se mantuvieron estables.
Grupo 2: Su cerebro regresó a su estado original.
Grupo 3: Los cambios en su cerebro se mantuvieron casi igual al del grupo uno. Sharon Begley (2007).

Aprendizaje de esta investigación:
Una conducta repetida genera cambios en el cerebro. Esas alteraciones en el cerebro terminan gobernando conductas que se convierten en automáticas.

El enfoque cognoscitivo: Este enfoque busca cambiar los pensamientos irracionales.

Primero, en el adicto: "Yo dejo de tomar cuando yo quiera", "A mí el alcohol no me domina", "Al menos yo no uso drogas" y "Lo importante es que no me descubran".

Segundo, en los familiares del adicto: "Yo debo controlar la conducta de mi esposo", "No hay nada que yo pueda hacer para ayudar a mi esposo" y "Es borracho, pero es un buen padre", "Si lo meto a la cárcel porque me pegó, le estoy haciendo un daño".

El enfoque conductista:

Condicionamiento operante: Todos aquellos comportamientos que pretendemos mantener deben estar siendo reforzados.

La extinción: Este es un procedimiento en el cual una conducta deja repentinamente de ser reforzada, teniendo como consecuencia la disminución de la frecuencia de dicha conducta, que incluso, puede dejar de ser emitida.

El reforzamiento positivo: Ofrece alguna cosa al organismo. Los ratones entran a la cocina porque encuentran algo para comer.

El castigo: Este posibilita la retirada de algo indeseable. Si recibieran una descarga de electricidad cada que entran, dejarían de seguir intentando entrar.

Castigar acciones lleva a la suspensión temporal de la conducta, sin alterar la motivación. Los conductistas discuten la validez del procedimiento de castigo como manera de reducir la frecuencia de ciertas conductas no deseadas.

Refuerzos: Todo comportamiento provoca consecuencias llamadas refuerzos. Cuando las consecuencias de una conducta suceden según lo deseado, aumenta la probabilidad de recurrencia de dicha conducta. Si esta secuencia persiste, se fijará el hábito.

Si encierras a un gato en una jaula y le pones la comida afuera, el gato intentará escapar para comer; si logra escapar y come, cuando lo vuelvas a encerrar volverá a escapar. Pero, si cada vez que trata de escapar recibe toques eléctricos, llegará al punto de no querer escapar más, aunque la electricidad esté apagada. Gerrig – Zimbardo (2002).

Las recaídas:
Hay una fuerza misteriosa que sabotea los esfuerzos de cambio y en poco tiempo la persona regresa al lugar donde comenzó. A este fenómeno de recaer se le conoce como falta de voluntad o voluntad débil.

La voluntad:
La voluntad no es algo con lo que se nace, como el color de los ojos. La voluntad es algo que se aprende, como jugar tenis o escribir a máquina. Lo que hay que hacer es entrenar la voluntad para que se fortalezca como los músculos del cuerpo.

Hay que ir al gimnasio y quedarse en el gimnasio. El problema es que algunas personas creen que ya terminaron su entrenamiento cuando apenas van comenzando.

Capítulo 10:
Programas para la Comunidad

Introducción

Propósito:
Crear conciencia sobre la necesidad de responder a las diferentes necesidades de nuestra comunidad siguiendo el ejemplo de Jesús y explotando al máximo los dones que él nos ha dado.

La Biblia y la Ministración

El Ministerio de Jesús
"Vino a Nazaret, donde se había criado; y en el día de reposo entró en la sinagoga, conforme a su costumbre, y se levantó a leer. Y se le dio el libro del profeta Isaías; y habiendo abierto el libro, halló el lugar donde estaba escrito: El Espíritu del Señor está sobre mí, por cuanto me ha ungido para: Dar buenas nuevas a los pobres; me ha enviado a sanar a los quebrantados de corazón; a pregonar libertad a los cautivos, Y vista a los ciegos; a poner en libertad a los oprimidos; a predicar el año agradable del Señor" (Lucas 4:16–19).

"Y recorrió Jesús toda Galilea, enseñando en las sinagogas de ellos, y predicando el evangelio del reino, y sanando toda enfermedad y toda dolencia en el pueblo" (Mateo 4:23).

La Alimentación de 5,000
"Cuando alzó Jesús los ojos, y vio que había venido a él gran multitud, dijo a Felipe: ¿De dónde compraremos pan para que coman éstos? Pero esto decía para probarle; porque él sabía lo que había de hacer. Felipe le respondió: Doscientos denarios de pan no bastarían para que cada uno de ellos tomase un poco" (Juan 6:5-7).

Las Señales de Jesús
"Al tercer día se hicieron unas bodas en Caná de Galilea; y estaba allí la madre de Jesús. Y fueron también invitados a las bodas Jesús y sus discípulos. Y faltando el vino, la madre de Jesús le dijo: No tienen vino. Jesús le dijo: ¿Qué tienes conmigo, mujer? Aún no ha venido mi hora….
…..Cuando el maestresala probó el agua hecha vino, sin saber él de dónde era, aunque lo sabían los sirvientes que habían sacado el agua, llamó al esposo, y le dijo: Todo hombre sirve primero el buen vino, y cuando ya han

bebido mucho, entonces el inferior; mas tú has reservado el buen vino hasta ahora" (Juan 2:1-4, 9-10).

Las Señales de sus Discípulos
"Y la multitud de los que habían creído era de un corazón y un alma; y ninguno decía ser suyo propio nada de lo que poseía, sino que tenían todas las cosas en común. Y con gran poder los apóstoles daban testimonio de la resurrección del Señor Jesús, y abundante gracia era sobre todos ellos" (Hechos 4:32-33).

El Mayor en el Reino
"Más entre vosotros no será así, sino que el que quiera hacerse grande entre vosotros será vuestro servidor, y el que quiera ser el primero entre vosotros será vuestro siervo; como el Hijo del Hombre no vino para ser servido, sino para servir" (Mateo 20:26-28).

Las Cosas Pequeñas
"Y cualquiera que dé a uno de estos pequeñitos un vaso de agua fría solamente, por cuanto es discípulo, de cierto os digo que no perderá su recompensa" (Mateo 10:42).

El Valor de las Obras
"Hermanos míos, ¿de qué aprovechará si alguno dice que tiene fe, y no tiene obras? ¿Podrá la fe salvarle?" (Santiago 2:14).

El Juicio Final
"Cuando el Hijo del Hombre venga en su gloria, y todos los santos ángeles con él, entonces se sentará en su trono de gloria, y serán reunidas delante de él todas las naciones; y apartará los unos de los otros, como aparta el pastor las ovejas de los cabritos. Y pondrá las ovejas a su derecha, y los cabritos a su izquierda. Entonces el Rey dirá a los de su derecha: Venid, benditos de mi Padre, heredad el reino preparado para vosotros desde la fundación del mundo. Porque tuve hambre, y me disteis de comer; tuve sed, y me disteis de beber; fui forastero, y me recogisteis, estuve desnudo, y me cubristeis; enfermo, y me visitasteis; en la cárcel, y vinisteis a mí" (Mateo 25:31-36).

Los dones

Hay diversidad de dones

"De manera que, teniendo diferentes dones, según la gracia que nos es dada" (Romanos. 12:6).

"Quisiera más bien que todos los hombres fuesen como yo; pero cada uno tiene su propio don de Dios, uno a la verdad de un modo, y otro de otro" (1 Corintios 7:7).

"Cada uno según el don que ha recibido, minístrelo a los otros, como buenos administradores de la multiforme gracia de Dios" (1 Pedro 4:10).

Había dones milagrosos
"Porque a éste es dada por el Espíritu palabra de sabiduría; a otro, palabra de ciencia; a otro, fe; y a otro, dones de sanidades por el mismo Espíritu. A otro, el hacer milagros; a otro, profecía; a otro, discernimiento de espíritus; a otro, diversos géneros de lenguas; y a otro, interpretación de lenguas" (1 Corintios 12:8-10).

Hay dones y habilidades
"si el de profecía, úsese conforme a la medida de la fe; o si de servicio, en servir; o el que enseña, en la enseñanza; el que exhorta, en la exhortación; el que reparte, con liberalidad; el que preside, con solicitud; el que hace misericordia, con alegría" (Romanos 12:6-8).

Los dones son para provecho
"a cada uno es dada la Manifestación del Espíritu para provecho" (1 Corintios 12:7).

"Dijo también esta parábola: Tenía un hombre una higuera plantada en su viña, y vino a buscar fruto en ella, y no lo halló. Y dijo al viñador: He aquí, hace tres años que vengo a buscar fruto en esta higuera, y no lo hallo; córtala; ¿para qué inutiliza también la tierra?" (Lucas. 13:6-7).

"Yo soy la vid, vosotros los pámpanos; el que permanece en mí, y yo en él, éste lleva mucho fruto; porque separados de mí nada podéis hacer. El

que en mí no permanece, será echado fuera como pámpano, y se secará; y los recogen, y los echan en el fuego, y arden" (Juan 15:5-6).

Los dones son para edificación:
"Pero el que profetiza habla a los hombres para edificación, exhortación y consolación. El que habla en lengua extraña, a sí mismo se edifica; pero el que profetiza, edifica a la iglesia (1 Corintios 14:3-4).

"Porque ¿quién de vosotros, queriendo edificar una torre, no se sienta primero y calcula los gastos, a ver si tiene lo que necesita para acabarla?" (Lucas. 14:28).

Aquí hay un énfasis en la intención: *"¿Qué hay, pues, hermanos? Cuando os reunís, cada uno de vosotros tiene salmo, tiene doctrina, tiene lengua, tiene revelación, tiene interpretación, Hágase todo para edificación"* (1 Corintios 14:26).

El énfasis está en la abundancia: *"Así también vosotros; pues que anheláis dones espirituales, procurad abundar en ellos para edificación de la iglesia"* (1 Corintios 14:12).

El énfasis está en el que sirve: *"pero en la iglesia prefiero hablar cinco palabras con mi entendimiento, para enseñar también a otros, que diez mil palabras en lengua desconocida"* (1 Corintios 14:19).

El énfasis esta en tener más alcance: *"Porque podéis profetizar todos uno por uno, para que todos aprendan, y todos sean exhortados"* (1 Corintios 14: 31).

Los dones son para transformar corazones:
"Pero si todos profetizan, y entra algún incrédulo o indocto, por todos es convencido, por todos es juzgado; lo oculto de su corazón se hace manifiesto; y así, postrándose sobre el rostro, adorará a Dios, declarando que verdaderamente Dios está entre vosotros" (1 Corintios 14:24-25).

Los dones son para dar gloria a Dios:
"Porque la ministración de este servicio no solamente suple lo que a los santos falta, sino que también abunda en muchas acciones de gracias a Dios; pues por la experiencia de esta ministración glorifican a Dios por la

obediencia que profesáis al evangelio de Cristo, y por la liberalidad de vuestra contribución, "para ellos y para todos" (2 Corintios 9:11-14).

La Necesidad de la diversidad de dones

Existen diferentes necesidades: *"Si todo el cuerpo fuese ojo, ¿dónde estaría el oído? Si todo fuese oído, ¿dónde estaría el olfato?"* (1 Corintios 12:17).

Dios respondió a esas necesidades: *"Mas ahora Dios ha colocado los miembros cada uno de ellos en el cuerpo, como él quiso"* (1 Corintios 12:18).

Para ayudarnos mutuamente: *"de quien todo el cuerpo, bien concertado y unido entre sí por todas las coyunturas que se ayudan mutuamente, según la actividad propia de cada miembro, recibe su crecimiento para ir edificándose en amor"* (Efe. 4:16).

La nutrición depende de la conexión: *"y no asiéndose de la Cabeza, en virtud de quien todo el cuerpo, nutriéndose y uniéndose por las coyunturas y ligamentos, crece con el crecimiento que da Dios"* (Col. 2:19).

Elementos que nos separan

Las diferencias: *"Ahora bien, hay diversidad de dones, pero el Espíritu es el mismo. Y hay diversidad de ministerios, pero el Señor es el mismo. Y hay diversidad de operaciones, pero Dios, que hace todas las cosas en todos, es el mismo* (1 Corintios 12:4-6).

Las comparaciones: *"Si dijere el pie: Porque no soy mano, no soy del cuerpo, ¿por eso no será del cuerpo? Y si dijere la oreja: Porque no soy ojo, no soy del cuerpo, ¿por eso no será del cuerpo?"* (1 Corintios 12:15-16).

Sentimiento de desconexión: *"Si dijere el pie: Porque no soy mano, no soy del cuerpo, ¿por eso no será del cuerpo? Y si dijere la oreja: Porque no soy ojo, no soy del cuerpo, ¿por eso no será del cuerpo?"* (1 Corintios 12:15-16).

Sentimiento de autosuficiencia: *"Ni el ojo puede decir a la mano: No te necesito, ni tampoco la cabeza a los pies: No tengo necesidad de vosotros"* (1 Corintios 12:21).

Las divisiones en el cuerpo: *"para que no haya desavenencia en el cuerpo, sino que los miembros todos se preocupen los unos por los otros"* (1 Corintios 12:25).

Elementos que nos unen

Llamar a Jesús Señor: *"Por tanto, os hago saber que nadie que hable por el Espíritu de Dios llama anatema a Jesús; y nadie puede llamar a Jesús Señor, sino por el Espíritu Santo"* (1 Corintios 12:3).

El Espíritu, Jesús y Dios: "Ahora bien, hay diversidad de dones, pero el Espíritu es el mismo. Y hay diversidad de ministerios, pero el Señor es el mismo. Y hay diversidad de operaciones, pero Dios, que hace todas las cosas en todos, es el mismo" (1Corintios 12:4-6).

Todas las cosas las hace uno: *"Pero todas estas cosas las hace uno y el mismo Espíritu, repartiendo a cada uno en particular como él quiere"* (1Corintios 12:11).

Como descubrir los dones:

Para descubrir cuáles son los dones que Dios te ha dado, debes preguntarte, que virtudes ha puesto Dios en ti, y cuáles son las experiencias que te ha dejado vivir. Una preparación bíblica, personal y práctica te pueden ayudar a descubrir tus dones.

La preparación bíblica
La preparación bíblica es necesaria para tener parámetros de la forma en que los dones se pueden manifestar. Los parámetros más claros que encontramos en las sagradas escrituras son que deben ser para servir, deben glorificar a Dios y para alcanzar a otros para Cristo.

Los seres humanos son vasos de barro, que no pueden encontrar su propósito fuera de la voluntad del creador. El hombre debe preparar su corazón para que Dios lo ilumine para descubrir sus dones y se debe despojar de todo peso y del pecado para poder ponerlos a trabajar.

La preparación práctica
El hombre debe descubrir que es lo que le gusta hacer y que hace bien. Debe poner a trabajar esos dones y observar los resultados. Debe buscar una confirmación de quienes le rodean y escuchar las opiniones sobre su trabajo. Finalmente debe examinar su corazón para ver si está satisfecho.

No descuides tus dones

En tiempos de necesidad: *"Porque tuve hambre, y me disteis de comer; tuve sed, y me disteis de beber; fui forastero, y me recogisteis; estuve desnudo, y me cubristeis; enfermo, y me visitasteis; en la cárcel, y vinisteis a mí"* (Mateo. 25:35-36).

En situaciones de emergencia: *"Porque si callas absolutamente en este tiempo, respiro y liberación vendrá de alguna otra parte para los judíos; mas tú y la casa de tu padre pereceréis"* (Ester 4:14).

En situaciones de desgracia: *"Y me dijo: Hijo de hombre, ¿vivirán estos huesos? Y dije: Señor Jehová, tú lo sabes. Me dijo entonces: Profetiza sobre estos huesos, y diles: Huesos secos, oíd palabra de Jehová. Así ha dicho Jehová el Señor a estos huesos: He aquí, yo hago entrar espíritu en vosotros, y viviréis"* (Ezequiel 37:3-5).

Programas para la comunidad

La iglesia católica

Apoyo a discapacitados - Toluca, México
Caritas salud familiar y comunitaria IAP. Arquidiócesis de México I.A.P. CECAMP El Ranchito, José Vicente Villada 449 col. Francisco Murguía. Toluca. Atención a personas que tengan alguna carencia o problemas de discapacidad. Prestan servicio de salud, educación y bienestar familiar. Los servicios los proveen profesionales voluntarios por medio de diferentes instituciones.
Información recopilada por Beatriz Luna estudiante de Toluca

Rehabilitación de adicciones - Toluca, México
Otro de los servicios de la parroquia de san Felipe es ayudar, mediante procesos adecuados, a la rehabilitación de quienes se encuentran sujetos a adicciones, tales como el alcohol y cualquier tipo de droga, a fin de lograr su reinserción en el ámbito familiar, comunitario e incluso laboral, siguiendo el modelo de redención que en el evangelio nos propone Jesús.

Los objetivos específicos son reconocer la existencia de las adicciones como una causa primigenia de desintegración familiar, social y laboral en los habitantes de nuestra comunidad. Acoger a quienes detectan problemas de adicciones, dentro del programa de trabajo que en materia ocupacional y psicológica sea establecido.
Información recopilada por Roberto Zepeda director de la Escuela Bíblica de Toluca

Rehabilitación a prostitutas - Toluca, México
La parroquia de san Felipe brinda atención a las prostitutas de la diócesis de Toluca. Su objetivo principal es reunir, en torno a Jesús resucitado, a quienes ejercen la actividad de la prostitución, a fin de confrontar su realidad de vida con los valores del evangelio y generar, paso a paso una conversión de vida, en el que se conjuguen los elementos sociales, familiares y laborales.

Capacitan personas en la problemática y atención que gira en torno a quienes ejercen la prostitución como actividad laboral o como método, para que el acercamiento y atención al grupo a quien va dirigida la actividad tenga un debido sustento psicológico, moral y espiritual.

Conformar "grupos de día" en los que quienes ejercen la prostitución tengan oportunidad de compartir experiencias, ser escuchadas, conocer ofertas laborales y ser capacitadas en actividades diversas. Han establecido centros escolares enfocados a la recepción de quienes ejercen la actividad de la prostitución, para que sea iniciado o concluido el nivel escolar en el que correspondan.

Brindar asistencia médica, psicológica y de trabajo social a quienes ejercen la actividad de la prostitución, dentro de los centros establecidos para la atención de las mismas. Convocar a quienes ejercen la actividad de la prostitución dentro de la comunidad, a fin de que concurran a las actividades y atención especializada proyectada por medio del presente. Planear y ejecutar retiros dirigidos a quienes ejercen la actividad de la prostitución.
Información recopilada por José Ascensión estudiante de Toluca

Ayuda psicológica - Toluca, México
La parroquia de san Felipe ofrece ayuda psicología para la diócesis de Toluca. Entendemos como terapia psicológica, o simplemente terapia, el tratamiento que busca estimular pensamientos, sentimientos, sensaciones y conocimientos del paciente, y que no sabe cómo aplicarlos o no logra identificarlos conscientemente.

Dentro de la terapia psicológica utilizaremos como principal recurso el hablar, y, según el caso, utilizaremos técnicas como dibujar, escribir, actuar, entre otros. la terapia está destinada a todo tipo de personas; no hay edad, género, oficio, profesión, nivel económico, ni nada, que limite la posibilidad de recurrir a la terapia psicológica, lo importante es que identifiquemos el tipo de terapia que los pacientes necesiten.

Este reconocimiento será tarea del equipo de trabajo de asistencia psicológica, a fin de brindar un servicio a la comunidad y no abarcar cuestiones que no estén a su alcance, como un respeto a la ética profesional del psicólogo y a la salud mental del propio paciente.
Información recopilada por José Ascensión estudiante de Toluca

El Albergue de Belén - Toluca, México
En la ciudad de Toluca se encuentra un albergue llamado Belén, de la congregación religiosa de las Misioneras de la Caridad fundada por la

Beata Teresa de Calcuta. Las madres misioneras que en ese lugar prestan sus servicios a los más pobres de los pobres, se levantan todos los días a las 4:30 a.m. y a las cinco a.m. empiezan a bañar a todos los enfermos.

El desayuno se sirve de 6:00 a 6:30 am, y consiste en atole, pan dulce y fruta. La comida es a las 11:00 am y casi a todos les dan sus alimentos en la boca. En cada albergue hay seis religiosas, y su misión es servir a los demás por medio de la fe, la humildad y la oración. De esa manera han mejorado la vida de innumerables almas y proporcionado dignidad a los moribundos.

Su presencia propaga la compasión humana a las personas que más la necesitan. Ellas saben que el amor en acción es lo que nos da la gracia y que mientras más ayuden a sus semejantes, más quieren realmente a Dios. Ellas atienden a discapacitados mentales, niños Down, invidentes, jóvenes con brazos, manos y piernas deformes, ancianos en silla de ruedas y enfermos terminales.
Información recopilada por Juan Gutiérrez estudiante de Toluca

Alimentación en zonas rurales - Florida, Estados Unidos
El programa de Caridades Católicas en el estado de la Florida está dirigido por Chuck Fernández. Ellos son la única organización que llega a las personas en las áreas rurales donde el transporte es un desafió.
Cada mes, reparten 35,000 libras de comida para más de 2,500 personas con necesidades; campesinos, personas mayores, gente con incapacidades y familias con niños. Compran y distribuyen comida para familias necesitadas, campesinos, trabajadores de bajos ingresos de Middletown y Kelseyville. Estos sitios sirven a clientes de todas las áreas del Condado Lake. Con la colaboración de voluntarios locales, Iglesias, Bancos de Comida regionales y huertas comunales. La compra y distribución de comida es solamente posible con el apoyo de la comunidad.
Información recopilada por Edgar Rodríguez estudiante de Florida

Servicios sociales - Florida, Estados Unidos
Esta organización está dirigida por: Richard Turcotte y ofrecen consejería, guarderías, servicios a gente de la tercera edad y niños abandonados, prevención de abuso de drogas, empleo, reasentamiento para refugiados y asilados, ayuda a gente que padece de Sida, programas de después de la escuela y ayuda de emergencia a gente sin hogar, entre otros. Además, ayudan en áreas como la comunicación y aprendizaje organizativo,

Medición de resultados, Capital social (impacto en la comunidad) Satisfacción de las partes interesadas / servicio de atención al cliente. Planificación estratégica / planes a corto plazo.
Información recopilada por Lourdes Rodríguez estudiante de La Florida

Casa Albergue Moisés (CAM) - Florida, Estados Unidos

Este programa está dirigido por misioneros y misioneras laicos católicos y dirigido por Marita Casanova. Su propósito es ayudar a mujeres que están embarazadas y que tienen como única opción el aborto. En CAM, ayudan de manera externa (yendo a la oficina y se van a sus casas) o interna (viven en la casa de forma gratuita).

Pueden ser mujeres que han pasado por una violación sexual, violencia doméstica, bajos recursos económicos u otros motivos que pongan en alto riesgo la supervivencia del bebé que está por nacer. Se les da durante todo el periodo de gestación, ayuda médica, Psicológica y Espiritual. El objetivo es que estas mujeres al término de su embarazo, sepan amar a sus hijos y si no pueden hacerlo, los pueden dar en adopción a la casa albergue.

Las personas que trabajan en CAM en su mayoría son personas, que han pasado por la experiencia de un aborto o intervenido en un aborto y que ya están sanadas y liberadas de las cadenas que deja el aborto y que en la actualidad caminan de la mano con JESUCRISTO y así sus propios testimonios sirven de mucha ayuda para estas futuras madres.

Resultados: Las madres se van de CAM, con sus hijitos en los brazos y que están totalmente reintegradas a la sociedad les buscamos un trabajo y un lugar digno donde vivir. Actualmente, trabajamos ayudando a mujeres que reciben ayuda Médica, Psicológica y Espiritual, les damos ropa, comida y todo lo que necesiten, para llevar un embarazo tranquilo y en la paz de DIOS.
Información recopilada por Lourdes Rodríguez estudiante de La Florida

Hospicio - Florida, Estados Unidos

Este programa ha estado dirigido por Margarita Collado desde 1998. Su propósito es proveer servicios especiales de cuidado a personas que sufren enfermedades mortales sin distinción de edad o religión. Se dedican a preservar la calidad de vida de las personas desahuciadas mediante la restauración de su dignidad, sus decisiones y control.

Se comprometen a aliviar la aflicción espiritual y psicológica. Las enfermeras, consejeras y trabajadores sociales van a las casas de las personas a brindarles el apoyo.

Tienen un campamento anual gratuito para niños que han perdido algún familiar. Campamento Esperanza es para niños entre 7 y 15 años. Tiene capacidad para unos 50 niños, se realiza las primeras semanas de noviembre y dura tres días. También tienen grupos de apoyo en constante actividad para preparar o para ayudar a superar la pérdida de un ser querido. La asistencia a estos grupos es gratuita.

Resultados: Los profesionales expertos en duelo de Hospicio católico lidian con los problemas cotidianos asociados a esta etapa. Como resultado, son expertos en brindar asistencia ante una crisis en forma eficaz. El equipo está disponible para ayudar a la comunidad a lidiar con la pérdida a través de programas especiales.

Van al lugar de trabajo para ayudar a superar la pérdida de un compañero de trabajo, van a las escuelas durante la pérdida de un compañero de clase. Hacen Intervención en crisis para la comunidad después de una catástrofe, como, por ejemplo, el huracán Andrew. Tienen Personal profesional capacitado en tradiciones y rituales judíos, y atento a las necesidades de la gente de religión judía.
Información recopilada por Lourdes Rodríguez estudiante de La Florida

Cuidado de salud - Chicago, Estados Unidos
Misión del Cuidado de Salud Resurrección. Esta oficina ofrece los siguientes servicios a cientos de personas necesitadas cada año a través de su fondo de misión, el programa es un llamado a la Acción.

El Fondo de la Misión es parte de Cuidado de Salud Resurrección y ayuda a las personas en las crisis a corto plazo, generalmente para artículos vitales fuera de su alcance debido a falta de fondos. Únicamente los empleados, en nombre de pacientes, de amigos o de ellos mismos, tienen acceso al fondo de la Misión.

Éste ha cubierto diversas necesidades, desde prescripciones no cubiertas por el seguro, abarrotes, un andador o un bastón, el pago de un alquiler o de hipoteca, o cualquier otra necesidad inmediata, para ayudar a las

personas a pasar la emergencia hasta que otros puedan ayudarlas o hasta que ellas mismas puedan salir adelante.
Información recopilada por Tony Gutiérrez estudiante de Chihuahua

Esfuerzos conjuntos de iglesias

Rehabilitación de adicciones
Reto a la Esperanza es una asociación civil iniciada por jóvenes que avalados por su experiencia personal y con un compromiso cristiano decidieron unir sus esfuerzos y constituirse en un ministerio cuya misión es la rehabilitación integral de personas adictas al alcohol y a las drogas.

Reto a la Esperanza es una asociación cristiana y sin ánimo de lucro que inició su labor en 1994 con el fin de lograr la rehabilitación integral de personas con problemas de adicciones como el alcoholismo y la drogadicción. El programa de rehabilitación tiene una duración de 6 a 8 meses y se divide en tres etapas. Desintoxicación, rehabilitación y ocupación de los internos.

Desintoxicación
La primera etapa se logra de forma natural, no se utiliza ningún medicamento para la desintoxicación. Esta etapa dura aproximadamente 15 días en los cuales se motiva al interno a salir adelante.

Rehabilitación
El programa se desarrolla dentro de las instalaciones del centro ubicadas estratégicamente en amplios espacios de ambiente apacible en las afueras de la ciudad, siempre en un entorno y propósito cristiano. Dentro de esta etapa los internos desarrollan actitudes y aptitudes que les ayudarán en su proceso de reinserción social. Se imparten diferentes talleres para hombres y mujeres, tales como: restauración, tapicería, carpintería, manualidades, entre otros.
Información recopilada por Juan Gutiérrez estudiante de Toluca

Consejería cristiana
Asociación Hispana de Consejeros Cristianos en Vida Nueva para el Mundo – Metepec, México. El encargado es Armando Alducin y están enfocados en brindar capacitación para líderes cristianos en Consejería.

El propósito de la AHCC es el de glorificar a Dios, desarrollando un programa de formación de consejeros, con el fin de capacitar al pueblo de Dios para que puedan aconsejar con la Palabra de Dios en el contexto de las iglesias hispanas de los Estados Unidos y América Latina. Estamos bajo la supervisión y cobertura de Vida Nueva para el Mundo.

Información recopilada por Roberto Zepeda director de la Escuela Bíblica de Toluca

Iglesia Bautista

Apoyo a personas con VIH - Toluca, México

El grupo Vida Nueva está dirigido por el pastor Mario Cansino Galván. Esta organización ofrece apoyo espiritual a personas que viven con VIH/SIDA. Sus servicios los proveen visitas domiciliarias a personas que viven con VIH/SIDA.

Información recopilada por Beatriz Luna estudiante de Toluca

Iglesia Metodista

Rehabilitación para ofensores sexuales – La Florida, Estados Unidos

La villa Milagrosa "Miracle Village" fue fundada por el pastor metodista Dick Witherow en el año 2009. Actualmente está dirigida por Jerry Youmans, él es el coordinador de admisiones de delincuentes sexuales inscritos.
Desde que esta comunidad fue fundada en 2009, no se ha registrado ningún caso de reincidencia en el abuso sexual.

Esta comunidad consiste de 200 habitantes de los cuales, más de la mitad tienen antecedentes por abusos sexuales. Este lugar se ha convertido en un refugio para las personas que por ser ofensores sexuales son rechazados por la sociedad. La Villa Milagro se encuentra en el sur de La Florida, Estados Unidos. Está en medio de un mar de vegetación verde, donde se planta caña de azúcar. En el borde de los Everglades y a más de tres kilómetros de la población más cercana, unas 200 personas viven en pequeños y pulcros *bungalows.*

No cualquiera puede vivir en esta comunidad ubicada al sureste del lago Okeechobee, en Florida, Precisamente al encontrarse alejado de las grandes ciudades, es un lugar para que los agresores sexuales sean rehabilitados y puedan cumplir ciertas normas que se les impone por su condición.

Esta es una comunidad cristiana, dedicada a ayudar a los delincuentes a reconstruir sus vidas, donde los no cristianos son aceptados y todo el mundo es bienvenido a la iglesia. Reciben terapias para controlar su ira, estudios bíblicos, tratamientos psicológicos, etc. El objetivo es rehabilitar a las personas mediante el encuentro con Dios. Algunos de los pacientes tienen empleos y trabajan en pueblos vecinos.

"Tratamos de no aceptar a personas que cuentan con un historial de violencia o drogas, o a cualquier pedófilo. Queremos proteger a las personas que ya están aquí".
Información recopilada por Edgar Rodríguez estudiante de Florida

Iglesia Luterana

Programa de reasentamiento - La Florida, Estados Unidos
La iglesia Luterana San Pedro, Dirigido por Ada Nelly Arauz atienden a los refugiados que les son referidos y a los asilados que soliciten los servicios. Le ayudan con trabajo, asistencia económica y reasentamiento por un período de cuatro meses. Les mantienen el incentivo económico por cuatro meses, aunque hayan comenzado a trabajar.

Refieren a los refugiados para que obtengan ayuda financiera hasta ocho meses si llenan los requisitos. Si no pueden trabajar los refieren a otros lugares que cuentan con servicios gratuitos por medio de fondos federales. Resultados: Al año atienden 450 asilados y generalmente entre 150 y 200 refugiados.
Información recopilada por Lourdes Rodríguez estudiante de Florida

Iglesia Adventista

Servicios médicos - La Florida, Estados Unidos
El Departamento de Dorcas es dirigido por el Pastor Heber López y está afiliado a una organización mayor denominada ADRA Agencia Adventista de Desarrollo y Rescate y a otras entidades de servicio a la comunidad. Esta agencia ha servido a la comunidad desde 1982.

Se brindan cuidado médico para personas indigentes, Servicios en momentos de desastre, Asistencia en Inmigración, Ministerio a personas sin hogar, ayuda en problemas de carácter social en la comunidad y ayuda general al necesitado. El Departamento de Salud y Temperancia no sólo existe para ayudar a nuestros miembros de su iglesia a vivir una vida más saludable y plena, también desea alcanzar a la comunidad.

A través del año, se dirigen diferentes eventos tales como seminarios sobre la salud. Además, tienen la feria de salud la cual es un evento que es dirigida a la comunidad. Se ofrecen varios servicios médicos tales como presión arterial, glucosa, masajes, etc.; los cuales son completamente gratis. Una vez al mes, tienen una pequeña publicación llamada "Noti-Salud" la cual trata algún tema sobre la salud.
Información recopilada por Edgar Rodríguez estudiante de Florida

Iglesia de Cristo

Padres adoptivos – Cozumel Quintana Roo, México
El programa se llama Casa de Ángeles y funciona en la ciudad de Cozumel Quintana Roo México. El programa consiste en casas en las cuales viven matrimonios que hacen la función de padres adoptivos. Cada matrimonio tiene a su cargo un promedio de 9 a 10 niños los cuales fueron recogidos de la calle o de hogares donde fueron maltratados. Estos padres tienen a su vez un padre adoptivo que manda dinero de los Estados Unidos para su manutención.
Información recopilada por Mónica Barrosa estudiante de Toluca

Programas para alcohólicos - Toluca, México
Este ministerio está desarrollándose en la ciudad de Toluca México. Los coordinadores actuales son Merced Tejeda y Aurelio Valdez. Estos hermanos se encargan de ayudar, orientar y hasta llevarlos a realizar un programa de alcohólicos anónimos.

El hermano Merced Tejeda, un ex alcohólico, conocedor de la problemática que se enfrenta cuando una persona tiene problemas de alcoholismo, brinda apoyo a las personas que se lo solicitan de ir hablar con las personas y tratar de ayudarles a dejar esa adicción. Tiene contacto con grupos de "AA" y cuando es necesario anexa a los adictos en los lugares que este grupo ya tiene establecidos.

Principalmente se ofrece esta ayuda a hermanos de la congregación, amigos y familiares de los mismos. Además, que, al salir de esos anexos, los encamina en el conocimiento del Señor y su Iglesia. Además de lo anterior, anima a estas personas a tener lo que ellos llaman su experiencia, basados en el 4° y 5° paso del programa de "AA", y complementándolo con la inclusión de las adictos y familiares a la Iglesia de Cristo.
Información recopilada por Roberto Zepeda director de la Escuela Bíblica de Toluca

Consejería matrimonial - Toluca, México
Roberto Zepeda y su esposa al ver la gran necesidad que hay de ayudar a las parejas, sobre todo, para que puedan atender sus problemas y traten de solucionarlos. Tienen muchos años ofreciendo un curso de matrimonio como parte de las actividades de la Iglesia, este curso ha servido para atraer personas inconversas a la Iglesia. También ha servido para ayudar a miembros de la Iglesia, tanto de Toluca como de otras partes. En general, se trata de ayudar a las parejas a que encuentren solución a sus problemas familiares. Muchas veces se recurre a la ayuda de un abogado, un médico, al hermano Merced en caso de alcoholismo y están en buscando de ayuda de alguna institución para casos de violencia intrafamiliar.
Información recopilada por Roberto Zepeda director de la Escuela Bíblica de Toluca

Educación infantil - En Ecuador
La Fundación Campamento Cristiano Bellevue es un programa en forma de Escuelita. Aquí se les brinda ayuda a aproximadamente 200 niños de escasos recursos, dándoles una guía y ayuda con los deberes asignados por las escuelas o colegios, además de darles un refrigerio y una influencia espiritual por medio de devocionales diarios.

Durante el verano se hace un campamento con actividades que se hacen con el propósito de brindarles una guía espiritual a los jóvenes de Ecuador, tratando temas de la problemática actual, y brindarles a los jóvenes herramientas aplicables a sus contextos.
Información recopilada por Jasón Francés estudiante de Ecuador

Orfanato - En Ecuador
La Fundación Hacienda la Esperanza es un orfanato que cuenta con una población de aproximadamente unos 20 chicos (entre niños y adolescentes). Aquí se les brindan herramientas para seguir adelante, así como de una formación y guía espiritual.

Hacienda de Esperanza es el único establecimiento de la Iglesia de Cristo en Ecuador. Desarrolla grupos en casa donde se busca que la gente de la comunidad acuda a estos grupos para ayudarlos a encontrar el camino a Dios. También se desarrollan otras actividades como cine en el local de la Iglesia y se extiende la Invitación a la comunidad.
Información recopilada por Guillermo Racines estudiante de Ecuador

Programas infantiles - En Ecuador

El Campamento Cristiano BELLEVUE ofrece campañas médicas con el apoyo de Iglesias de Cristo de Texas. En el programa de niños se brindan materiales didácticos para la realización de sus tareas. El objetivo es que cuando vuelvan a casa, sus tareas estén terminadas y puedan compartir tiempo con sus padres.

Construcción de juegos infantiles en las escuelas de la comunidad, en los parques públicos de la comunidad. Campamento vacacional Bellevue es auspiciado por la Iglesia de Cristo Bellevue. Este programa tiene el objetivo de dar a conocer la palabra de Dios de una manera amena, dinámica, por medio de charlas y preparación de coros. Silvia Rivers es una maestra de canto de los Estados Unidos que cada año contribuye con su talento en esta área.

El campamento vacacional Florida auspiciado por la Iglesia de Cristo de La Florida y tiene un enfoque de evangelismo a nivel local y nacional. El propósito principal de este campamento es llevar más almas para Cristo.
Información recopilada por Guillermo Racines estudiante de Ecuador

Programa de misericordia - En Toluca, México

Un grupo de mujeres de la Iglesia del Señor en Toluca México, han creado un asilo de ancianas solas, donde buscan ayuda económica para mantenerlas en una casa alquilada para estas hermanas. También han creado un programa en donde buscan ayuda económica de las empresas, para tener un centro de asistencia al que llevan a vivir a niñas prostitutas para su regeneración.
Información recopilada por Patty Yáñez estudiante de Toluca.

AMÉN

Bibliografía

Curso 1: Consejería Cristiana

1. Colette Fleuridas (1986). La evolución de las preguntas circulares: Entrenamiento para consejeros familiares – Revista de terapia familiar y matrimonial.
http://www.aamft.org/members/familytherapyresources/articles/86_JMFT_2_113_128.pdf

2. Mark Tyrrell (2016). Técnicas libres de terapia de conocimiento que no es común – La pregunta milagrosa creada por Steve de Shazer.
http://www.unk.com/blog/miracle-question-examples/

3. Wikipedia (2016). Terapia Breve de Enfoque en Soluciones.
https://en.wikipedia.org/wiki/Solution_focused_brief_therapy

4. Fritzen, Silvino José (1987). La Ventana de Johari: Editorial SAL TERRAE. Este concepto fue creado por los psicólogos Joseph Luft y Harry Ingham.

5. Rogers, Carl R. (1957). Las necesarias y suficientes condiciones terapéuticas para un cambio de personalidad – Universidad de Chicago.
https://app.shoreline.edu/dchris/psych236/Documents/Rogers.pdf

6. Diccionario de Psicología (2016). ¿Que es re encuadrar?
http://psychologydictionary.org/reframing/

7. Study.com (2016). Técnicas de la Terapia Gestalt – Ejercicios y experimentos. http://study.com/academy/lesson/techniques-in-gestalt-therapy-exercises-and-experiments.html

8. REBT (2016). El concepto de ABC fue desarrollado por Albert Ellis y es parte de sus teorías de Terapia Racional, Emocional y de Conducta.
http://rebtnetwork.org/

9. Study.com (2016). La teoría triangular del amor fue desarrollada por Robert Sternberg's: Definiciones, ejemplos y predicciones.
http://study.com/academy/lesson/sternbergs-triangular-theory-of-love-definition-examples-predictions.html

10. Virginia Satir (1988). El arte de crear una familia - Paginas 10 - 41

Curso 2: Hogar Cristiano

11. Brigham Young University (2016). Instituto para la Investigación Demográfica y de la Familia".

12. Concordancia Electrónica de la Biblia, (2016). Versión Reina Valera. http://miconcordancia.com/biblia.php

Curso 3: Educación Infantil

13. Walter Bradford Cannon (1915). Cambios del cuerpo cuando se encuentra en dolor, hambre o enojo: *Pelea o huye.*

14. Baumrind, D. (1966). Efectos del control de padres autoritativos sobre el comportamiento de sus hijos, Desarrollo del niño. http://www.devpsy.org/teaching/parent/baumrind_styles.html

15. Amor y Lógica. (2016). Ideas para padres – recomendaciones y artículos para padres. https://www.loveandlogic.com/articles-advice/parents

16. Concordancia Electrónica de la Biblia (2016). Versión Reina Valera. http://miconcordancia.com/biblia.php

17. Rhonda Lettington (2016). El Circulo de la Vida – apego reactivo. http://www.lettschatreactiveattachment.com/aboutrad.html

Curso 4: Desarrollo Humano

18. Kendra Cherry (2015). Biografía de John Bowlby publicada en el portal de internet Psicología. https://www.verywell.com/john-bowlby-biography-1907-1990-2795514

19. Saul McLeod (2013). Etapas Psicosociales - publicación en psicología simple. http://www.simplypsychology.org/Erik-Erikson.html

20. Marcia, J. E. (1966). Desarrollo y validación del ego y el estado de la identidad. Revista de psicología social. http://iws2.collin.edu/lstern/JamesMarcia.pdf

21. Kendra Cherry (2016). Información tomada del portal Muy Bien sobre la pirámide de necesidades de Maslow. https://www.verywell.com/maslows-needs-hierarchy-2795961

22. Asociación Unitaria Universalista (2017). Manual 1, Etapas del desarrollo de la fe. http://www.uua.org/re/tapestry/youth/wholeness/workshop2/167602.shtml

23. Wesley Burr (1995). Oficina de ciencia de la familia para la investigación, educación y pólizas – teoría del desarrollo de una familia. https://parenteducation.unt.edu/online-learning/family-development-theory

24. Vale la Pena (2017). Publicado por José Manuel Gómez Porchini. http://gomezporchini.blogspot.com/2010/06/oracion-del-padre-por-el-general.html

25. Wikipedia (2014). Lista del promedio de cremación por países. https://en.wikipedia.org/wiki/List_of_countries_by_cremation_rate

26. Mary Beth Barnett (2011). Reporte de estadísticas anuales sobre la cremación en Norte América. http://www.acremation.com/cremation-vs-burial

Curso 5: La Motivación

27. George Boeree (2003). Teorías de la personalidad de Abraham Maslow - Traducción al castellano: Dr. Rafael Gautier. http://webspace.ship.edu/cgboer/maslowesp.html

28. Prezi (2016). Teoría de las expectativas de Víctor Vroom. https://prezi.com/tr6qqljz6dlg/teoria-de-las-expectativas-de-victor-vroom/

29. Ankur Sancheti (2014). Blog sobre el poder de la ley de atracción. http://www.powerlawofattraction.com/

30. Richard M. Ryan and Edward L. Deci (2000). Motivaciones intrínsecas y extrínsecas: Definición clásica y nuevas direcciones. https://mmrg.pbworks.com/f/Ryan,+Deci+00.pdf

31. Weiner, B. (1986). La teoría de la ley de atribución en las emociones y la motivación. New York: Springer-Verlag. http://www.instructionaldesign.org/theories/attribution-theory.html

32. Famouse Psicologist (2016). La disonancia cognitiva es una teoría desarrollada por Leon Festinger. http://www.famouspsychologists.org/leon-festinger/

33. Heidi Grant and Carol S. Dweck (2003). Aclaración sobre el impacto de los logros de las metas. https://psychology.stanford.edu/sites/all/files/Clarifying%20Achievement%20Goals%20and%20their%20Impact_0.pdf

34. Explorable (2016). Teoría de los 16 deseos básicos desarrollada por Steven Reiss profesor de la Universidad de Ohio. https://explorable.com/16-basic-desires-theory

35. Explorable (2016). Condicionamiento Operante desarrollado por B. F. Skinner. https://explorable.com/es/condicionamiento-operante

36. Enciclopedia británica (2016) - El concepto del sentimiento de impotencia aprendida fue desarrollado por Martin E.P. Seligman. https://www.britannica.com/topic/learned-helplessness

Curso 6: Introducción a la Psicología

37. Alcides Ruiz (2016). Blog: Teorías del Aprendizaje. https://cognoscitivo.wordpress.com/2009/01/07/origen-etimologico-de-la-palabra-psicologia/

38 Corey (2001). Los datos biográficos de la vida de Sigmund Freud fueron tomados de Teoría y Práctica de la Consejería y la Psicoterapia, sexta edición, pagina 67.

39. Jones & Butman (1991). Psicoterapia Moderna – un enfoque comprensivo cristiano - paginas 65-91.

40. Wikipedia (2016) Los datos biográficos de la vida de Carl Jung fueron tomados de la Enciclopedia Libre Wikipedia.

41. Sharf (2000). Teorías de la Psicoterapia y la Consejería – Conceptos y Casos segunda edición, paginas 86 – 125.

42 Corey (2001). Los datos biográficos de la vida de Alfred Adler fueron tomados de Teoría y Práctica de la Consejería y la Psicoterapia, sexta edición, pagina 107.

43. Corey (2001). Teoría y Práctica de la Consejería y la Psicoterapia, sexta edición, paginas 106 – 137.

44. Corey (2001). Los datos biográficos de la vida de Rollo May fueron tomados de Teoría y Práctica de la Consejería y la Psicoterapia, sexta edición, pagina 142.

45. Corey (2001). Teoría y Práctica de la Consejería y la Psicoterapia, sexta edición, paginas 140-167.

46. Corey (2001). Los datos biográficos de la vida de Carl Roger fueron tomados de Teoría y Práctica de la Consejería y la Psicoterapia, sexta edición, pagina 169.

47. Corey (2001). Teoría y Práctica de la Consejería y la Psicoterapia, sexta edición, paginas 168-190.

48. Wikispaces (2016). Las 19 proposiciones de Carl Rogers sobre el humanismo – Atribuciones creativas comunes. http://carl-rogers.wikispaces.com/+Rogers+Nineteen+Propositions

49. Corey (2001). Los datos biográficos de la vida de Fritz fueron tomados de Teoría y Práctica de la Consejería y la Psicoterapia, sexta edición, pagina 193.

50. Corey (2001). Teoría y Práctica de la Consejería y la Psicoterapia sexta edición, pagina 195-227.

51. Bios (2016). Biografía de Ivan Petrovich Pavlov. http://www.biography.com/people/ivan-petrovich-pavlov-9435332

52. Gerrig – Zimbardo (2002). Psicología y Vida, edición dieciséis, paginas 179 – 214.

53. Learning theories (2016). Teorías del Aprendizaje de Bandura. https://www.learning-theories.com/social-learning-theory-bandura.html -

54. Abrams (2012). Una biografía breve de Dr. Albert Ellis 1913-2007. http://www.rebt.ws/albertellisbiography.html

55. Ross (2006). REBT Network – ¿Que es la Terapia Racional, Emocional y de Conducta? http://www.rebtnetwork.org/whatis.html

56. Famouspsychologist.org (2016). La Biografía de Aaron Beck. http://www.famouspsychologists.org/aaron-beck/

57. Net Industries (2016). Terapia Cognoscitiva – propósito, técnicas para el tratamiento, preparación y resultados típicos. http://psychology.jrank.org/pages/127/Cognitive-Therapy.html

58. Gradding (2002). Historia de la Terapia Familiar, teoría, practica y una biografía breve de Murray Bowen, pagina 127.

59. Nichols (2001). Terapia Familiar, Conceptos y Métodos de la Teoría Familiar Sistémica de Bowen, paginas 137 – 171.

60. Titelmen (1998). Aplicaciones Clínicas de la Terapia Familiar Sistémica de Bowen.

61. Friedman (1985). De Generación a Generación – El proceso de una familia en la iglesia y en la sinagoga.

62. Un poquito de Minuchin (2008) ¿Cuáles fueron las aportaciones de Salvador Minuchin a la psicología? http://poquitindeminuchin.blogspot.com/2008/04/biografia.html

63. Nichols (2001). Conceptos y Métodos de la Terapia Familiar Sistémica de Bowen, Paginas 235-274.

64. Gottman, John M., and Silver, Nun. (1994). Porqué triunfan o fracasan los matrimonios. New York.

65. Instituto de terapia enfocada en soluciones (2015). – ¿Que es la terapia breve de enfoque en soluciones? http://www.solutionfocused.net/what-is-solution-focused-therapy/

Curso 7: El Poder de los Grupos

66. Irvin D. Yalom (2005). Teoría y Práctica de la Psicoterapia de Grupo. http://samples.sainsburysebooks.co.uk/9780465012916_sample_268508.pdf

67. Gary van Warmerdam (2016). El Camino a la felicidad y la concientización personal. http://www.pathwaytohappiness.com/self-awareness.htm

Clase 8: Problemas Mentales

68. (1995). Manual Diagnóstico y Estadístico de los Trastornos Mentales (DSM-IV).

69. Biblioteca Nacional de Medicina de los EE. UU. Estrés y ansiedad. https://medlineplus.gov/spanish/ency/article/003211.htm

70. EMDR (2016). Asociación internacional, creando sanidad, salud y esperanza a nivel mundial. http://www.emdria.org/?page=2

71. For kids' sake (2010). Fortaleciendo a los niños durante la transición de un divorcio. http://www.samaritanhouston.org/classes-and-groups/for-kids-sake.php

72. Mental Health Information at Psych Central (2015). Si estás pensando en suicidarte lee esto primero. http://www.metanoia.org/suicide/

73. Random facts (2016). 99 datos poco conocidos sobre el suicidio. http://facts.randomhistory.com/2009/07/15_suicide.html

74. Kevin Caruso (2016). Prevención, concientización, y apoyo a personas que están pensando suicidarse. http://suicide.org/

Curso 9: Adicciones

75. Treatment4addiction.com (2016) ¿Que es una adición a un comportamiento? http://www.treatment4addiction.com/addiction/behavioral/

76. Minnesota Center for twin and family research (2016). Uso y abuso de substancias, Estudio de gemelos de Minnesota. https://mctfr.psych.umn.edu/

77. Bryce Nelson (1983). Periódico de Estados Unidos, The New York Times. http://www.nytimes.com/1983/01/18/science/the-addictive-personality-common-traits-are-found.html

78. Helpguide.org (2016). La adicción al juego de azar y los problemas causados por esta adiccion. http://www.helpguide.org/articles/addiction/gambling-addiction-and-problem-gambling.htm

79. Addiction.com (2016). Guiando el camino a la recuperación – ¿Que es la adicción a las compras? http://www.addictions.com/shopping/

80. Alice G Walton (2016). Contribuciones de Forbes – La adicción al bronceado puede actuar como una adicción en la mente. http://www.forbes.com/sites/alicegwalton/2014/06/19/sun-tanning-may-act-like-an-addiction-in-the-brain/#63f8472e66ff

81. Anna Fleet (2016). Active Beat – ¿Soy adicto al ejercicio? http://www.activebeat.co/fitness/am-i-addicted-to-exercise/3/

82. A.D.A.M. (2016). Enciclopedia médica – Desorden en el uso del alcohol. https://medlineplus.gov/encyclopedia.html

83. ActitudFem (2016) Estadísticas sobre la infidelidad. http://www.actitudfem.com/

84. BlogEllas (2016). Estadísticas sobre la infidelidad. http://www.blogellas.com/

85. Jardin Noticias (2016). Estadísticas sobre la infidelidad. http://www.jardinoticias.com.br/oficial.php

86. Paul Simpson (2012). Conferencia sobre el estudio y tratamiento de las compulsiones sexuales. http://www.drpaulsimpson.com/wp-content/uploads/2014/06/Research-SA-2012.pdf

87. Servicio de referencias nacionales sobre justicia criminal (2012). Aspectos especiales sobre la violencia entre los jóvenes. https://www.ncjrs.gov/yviolence/

88. Gottman / Jacobson (2010). Cuando un hombre golpea a una mujer. Nueva luz para terminar con las relaciones abusivas, paginas 84 – 135).

89. Alexandra K. Smith (2008). Estudio Serendip – Teorías sobre la agresividad. http://serendip.brynmawr.edu/exchange/serendipupdate/theories-aggression

90. Amber Erickson (2016). Noticiero – Comportamiento agresivo. http://www.healthline.com/health/aggressive-behavior#Overview1

91. Anna Hodgekiss (2014). Correo Diario. http://www.dailymail.co.uk/health/article-2563992/Scientists-discover-violence-gene-turns-children-video-game-addicts-say-linked-ADHD.html

92. OMS (2002). Primer informe mundial sobre la violencia y la salud - http://www.who.int/mediacentre/news/releases/pr73/es/

93. Psychology Today (2016). Todo sobre la pornografía. https://www.psychologytoday.com/basics/pornography

94. George Collins (2016). Rompiendo el ciclo: Libérate de las adicciones sexuales, la obsesión por la pornografía y de la vergüenza. http://compulsionsolutions.com/breaking-the-cycle-of-sex-addiction-free-chapters/

95. Toptenz (2010). Las 10 principales adicciones modernas.
http://www.toptenz.net/top-10-modern-addictions.php

96. Chris Kyriacou (2016). Las 10 aplicaciones más adictivas -
https://excelwithbusiness.com/blog/post/app-design/10-of-the-most-addictive-apps

97. Top Ranking - Documental en Youtube.
https://www.youtube.com/watch?v=37JdufnnIQ0

98. AAP (2016). La Asociación Americana de Psicología - 9 Criterios que caracterizan el desorden de adicción a los juegos por internet.

99. Saúl Alvarado (2016). Adicciones.com.
http://adicciones.org/familia/codependencia.html

100. WikiHow (2016). Cómo saber si eres codependiente.
http://es.wikihow.com/saber-si-eres-codependiente

101. Fresh Air (2012). Entrevista con Charles Duhigg - Como se forman los hábitos y como romperlos.
http://www.npr.org/2012/03/05/147192599/habits-how-they-form-and-how-to-break-them

102. Sharon Begley (2007). Como se reprograma el cerebro a sí mismo - Reporte sobre investigaciones de Álvaro Pascal Leone.
http://content.time.com/time/magazine/article/0,9171,1580438-1,00.html

Curso 10: Programas de Alcance a la Comunidad

103. Concordancia Electrónica de la Biblia (2016). Versión Reina Valera.
http://miconcordancia.com/biblia.php

El autor

Ignacio es fundador y director de la Escuela Internacional de la Familia, un ministerio dedicado a la producción de material educativo en el área de la familia.

Es autor de "100 gotas de sabiduría para padres", "100 gotas de sabiduría para matrimonios" y de "Educa a tus hijos con ARTE"

Ignacio cuenta con una licenciatura en Desarrollo Humano y con una maestría como Consejero Profesional.

Por más de 30 años, Ignacio se ha dedicado a ministrar en diferentes Iglesias y a trabajar como consejero profesional. Su pasión es la enseñanza y servir a las familias hispanas en cualquier parte del mundo. Actualmente se desempeña como ministro hispano de la Iglesia de Cristo en la ciudad de Fort Stockton TX.

Publicaciones

Made in the USA
Columbia, SC
14 June 2025